Anonymous

**Weiß, blau, weiß!**

Und schwarz, rot, gold!

Anonymous

**Weiß, blau, weiß!**
*Und schwarz, rot, gold!*

ISBN/EAN: 9783744698634

Hergestellt in Europa, USA, Kanada, Australien, Japan

Cover: Foto ©ninafisch / pixelio.de

Weitere Bücher finden Sie auf **www.hansebooks.com**

# Bavarian military and political affairs, pamphlets

## Contents

# Weiß, blau, weiß!

## und

# Schwarz, roth, gold!

Von

### F. v. Gppbg.-P.,
w. R. a. D.

Motto. Wer die Lehren und Warnungen der Geschichte
mißachtet, den zermalmet das Rad der rollenden Zeit!

———————————

Kempten.

Tobias Dannheimer.

1861.

# Erstes Capitel.

## Das constitutionelle Prinzip und König Maximilian II. von Bayern.

Wo immer sich Menschen durch den Trieb der Geselligkeit und durch das Bedürfniß gegenseitiger Unterstützung mitsammen verbinden und eine gemeinsame Lebensordnung einführen, werden böse Leidenschaften und Selbstsucht zu Streitigkeiten und dann zum Siege des Stärkern führen. Soll daher ein Zustand des Rechtes erzielt werden, welcher auch dem Schwächsten das ihm gebührende Maß von Freiheit, Eigenthum und Recht sichert, so muß eine Macht da sein, welche den Eigenwillen und die Selbstsucht des Einzelnen zwingt, die Freiheit und die Rechte Aller zu achten, und diese Macht ist der Staat.

Der Staat hat also — er mag monarchisch oder republikanisch organisirt sein — durch die ihm zukommende Staatsgewalt den Eigenwillen des Einzelnen unter die Gesetze des Gesammtwillens zu beugen, und gewährt dadurch den Rechtszustand, aus welchem allein die Freiheit Aller entspringt.

Diese Freiheit Aller, welche in eine innere und in eine äußere zerfällt, ist aber, als äußere Freiheit, die Bedingung des materiellen Wohles, und, als innere Freiheit, die Bedingung der sittlichen Vervollkommnung.

Da also das materielle und geistige Wohl der Menschen durch die Freiheit, die Freiheit durch den Rechtszustand und der Rechtszustand durch den Staat bedungen ist, so erscheint der Rechtszustand nur als Mittel des Staates zu seinem höhern Zwecke: die Freiheit und das ganze — materielle und geistige Wohl der Menschen zu begründen.

Je weniger Freiheit somit ein Staat zu geben vermag, desto weniger kann er seinen Zweck erfüllen, und je weniger sein Rechtszustand gesichert ist, um so weniger entspricht er dem Begriffe eines Staates.

Die Staatsgewalt zerfällt nun

1) in die oberaufsehende oder executive, .
2) in die richterliche, und
3) in die gesetzgebende oder legislative,

und je nachdem die executive und legislative Staatsgewalt in der Person des Regenten vereint sind, oder nicht, erscheint der Rechtszustand eines Staates und damit die Freiheit seiner Angehörigen gegen die Möglichkeit einer Willkür auch von Seite des Regenten selbst gesichert, oder nicht.

Nachdem daher das deutsche Volk Anno 1815 sich und seine Regenten durch ungeheuere Opfer an Gut und Menschenblut von dem schmachvollen Joche Napoleon's I. befreit hatte, sahen sich viele edelherzige Fürsten Deutschlands bewogen, ihren Staatsangehörigen diese Garantie des Rechtszustandes durch Verleihung von Constitutionen zu gewähren, welche die gesetzgebende Staatsgewalt in die Hände der Vertreter des Volkes niederlegten und dem Regenten nur die Vollziehung und Sanktion der von den Volksvertretern berathenen Gesetze unter einem den beiden Staatsgewalten verantwortlichen Ministerium vorbehielten.

Wohl bestanden in den meisten größern deutschen Staaten bis zum Jahr 1815 schon ständische Verfassungen. Diese gestatteten aber nur eine Vertretung des Volkes durch Leute mit gewissen Rechten, also keine vollständige Volksvertretung; ebenso gewährten sie keinen vollständigen Antheil des Volkes an der Gesetzgebung und noch weniger setzten sie grundsätzlich eine Ministerverantwortlichkeit den Ständen gegenüber fest, obwohl uns die Geschichte ein paar Akte grimmiger Volksjustiz gegenüber besonders gewissenloser Minister aufzuweisen hat.

Die Verleihung obiger constitutioneller Rechte mußte also für die betreffenden Staatsangehörigen eine neue Aera gesicherteren Rechtszustandes, erhöhten materiellen und geistigen Wohles bilden, und wir Bayern sind es, die sich rühmen können, nicht blos zuerst von allen deutschen Staaten, sondern zugleich auch die freisinnigste von allen damals ertheilten Staatsverfassungen aus der Hand ihres Wittelsbachers Maximilian I. empfangen zu haben, welcher „das Glück seines Herzens und den Ruhm seines Thrones nur von dem Glücke des Vaterlandes und von der Liebe seines Volkes empfangen wollte" und auch wirklich in ganz ungewöhnlichem Maße empfangen hat.

Obwohl aber diese Verfassung zu ihrer Zeit mit wohlbegründetem Freudenjubel begrüßt worden war, so huldigten die Bestimmungen derselben über Wahlrecht und Wählbarkeit, so wie über die Zusammensetzung der II. Kammer selbst — doch noch viel zu sehr dem frühern ständischen Prinzipe, um auf die Dauer den Wünschen des Volkes und den Anforderungen des rasch vorwärtsschreitenden Zeitgeistes zu genügen. Mehr und mehr wurden sich die Völker bewußt, daß der wahre Kern constitutioneller Freiheit nur in der Allgemeinheit des Wahlrechtes und der Wählbarkeit beruhe, und in dieser Beziehung regte sich Anno 1848 auch in Bayern der Flügelschlag einer neuen Zeit.

Großherzig und freisinnig wie sein erhabener Großvater erfaßte König Maximilian II. von Bayern die Anforderungen und Bedürfnisse seiner Zeit und genügte denselben (den 10. Juni 1848) durch ein mit den Ständen vereinbartes durchaus zeitgemäßes Wahlgesetz, dessen wichtigste Bestimmungen in noch vielen deutschen Ländern mit Freuden begrüßt werden würden und deßhalb hier folgen sollen:

a) Für je 31,500 Seelen der Gesammtbevölkerung des Königreichs wird e i n Abgeordneter gewählt.

b) Wahlfähig ist jeder bayerische Staatsbürger und jeder volljährige Staatsangehörige, welcher dem Staate eine direkte Steuer entrichtet, in so ferne er nicht wegen Verbrechen oder gemeiner Vergehen verurtheilt worden ist.

c) Als Wahlmann kann jeder bayerische Staatsbürger gewählt werden, wenn er 25 Jahre alt ist und die für die Wähler bestimmten Eigenschaften besitzt; als Abgeordneter muß er dieselben Eigenschaften besitzen und 30 Jahre alt sein.

d) Weder Wahlrecht noch Wählbarkeit ist an ein bestimmtes Glaubensbekenntniß gebunden.

e) Der Urlaub darf den gewählten Staatsbeamten und öffentlichen Dienern nicht verweigert werden; ebenso wenig Offizieren und Militärbeamten, in so ferne nicht außerordentliche Verhältnisse ihrer Entfernung vom Dienste entgegenstehen.

f) Die Wahlhandlungen müssen von den Commissarien der Regierung mit pflichtmäßiger und rücksichtsloser Unbefangenheit geleitet werden. Jede Beschränkung der Freiheit der Wahlen und jede Benützung eines obrigkeitlichen Einflusses auf die Wähler wird strenge geahndet und — nach Umständen — mit Dienstentlassung bestraft.

Durch dieses liberale Wahlgesetz, welches namentlich den Kammern die Intelligenz und Geschäftserfahrung charaktervoller Staatsbeamten sichert, hat sich König Maximilian II. unvergängliche Verdienste um das materielle Wohl und um die geistige Entwickelung und sittliche Vervollkommnung seines treuen Volkes erworben. Dennoch strahlt in der Verdienstekrone dieses erhabenen Monarchen noch ein herrlicherer Edelstein, und dieser ist das unbeirrte Festhalten an den gewährten Segnungen ächter Volksfreiheit, als die gewaltige Brandung der Volksbewegung von Anno 1848, welche in allen deutschen Landen — mit Einschluß Oesterreichs — zur Ertheilung constitutioneller Rechte und Freiheiten geführt hatte, in den darauf folgenden Jahren einen nicht minder gewaltigen Rückschlag bildete, und besonders in Staaten, wo das Banner constitutioneller Freiheit nur gezwungen entfaltet worden war, wieder Staatskünstler an das Ruder brachte, welche in der constitutionellen Staatsform nur eine verderbliche und gefährliche Schwächung jener einheitlichen Macht erblickten, die zur Aufrechthaltung einer kräftigen Regierung unerläßlich sei.

In Folge hievon trat das schlechtberathene Oesterreich schon mit Beginn des Jahres 1852 durch jene vier kaiserlichen Patente vom 31. Dezember 1851, welche die Anno 1848 (29. Sept.) festgestellten Grundrechte und die am 18. April 1849 ertheilte Verfassung aufhoben, wieder aus der Zahl der constitutionellen Monarchieen aus, und seine Geschichte seitdem bis zur Gegenwart, wo es sich auf's Neue zur Ertheilung von Constitutionen gezwungen sieht, beweist durch eine Reihe von äußern Verlusten und innern Niederlagen und Gefahren am deutlichsten die Richtigkeit des alten Satzes, daß eine Regierung nur in dem Maße stark gegen Außen und sicher gegen Innen ist, in welchem sie fähig und bereit ist, den Anforderungen der Zeit und den gerechten und berechtigten Wünschen der Regierten Rechnung zu tragen.

Freilich schleuderte der Rückschlag jener Brandung nur das Staatsschiff Oesterreichs allein in Deutschland wieder zurück in die unheimlichen und klippenvollen Gewässer einer absoluten Regierungsform; gleichwohl aber führte er auch in andern deutschen Staaten zu ernsten Conflicten zwischen der executiven und der legislativen Staatsgewalt, welche ihre Lösung leider nur selten auf ächt constitutionelle Weise fanden.

Denn da und dort wurde eine widerspenstige Kammer aufgelöst und nachdem die Appellation an den Volkswillen durch Neuwahlen für das eingehaltene Regime der betreffenden Regierung wieder nicht günstig ausgefallen war, schritt die executive Staatsgewalt — statt zur Entfernung solcher Minister — entweder zur Octropirung einer Verfassung, das heißt: zur Einführung einer nicht mit dem Volke vereinbarten, sondern einseitig nur von der Regierung beliebten Verfassung, wie z. B. in Chur-Hessen, oder zur Octropirung eines Wahlgesetzes, welches durch seine Beschränkung des Wahlrechtes und der Wahlfähigkeit das Zustandekommen einer willfährigeren Kammer erwarten ließ, wie z. B. in Hannover.

Auch in Bayern führte die Berathung eines Straf- und Polizei-Straf-Gesetzbuches zur Kammerauflösung und zur Appellation an das Volk durch Neuwahlen.

Das Volk antwortete hierauf dem Ministerium v. d. Pfordten durch die Wahl einer noch größern Zahl oppositioneller Deputirter und insbesondere durch die an vier bedeutenden Orten zugleich erfolgte Wahl desjenigen Mannes, der, als hervorragendes Mitglied des Gesetzgebungs-Ausschusses, sich dem Ministerium besonders mißliebig gemacht hatte und deßhalb gegen seinen Willen und Wunsch zum Appellationsgerichtsrath befördert worden war.

Die Kammer selbst aber antwortete schon bei ihrer Constituirung durch die Wahl eben dieses Mannes zu ihrem zweiten Präsidenten und griff hierauf gleich nach ihrer Eröffnung das bisherige Regime des Ministeriums, besonders was die innere Verwaltung unter dem Minister Graf Reigersberg betraf, mit solcher Einhelligkeit an, daß sich sämmtliche Minister schon nach wenigen Kammerverhandlungen veranlaßt sahen, Seine Majestät den König um ihre Entlassung zu bitten.

Nicht ohne Unruhe sah Bayern und mit Spannung ganz Europa der Entschließung des Königs entgegen, da nach dem Beispiele anderer deutscher Regierungen in derselben Sache sehr wohl zu fürchten war, daß die Entlassungsbitte der Minister nicht angenommen und dagegen die Kammer wieder aufgelöst und ein beschränkenderes Wahlgesetz octropirt werden könne.

Doch König Maximilian II., ebenso gewissenhaft treu in der Aufrechthaltung als hochherzig groß in der Erweiterung constitutioneller Freiheit, sprach die ewig denkwürdigen Worte: „Friede soll sein zwischen mir und meinem Volke!“ und gewährte die Entlassungsbitte eines Ministeriums, das — trotz der vielseitigen und wirklich großen

Verdienste seines Vorstandes von der Pfordten — das Vertrauen des
Volkes verloren hatte.

Durch diese ächt constitutionelle Entschließung setzte sich König
Maximilian II. nicht bloß in den dankbaren Herzen seiner treuen
Bayern, sondern auch in der Weltgeschichte, die der Herrscher Hand-
lungen richtet, ein unvergängliches Ehrendenkmal. — Zugleich aber
bewies die unbegrenzte Opferwilligkeit, mit welcher hierauf die beiden
Kammern ihrem hochherzigen Monarchen den letzten Mann und den
letzten Gulden des Landes gegen die Gefahren von Außen zur Ver-
fügung stellten, gewiß schlagend genug, daß die Verfassungstreue eines
Regenten das wohlfeilste und zuverlässigste Mittel ist, die deutschen
Volksstämme mit der hingebendsten Treue und mit der opferwilligsten
Liebe an die Interessen ihrer angestammten Regentenhäuser zu fesseln.

Mit freudigem Stolze sind wir Bayern uns seitdem bewußt, die
freien Bürger eines ächt constitutionellen Staates zu sein, und die
natürliche Folge hievon ist, daß jeder Sturm — er mag von Osten
als Revolution, oder von Westen als Eroberungskrieg drohen — uns
felsenfest in Treue und Brust an Brust geschaart zum schützenden Wall
für den Thron unserer Wittelsbacher finden wird.

Leider scheinen dagegen einige der übrigen deutschen Regierungen
gerade jenen drohenden Stürmen das Verdienst vorbehalten zu wollen,
wegzufegen, was faul und unberechtigt ist in ihrem
Staatshaushalt, und wenn hieraus gleichwohl dann dem gemeinsamen deutschen Vaterlande keine ernste Gefahr erwächst, so ist
dieß lediglich dem zur vollen Reife gelangten Nationalgefühl zu danken, das — Gottlob — die Deutschen aller (auch der bevormundet-
sten) Gaue mit gleicher Kraft durchglüht.


## Zweites Capitel.

### Bayern und ein einiges Deutschland.

Die Bestrebungen des in Norddeutschland aufgetauchten sogenannten Nationalvereins, der so freigebig ist mit den Stapelplätzen
des süddeutschen Handels am abriatischen Meer und sich die Aufgabe
gestellt zu haben scheint, die Selbstständigkeit der deutschen Mittel-
und Kleinstaaten — mit Ausschluß Oesterreichs — in einem allgemeinen Preußenthum aufgehen zu lassen, rechtfertigt sicherlich nach-

stehende Erörterung, die nur Thatsachen und statistische Zahlen vorführt und sorgfältig eine Polemik vermeiden wird, wie sie durch die tiefwurzelnde Liebe zu seinem angestammten Regentenhause in der Brust des bayerischen Volkes geschrieben steht.

Nach Abzug der Aktivbestände und des Aufwandes für eingelöste Dominicalgefälle und für Staatseisenbahnen, die sich bereits rentiren und mit Gewinn wieder verkauft werden könnten, hat Bayern jetzt eine Staatsschuld von circa 120 Mill. Gulden, der aber ein Staatsgut an Domänen und Forsten gegenüber steht, das bei einer Jahresrente von circa 8,500,000 Gulden einen Capitalwerth von 170 Mill. Gulden repräsentirt.

Bayern hat somit 50 Millionen Staatsvermögen, was, vertheilt auf 4,600,000 Staatsangehörige, per Kopf 10 fl. 5 kr. Staatsgut betragen würde.

Preußen dagegen hat unter denselben Voraussetzungen allerwenigstens 200 Mill. Thaler Staatsschulden und seine Domänen und Forste werfen durchschnittlich nur eine Rente von 7,220,000 Thlr. ab. Wird nun diese Rente ebenfalls capitalisirt und von der Staatsschuld abgezogen, so bleibt für diesen Staat immer noch eine Staatsschuld von 55,600,000 Thlr., die, vertheilt auf 17 Mill. Staatsangehörige, per Kopf 3²⁸⁄₈₅ Thlr. = 5 fl. 43 kr. Staatsschuld betragen würde.

Beachten wir ferner, daß sich in Bayern die vier christlichen Kirchen ganz gleicher Fürsorge und Beschirmung ihrer Rechte zu erfreuen haben, wodurch längst zwischen den verschiedenen Glaubensbekennern alle religiöse Zwietracht, Gehässigkeit und Eifersucht verschwunden ist; daß der bayerische Staatsbürger mit Berücksichtigung der sonstigen maßgebenden Verhältnisse im Vergleich zu allen übrigen deutschen Staaten am wenigsten besteuert ist und am meisten Freiheit genießt; daß Bayern einen vollkommen unabhängigen Richterstand besitzt und alle seine Angehörigen ohne Ausnahme nach ihrem Besitz und Vermögen zur Theilnahme an den öffentlichen Lasten heranzieht und daß endlich in Bayern den Fortschrittsbestrebungen einer freisinnigen Regierung zu Nutz und Ehre des Landes kein feindlicher Phalanx eines specifischen Junkerthums hemmend entgegensteht: so könnte nur ein gänzliches Verkennen seiner eigenen Interessen — in materieller wie geistiger Beziehung — das bayerische Volk wünschen lassen, die Selbstständigkeit seines so wohlbestellten Staates in dem gepriesenen Preußenthum aufgehen zu sehen.

Allein dessenungeachtet liebt und ehrt der Bayer mit Begeisterung sein großes deutsches Vaterland und fühlt es so bitter, als irgend ein

anderer Deutscher, daß von den 42 Millionen Seelen des alten deutschen Reiches nur 12 Millionen als österreichische und 12½ Millionen
als preußische Staatsangehörige im Rathe der Großmächte vertreten,
die übrigen 17½ Mill. aber davon ausgeschlossen sind.

Das Gefühl dieser Schmach war es auch, wodurch die Idee An-
klang finden konnte, das Heil Deutschlands in einer Trias zu suchen,
das heißt in der Gründung einer dritten, rein deutschen Großmacht
neben Oesterreich und Preußen durch einen engern Bund der übrigen
deutschen Staaten. Allein auch abgesehen von der unzusammen-
hängenden Lage dieser Staatengebiete und von vielen, noch weit größern Schwierigkeiten, die der Verwirklichung dieser Idee entgegenstehen
mußten, wäre sie doch nur ein weiterer Schritt zur gänzlichen Trennung Deutschlands gewesen, und gerade diese Trennung war es ja,
die von jeher alles Unheil und alle Schmach über unser armes deutsches Vaterland gebracht hat.

Je übermüthiger daher der gallische Hahn wieder den Kamm trägt,
desto nöthiger erachten und desto mehr sehnen auch wir uns gleich den
übrigen deutschen Bruderstämmen nach einer starken, auf die
Vertretung des gesammten deutschen Volkes sich stützen-
den Centralgewalt, welcher — ohne die Selbstständigkeit der einzelnen Staaten aufzuheben — die Befug-
niß und die **Macht** gegeben ist, einerseits die Interessen des gesammten deutschen Volkes zu vertreten
und zu deren Schutz über die ganze deutsche Wehrkraft
zu verfügen, andererseits durch Gründung einer deutschen Flotte und großer Nationalanstalten, durch Einführung allgemeiner Volksbewaffnung und voller Preß-,
Handels- und Gewerbefreiheit, durch Gemeinschaft-
lichkeit in kirchlichen Anordnungen, im Gesetz-, Münz-
und Heerwesen, durch Hinwegweisung jeglicher Will-
kürherrschaft und durch Befestigung wahrer Volksfreiheit eine innige Verbindung und Verschmelzung der
verschiedenen staatlichen Elemente zu einem einigen,
starken Deutschland zu erzielen.

Statt eines solchen lebenskräftigen Bundesstaates schuf die deutsche
Bundesakte einen todtgebornen Staatenbund — eine reine Demokratie,
deren Demos aber nicht das gesammte deutsche Volk ist, welches gleiche
Gesinnungen, gleiche Interessen, gleiche Opferwilligkeit und Wehrkraft
besitzt, sondern aus Höfen der verschiedenartigsten Gesinnungen, Interessen und Machtverhältnissen zusammengesetzt ist, und dazu dann

eine Centralgewalt, welche — als unter, statt über den inbegriffenen Theilen stehend — eine Ohnmacht ist und ihre Akte der Autorität nur auf ein endloses Diplomatisiren beschränken kann, wie die hülflose Lage unserer deutschen Brüder in Schleswig-Holstein zur Genüge beweist.

Damit kann aber weder den Interessen noch der Ehre einer großen Nation gedient sein, und noch weniger kann damit der Siegeslauf eines Eroberers an der Spitze mächtiger und kriegsgeübter Heere aufgehalten werden, und so muß es nicht minder im Interesse der Erhaltung mancher deutschen Throne geboten erscheinen, Angesichts eines unvermeidlichen Kampfes auf Tod und Leben der Wahrscheinlichkeit eines großen Nationalunglückes durch — Gründung jener oben angeführten starken Centralgewalt vorzubeugen.

Ueberdieß ist dieser von der Nothwendigkeit gebotene und von der ganzen deutschen Nation so sehr ersehnte Einigungspunkt jetzt mit gar keinen wirklichen Opfern von Seite der deutschen Regenten mehr verbunden, da der Sieg des constitutionellen Prinzips, dem fortan auch Oesterreich sich bequemen muß, auch die vorbehaltenen Souveränitätsrechte des Kriegführens und Bündnißschließens faktisch auf das Volk übergetragen hat. Denn zum Kriegführen braucht man nach Montecucculi drei Dinge, nämlich „Geld, Geld und nochmals Geld", und dieses ist nur durch die Beistimmung der Volksrepräsentation zu erhalten, und was das Recht des Bündnißschließens betrifft mit einer nichtdeutschen Macht zur Verfolgung dynastischer Sonderinteressen, so hat der Eine Schrei empörten Nationalgefühls, mit welchem ganz Deutschland einer derartigen Anspielung des Herrn v. Borries entgegentrat, zur Genüge verkündet, was d e m Regenten unvermeidlich bevorstände, welcher mit einer fremden Macht ein Bündniß gegen deutsche Bruderstämme eingehen wollte.

Möchten die deutschen Regenten sich alles Dieses wohl überlegen und — so lange es noch in ihrer Macht steht — aus frei-eigener Entschließung den Weg betreten, auf welchem allein unser deutsches Vaterland wieder zu seiner einstigen Größe und Herrlichkeit gelangen kann, ohne daß ein vorausgegangenes Nationalunglück zur Mediatisirung in großartigem Maßstabe führt, um endlich die Zerrissenheit und Schwächung Deutschlands zu beseitigen.

# Drittes Capitel.

### Deutschlands Lage und Wehrkraft gegenüber Frankreich.

Als Frankreich, nachdem es im Lauf von 25 Jahren ganz Europa geplündert, verwüstet und mit Leichenfeldern bedeckt hatte, endlich Anno 1815 gänzlich erschöpft zum zweiten Mal mit dem stolzen Paris seinen Ueberwindern zu Füßen lag, wäre es die erste Pflicht der Klugheit gewesen, diesen Friedensstörer durch Lostrennung der dem deutschen Reiche früher entrissenen Provinzen zu schwächen und Deutschland durch Herstellung seiner natürlichen Westgrenze zu stärken, welche — an der Straße von Calais (Cap gris nez) beginnend — sich am Ursprung der Lys, der Schelde und Sambre vorbei nach Rocroy und von da an den Ursprung der Maas herabzieht.

Daß Dieses nicht geschehen ist, weil der legitime Herr dieser Provinzen — das deutsche Reich — gestorben war und kein Verbündeter dem andern diese schönen Provinzen gönnen mochte, muß für eines der größten Unglücke der deutschen Nation gehalten werden. Denn damals schon (wie jetzt noch) war es vorauszusehen, daß nach einer Revolution, wie die französische vom Jahre 1789, und bei dem beweglichen Nationalcharakter der Franzosen sich die einmal entfesselten politischen Leidenschaften noch manches Menschenalter hindurch nicht beschwichtigen und — mit nur kurzen Ruhepausen — noch öfter innere Umwälzungen erzeugen würden, die — nach der Lehre der Geschichte — zuletzt immer wieder zu der, den Nachbarstaaten gefährlichsten Regierungsform, nämlich zur Militärdespotie führen.

Das hieraus und aus obiger Versäumniß der ersten Klugheitspflicht für uns erwachsene Nationalunglück ist der bewaffnete Friede, der seit Anno 1815 bis heute Tausende von Millionen verschlungen hat.

Und was haben wir gewonnen durch das Opfer dieser Milliarden, mit welchen wir die furchtbarste Flotte, die großartigsten Nationalanstalten hätten gründen können?

Nimmt die deutsche Nation den ihr durch Macht und Intelligenz gebührenden Platz in der allgemeinen Völkerfamilie ein? — „O nein! geächtet sind die Farben ihres Banners im alten deutschen Reichs-

land selbst und für den Deutschen gibt es nirgends Schutz durch
deutsche Schiffe, deutsche Consulate, deutsche Gesandtschaften!"

Aber Ehrfurcht gebietend ist doch die deutsche Heeresmacht? —
„O nein! selbst der winzige Däne trotzt — der Deutschen altverbrief-
tes Recht verhöhnend — dieser Macht ungestraft seit Jahren!" —
Nun so wird diese Heeresmacht doch wenigstens im Stande sein, alle
Raubgelüste von Deutschlands Gebieten fern zu halten? — „O nein,
auch dieses nicht! Der Mann an der Seine, der sich den Fuchspelz
wählte, weil ihm des Onkels Adlerschwingen versagt sind, glaubt nur
Oesterreichs Macht noch nicht genug gebrochen und will nur das
übrige Deutschland vorher noch etwas mehr an der permanenten
Kriegsbereitschaft verbluten lassen, die jährlich nicht blos Hunderte
von Millionen kostet, sondern durch Lähmung des Handels und der
Industrie noch weit größere Summen der Widerstandskraft dieser
Länder entzieht, ehe er es für rathsam hält, die Frage der Rhein-
provinzen auf die Tagesordnung zu setzen und sogleich durch einige
hunderttausend bewaffnete Diplomaten, die sich des linken Rheinufer-
landes bemächtigen, zur Entscheidung zu bringen."

Die unbezweifelbare Gewißheit, daß dieser Angriff von Seite
Frankreichs über kurz oder lang erfolgen wird, erfolgen muß, beruht

   a) auf den Traditionen aus dem ersten Kaiserreiche.

Diese sind für den Geist und die Wünsche des französischen Vol-
kes ebenso maßgebend, wie für die geheimen Absichten und Pläne
Louis Napoleons, und verlangen gierig den Rhein als natürliche
Grenze für das gallische Kaiserreich.

   b) Auf der zähen Beharrlichkeit, mit welcher Louis
      Napoleon, um der Rächer seines Onkels werden
      zu können, sich vom Abenteurer zum Kaiser auf-
      schwang, und mit welcher er seitdem — trotz aller
      scheinbaren Abweichungen — diese eine Lebens-
      aufgabe verfolgt.

Durch den Krimkrieg wußte er sich eine — der Seemacht seiner
Verbündeten ebenbürtige Flotte zu schaffen und sich zugleich durch
den Friedensschluß für die Stunde der Rache die Hilfe der russischen
Nordseeflotte zu sichern. Hierauf schritt er durch die Schwächung Oester-
reichs im italienischen Kriege zur Einleitung der Rheinfrage, deren
Lösung im französischen Sinn auf's engste mit seiner eigentlichen
Lebensaufgabe zusammenhängt. Ehe er nämlich seinem getreuen Ver-
bündeten gegenüber die Maske fallen lassen und diesen zu vernichten

hoffen kann, muß vorher Deutschland — als Englands Landsoldat — niedergeworfen sein und bis dahin erachtet es der kluge Rechner für höchst vortheilhaft, das englische Kabinet den deutschen Regierungen möglichst zu entfremden. Zu diesem doppelten Zwecke nun stellte er das Nationalitätsprinzip auf, das England in seinen Besitzungen überall mit Füßen tritt, den deutschen Fürsten gegenüber aber mit Wort und That vertheidigt, und dem er selbst in Ungarn, Polen und den Donaufürstenthümern die Hilfe Frankreichs verspricht. Unterm Schutze dieses Racenkampfes, der Oesterreich vernichten und Preußens Kraft lähmen soll, hofft er dann die Rheinfrage mit Leichtigkeit nach seinem Sinne zu entscheiden, um hierauf endlich mit dem gänzlich isolirten England — vielleicht unter dem Vorwand der irischen Frage — die langvertagte Abrechnung bereinigen zu können.

c) Auf den Trieb der Selbsterhaltung, der jeden despotischen Beherrscher einer civilisirten großen Nation zu Eroberungskriegen zwingt.

So lange Völker unmündig sind und noch keine höhern Interessen als die materiellen kennen, mag auch der Despotismus berechtigt erscheinen, weil er im eignen Interesse — gleich dem Landwirth — sein Lastvieh kräftig und gesund wünschen muß. Wenn aber ein — zum Bewußtsein seiner Anrechte auf innere und äußere Freiheit gelangtes Volk sich in die Länge dem unbeschränkten Willen eines Einzigen beugen soll, muß dieser Despot unaufhörlich darauf bedacht sein, den ihm feindlichen Elementen gährender Unzufriedenheit durch Eroberungskriege nach Außen einen Abfluß zu verschaffen.

Daß Louis Napoleon diesem Gebote der Nothwendigkeit zur Erhaltung seines Cäsarenthrones seit jenem verhängnißvollen zweiten Dezember unterthan ist, vermögen alle kaiserliche Redensarten und Friedensversicherungen nicht zu verhehlen. — Kriegführen mußte und **muß** er, um das — über den Verlust aller politischen Freiheit empörte Nationalgefühl des französischen Volkes durch Waffenruhm zu beschwichtigen. Um aber nicht als verhaßter Eroberer zu erscheinen und alle europäischen Fürsten zumal gegen sich zu haben, führt er für Ideen Krieg und erobert nicht, sondern annectirt blos.

Durch alles Dieses ist es nur zu gewiß, daß wir am Vorabend eines Krieges mit dem imperialistischen Frankreich stehen, welcher kein gewöhnlicher, sondern ein Kampf auf Tod und Leben werden muß, da er entweder alles Elend und alle Schmach des ersten Kaiserreichs über Deutschland bringen, oder diesem seine natürlichen Grenzen und die Erlösung von den furchtbaren Lasten eines bewaffneten Friedens verschaffen muß.

Mächtig und kriegsgeübt ist unser Gegner und in Deutschland ist man gewohnt, ihn weit eher zu über- als zu unterschätzen. Dennoch hat das deutsche Volk noch keinen Augenblick vor diesem Kampf gezagt und flucht im Gegentheil der Lammspolitik und unwürdigen Schmiegsamkeit seiner Diplomaten und Staatskünstler, weil es fühlt, daß einem Despoten gegenüber nur Eine freie Hand, die bewaffnete und zum Angriff geschwungene möglich und am Platz ist, und weil es erkennt, daß ihm die jahrelange Kriegsbereitschaft verderblicher ist, als der Krieg selbst, der unvermeidlich bleibt und also doch noch ausgekämpft werden muß.

Untersuchen wir nun die Wehrkraft des deutschen Volkes und zunächst die Stärke der Bundescontingente, welche auf dem Kriegsfuß zwei Prozente der Bevölkerung beträgt.

Das I., II. und III. Armeecorps bildet Oesterreich aus einer Bevölkerung von 12,197,000 Seelen.

Das IV., V. und VI. Armeecorps bildet Preußen aus einer Bevölkerung von 12,560,000 Seelen.

Das VII. Armeecorps stellt Bayern aus einer Bevölkerung von 4,600,000 Seelen.

Das VIII. Armeecorps bilden Württemberg (1,802,000), Baden (1,362,770) und Großherzogthum Hessen (852,520) aus einer Gesammtbevölkerung von 4,017,540 Seelen.

Das IX. Armeecorps bilden die 5 Sachsen (2,793,360), Nassau (434,000), Kurhessen (754,790) und Luxemburg-Limburg (405,000) aus einer Gesammtbevölkerung von 4,387,150 Seelen.

Das X. Armeecorps bilden Hannover (1,760,000), Lauenburg-Holstein (573,000), Braunschweig (271,000), die beiden Lippe (137,000), die beiden Mecklenburg (643,000), Oldenburg (287,160), die beiden Anhalt (130,000), Liechtenstein (7000), Waldeck (60,000), die beiden Reuß (119,000), Hessen-Homburg (26,000) und die vier Hansestädte (441,000) aus einer Gesammtbevölkerung von 4,631,410 Seelen. Hieraus ergeben sich nun zu 2 Prozent

für das I. II. u. III. Armeecorps 243,940 Mann,
„ „ IV., V. u. VI. „ 251,220 „
„ „ VII. „ 92,000 „
„ „ VIII. „ 80,350 „
„ „ IX. „ 87,742 „
„ „ X. „ 92,628 „

in Summa ein Armee von 847,880 Mann,

welche bei einem Kriege, an dem sich Oesterreich und Preußen mit ihrer ganzen (nicht deutschen) Bevölkerung betheiligten, mit Leichtigkeit auf 1,120,000 Streiter mit 2610 Geschützen zu bringen ist.

Behalten wir aber nur das deutsche Element hier im Auge, so würde die Bundesarmee von 847,880 Mann bei ungefähr 112,000 Mann Kavallerie und 2000 Geschützen gegen 211,700 Pferde bedürfen, und es fragt sich, in welchem Verhältnisse diese ungeheuren Zahlen zu der Wehrkraft der deutschen Lande an Mannschaft und Pferden stehen.

Bei dieser Untersuchung handelt es sich blos um diejenigen Altersklassen, welche gewöhnlich mit Schonung der Familienhäupter, Hausväter, Wirthschaftsführer ꝛc. zum Kriegsdienst herangezogen werden. Im Allgemeinen kann man diese Klassen von 20—30 und von 30—40 Jahren feststellen. Die Wahrscheinlichkeitsrechnung lehrt nun nach den Gesetzen der Sterblichkeit und nach den Ergebnissen vielfältiger Zählungen, daß auf 1 Million Seelen jedesmal 81,100 Männer von 20—30 und 71,160 Männer von 30—40 Jahren kommen. Aus diesen Zahlen muß nun wieder das Verhältniß der Waffenfähigen nach Abzug der Eximirten, Ansässigen und Untauglichen gesucht werden und hierin nun lehrt die Erfahrung, daß sich wenigstens die Hälfte der in diesen Altersklassen befindlichen Männer als waffenfähig annehmen läßt.

Nach dieser Berechnung hat somit die deutsche Nation 3,227,150 für den Felddienst waffenfähige Männer, was fast das Vierfache der Bundescontingente zu 2 Procent beträgt.

Was nun das Kriegsmaterial an Pferden betrifft, so ergaben vielfältige statistische Vergleichungen, daß auf 100 Seelen der Bevölkerung in England 15, in Preußen 11, in den deutschen Bundesstaaten 8 und in Frankreich 7 Pferde treffen.

Hiedurch ergibt sich für das gesammte deutsche Land eine Pferdezahl von 3,768,358, wovon zuvörderst der zehnte Theil an Fohlen und zweijährigen Pferden abzuziehen ist. Es bleiben somit noch 3,391,523 Pferde und da der Pferdebedarf für eine Armee von 847,880 Mann auf ungefähr 211,700 veranschlagt werden kann, so würde durchschnittlich von 16 Pferden nur immer eines den Beschäftigungen des Ackerbaues und der Gewerbe entzogen werden, was gewiß wenig empfindlich wäre.

Was endlich die Tüchtigkeit dieser beiden Hauptfaktoren der Kriegführung betrifft, so steht der Deutsche an Muth keiner Nation nach, übertrifft aber — ebenso wie sein Pferd — an Kraft und Ausdauer

in Ertragung von Strapazen das lebende Kriegsmaterial aller civilisirten Nationen.

So ermuthigend nun auch dieses Resultat der Untersuchung unserer Wehrkraft sicherlich sein muß, so dürfen wir doch nicht vergessen,
daß wir in dem bevorstehenden Kampfe einer compacten Nation
gegenüber treten müssen, und daß der Wille eines Einzigen über
alle Kräfte dieser Nation unumschrän.. verfügen kann. Diese beiden Momente sind es, die den französischen Waffen dennoch einen entschiedenen und unberechenbaren Vortheil verleihen müßten, wenn wir
sie nicht möglichst auszugleichen suchen würden.

Das beste Mittel, die verschiedenen staatlichen Elemente Deutschlands zu einem compacten Ganzen zu verschmelzen, ist im zweiten
Capitel bereits besprochen worden. Sollte dieses überhaupt nicht beliebt, oder nur in dem jetzigen Augenblick für gefährlich gehalten werden, so gewähre man wenigstens der Liebe zum großen deutschen
Vaterlande, die im Geiste die Streiter aller deutschen Lande innig
verbindet, ein sichtbares Einigungszeichen in der deutschen „schwarz-roth-goldnen" Fahne, auf der ein Herz-
schild noch immerhin das engere Vaterland der verschiedenen Schlachthaufen bezeichnen kann.

Wie auch die deutschen Volksstämme durch Religion und Sitten
unterschieden und durch frühere politische Sünden ihrer Regierungen
sich entfremdet sein mögen — unterm Schatten des ruhmgekrönten
deutschen Banners werden freudig sie als Brüder sich begrüßen und
keinen andern Rangstreit kennen, als den der Tapferkeit und der Opferwilligkeit für das gemeinsame theure Vaterland.

Um aber diesem gewaltigen Kampfe die nöthige Vorbereitung
und vom Beginn an der ganzen Kriegführung Raschheit, Nachdruck
und kräftiges Zusammenwirken zu sichern, sei jetzt schon der Oberbefehl über alle gegen den Westen bestimmten Armeen der starken
Hand des kriegskundigen Königs von Preußen anvertraut und zwar
vom ersten Ausmarsch an für die ganze Dauer des Krieges mit dictatorischer Macht.

Dann — mit Gott — allüberall der Anmaßung und den alle
Sicherheit gefährdenden Machinationen des gallischen Imperators Trotz
geboten und vor Allem aber den Handschuh aufgehoben, welchen der
winzige Däne nur im Vertrauen auf die Hilfe des gallischen Kampf-
hahnes uns Allen so übermüthig vor die Füße geschleudert hat.

Wollten wir für Vaterland, Freiheit, Ehre und Recht nicht freudig das Leben einsetzen, wären wir wahrlich so köstlicher Güter nicht

**

werth, und nur zu lange schon hielt eine maßlose Ueberschätzung der Nachtheile eines Krieges das deutsche Schwert in der Scheide.

Freilich wird kein vernünftiger und fühlender Mensch die Vernichtung von Menschenleben, von geistigen und materiellen Gütern, wie der Krieg sie mit sich bringt, mit Gleichgiltigkeit betrachten können. — Wer aber mit aufmerksamem Geiste im Buche der Geschichte liest, wird nur jene Kriege verdammen, welche um kleinliche Interessen geführt worden sind, nicht aber die, welche die Erringung oder Vertheidigung der höchsten Güter der Menschheit bezweckten. Für solche Kriege gelten die schönen Worte unserer beiden größten Dichter: „Das Leben ist der Güter höchstes nicht!“ und „Nur der verdient die Freiheit und das Leben, der täglich sie erobern muß.“

Die Art der frühern Kriegführung, welche ihr Ziel nicht in der Vernichtung der feindlichen Streitmacht, sondern in der Plünderung und Verheerung der gegnerischen Länder suchte, bleibt allerdings auch zur Vertheidigung der höchsten Güter verdammlich und verächtlich.

Diese mordbrennerische Art Krieg zu führen kennt aber — Gottlob — unser Jahrhundert nicht mehr, und die ungeheuern Armeen, mit welchen jetzt gekämpft wird, müssen schnell zur Erschöpfung des einen oder des andern Gegners führen.

Gleichwohl dürfte es noch Viele geben, welche vor dem Krieg als vor dem Schrecklichsten zurückbeben und seine Folgen nur allein verderblich glauben.

Diesen nun wollen wir entgegenhalten, was ein bedeutender Staatsmann hierüber schrieb:

„Die Erfüllung des Wunsches nach einem allgemeinen und ewigen Frieden ist kaum zu erwarten, und wenn sie je stattfände, so würde es wahrscheinlich auf Unkosten noch höherer Güter geschehen, als diejenigen sind, deren Verlust der Krieg uns aussetzt. — Der Preis dafür oder das Mittel seiner Herstellung möchte nämlich die Errichtung eines Weltreiches, sei es unter der Herrschaft eines einzigen Hauptes, oder einiger weniger Häupter, sein, folglich der Untergang aller Freiheit der Völker wie der Einzelnen, und damit der Untergang aller moralischen Kraft, sonach aller Würde wie alles höhern Wohles der Menschheit.

„Schon dadurch, daß er solches äußerste Unheil verhütet, erscheint der Krieg als unermeßlich wohlthätig.

„Er setzt nämlich voraus und erhält die Selbstständigkeit der einzelnen Nationen und nährt in ihnen die Kraft und den Muth, die sie solcher Selbstständigkeit würdig machen. Und trotz aller Leiden und Schrecknisse, trotz aller Grausamkeiten, Rechtsverachtungen und Verwüstungen, die er in seinem Gefolge hat, ist gleichwohl der Krieg die Quelle vieles Guten und Heilsamen. Er läßt sich vergleichen den Gewittern, welche allerdings zerstörend auf Saaten und Menschenwohnungen fallen können und fallen, aber durch Reinigung und Erfrischung der Luft und durch Tränkung des vertrockneten Bodens neues Leben in die dahin welkende Pflanzenwelt ergießen und der vorhin kränkelnden Flur wieder ein blühendes Aussehen verleihen.

„Der Krieg ruft alle menschlichen Kräfte zur Thätigkeit auf, setzt alle Leidenschaften in Bewegung und eröffnet allen Tugenden und Talenten die weiteste Sphäre der Ausübung. Ohne Krieg, d. h. eingelullt in allzulangen Frieden, würden die Völker erlahmen, in Feigheit, Knechtssinn und schnödem Sinnengenuß versinken, so wie das stehende Wasser faul wird und nur das rasch und fort und fort sich bewegende seine lebendige Frische beibehält. — Wohl würden in langdauerndem und allgemeinem Kriege die Nationen verwildern und verarmen, die herrlichsten Schöpfungen des Friedens überall in Trümmer gehen, und was die frühern Geschlechter zum Frommen der Nachkommen erbaut, gesammelt und sorgsam gepflanzt haben, bis auf die letzte Spur vertilgt werden; aber nur theilweise und kürzere, von nicht allzu großer Verwüstung begleitete Unterbrechungen des in Schlummer einwiegenden Friedensstandes, so entschieden die rechtliche Vernunft sie verwirft, haben nach dem Zeugnisse der Geschichte höchst segensreich gewirkt, und fast jeder solcher Kriegsperiode, wie fast jedem Gewitter, folgt eine Periode der fruchtbarsten Kraftentfaltung, des lebendigsten Aufschwunges nach.

„Jedenfalls ist der Kriegsmuth die unentbehrlichste Schutzwehr für Freiheit und Recht, und die Kriegskunst das Produkt wie das Bollwerk der Civilisation.

„Allerdings sind es nur allzu oft gemeine und schlechte Motive, welche die Kriege entzünden: Raubsucht und Herrschgier, überhaupt egoistische Interessen und rechtsverachtende Leidenschaften. Ebendarum aber, damit nämlich nicht die ganze Menschheit die Beute einiger gewaltthätiger und vermessener Häupter oder Horden werde, soll der Kriegsmuth unter den Völkern erhalten und die Kriegskunst gepflegt werden. — Die Versuche der Herrschsucht können nur scheitern an dem Kriegsmuth der Nationen, und das beglückende Reich der Civilisation kann gegen die wilden Wogen der Barbarei nur geschirmt werden durch die der geistigen Ueberlegenheit den Sieg verbürgende Kriegskunst." —

Nach diesen beredten Worten über das nützliche und Nothwendige des Krieges, das sich bei einem gründlichen Studium der Annalen der Menschheit jedem unbefangenen Geiste aufdrängen muß, sei es uns nur noch erlaubt, ein paar Thatsachen aus unserm Jahrhundert hervorzuheben, die schlagend genug für das Bedürfniß des Krieges sprechen.

Es ist bekannt, daß die napoleonischen Kriege mit nur kurzen Unterbrechungen 15 Jahre lang unserm Vaterlande Bayern die furchtbarsten Contributionen und Kriegslasten auferlegt haben. — Dennoch gehörte es zwei Jahre später — bei der ungeheuern Theuerung Anno 1817 — zu den Seltenheiten, wenn in einer Gemeinde eine oder zwei Familien Unterstützung nöthig hatten.

Nach einem 31 jährigen Frieden dagegen Anno 1847, als die Preise der Lebensmittel bei weitem nicht die Höhe vom Jahre 1817 erreichten, mußten nicht nur in jeder Gemeinde mehrere Familien, sondern ganze Gemeinden und sogar ganze Gegenden unterstützt werden, und doch brach da und dort der Hungertyphus aus.

Wie kommt nun dieses? Davon, daß ein langer Friede das kleine Kapital und alles Geld in die Kisten des großen Kapitals leitet, wo es dann begraben bleibt, der Krieg dagegen die Kisten öffnet und das Geld wieder in Umlauf setzt.

Drum nur nicht ängstlich gerechnet, nicht unmännlich gezagt! — Der Krieg ist so verderblich nicht — und

Alles, was ewig recht ist und gut,
Läßt er keimen aus Menschenblut.

Druck von Tobias Dannheimer in Kempten.

# Bayern,

# Preußen und Deutschland.

## Votum

eines

## Süddeutschen.

———————

Erlangen.

Verlag von Ferdinand Enke.

1866.

Druck von C. H. Kunstmann in Erlangen.

Indem ich Dieses schreibe, ist der Friede zwischen Preußen und Bayern bereits gesichert, allein daß wir mit diesem Frieden an einen Wendepunkt der Geschicke Bayerns angelangt sind, daß — um mich eines volksthümlicheren Ausdruckes zu bedienen — es so nicht weiter gehen könne, wie es bisher gegangen, das verkennt so ziemlich Niemand. Daß etwas faul ist im Königreiche, haben die jüngsten Ereignisse bewiesen; das Vorhandensein der Krankheit läugnet man nicht, aber über die anzuwenden Heilmittel ist man im Widerstreit.

Da nun der privilegirte Verstand, unsere „Staatsweisheit" sich in der neuesten Zeit nicht immer gerade als zulänglich erwiesen hat, so gibt das dem beschränkten Unterthanenverstande den Muth, auch seine Ansichten in die Berathung mit einzuwerfen. An redlichem Willen fehlt es dem Schreiber dieser Zeilen nicht, und auch Das spricht wohl zu seinen Gunsten, daß er eifrig bemüht gewesen, den Resolutionenstyl zu vermeiden, und sich immer klar zu machen suchte: was ist erreichbar, was ist praktisch, was ist eitle Phrase, mit denen man nur einem entschiedenen Gesinnungsausdruck aus dem Wege gehen will.

Werfen wir zuerst einen Rückblick auf die Entschlüsse und Berathungen vor Beginn des Krieges; nicht um zu hadern soll dies geschehen, sondern um nachzuweisen, daß das erstemal, wo es dem Bunde Ernst schien, deutsches Recht zu schützen, er viel zu ohnmächtig gewesen ist, es zu thun, daß sogar in jener kritischen Zeit eine Umgestaltung des Bundes nicht einmal versucht werden wollte, daß endlich unser Bayern in einer unbe-

Polens Jahr für Jahr in der französischen Deputirtenkammer zur Sprache gebracht wurde.

Freilich als die Schleswig = Holstein'sche Angelegenheit wieder auf= lebte, nahm die deutsche Frage wieder eine concretere Gestalt an. Allein wir wissen, wie alsbald Preußen und Oesterreich sich verständigten, wie die Sachsen und Hannoveraner aus Holstein abzogen, wie der Bundestag verstummte, und wie endlich in unsern Kammern ein Sprüchlein vernom= men wurde, das man sonst nur aus dem Munde einfacher Landleute in den Gerichtsstuben hört. Das viel bespöttelte Wort der Bauern: Recht muß doch Recht bleiben verirrte sich damals in die Rede eines Ministers, eines gewiegten Juristen, der doch wol die Einsicht hatte und haben mußte, daß das in der menschlichen Brust lebende Rechtsgefühl nur gar selten auf Erden verkörpert werde, und daß das, was menschliche Satzungen, sei es nun im Strafrechte, im bürgerlichen Rechte oder im Völkerrechte Recht zu nennen belieben, keineswegs jenem ewigen Rechte angehört, welches, um mit Schiller zu reden, die Menschen sich vom Himmel herunter holen.

Also das Bündniß zu Gastein war geschlossen, und der Ausspruch von Le Sage: „sie umarmten sich und seit dieser Zeit waren sie geschworne Feinde," wurde abermals zur Wahrheit. Die Freunde haderten immer vernehmlicher mit einander, zu den Noten gesellten sich die Rüstungen, und endlich ward Bayern genöthigt, die bequemere Vermittlerrolle aufzu= geben und entschieden Partei zu nehmen.

Regierung, Volksvertretung und wol auch die öffentliche Meinung entschied sich für den Bundesstandpunct.

Dieser Standpunct war gewiß auch der correctere, denn mag der Erfolg der preußischen Waffen ein noch so glänzender gewesen sein, mag das Schicksal Deutschlands durch diesen Erfolg sich plötzlich weit günstiger gestaltet haben, so daß das Volk der Denker nun auch ein gefürchtetes Volk der That geworden ist, mag Alles das so sein: der Erfolg kann nie und nimmermehr die Weise rechtfertigen, mit welcher Preußen vorgegan= gen ist.

Die Moral der preußischen Handlungsweise kann durch den Sieg der Preußischen Waffen nicht verbessert werden. Ob der Herzog von Augustenburg im Rechte sei oder nicht, ob die Holsteinische Abgeordneten= kammer mit Recht auseinandergesprengt wurde, oder nicht, — diese Fragen haben offenbar mit der Trefflichkeit des Zündnadelgewehres nicht das minderste zu thun.

War der Standpunct der bayerischen Regierung und der bayerischen Volksvertretung demnach ein correcter, so ist es dennoch eine ganz andere Frage, ob von diesem Standpuncte aus nicht mindestens zu rasch und unüberlegt gehandelt, ob nicht Manches unterlassen wurde, was besser geschehen wäre.

Da scheint mir denn doch, daß unsere k. Staatsregierung sich über die Aufrichtigkeit und über die wirkliche Bedeutung der Bundesgenossenschaft des „mächtigen Oesterreichs" und der Mittelstaaten hätte besser vergewissern können.

Was vorerst die Aufrichtigkeit Oesterreichs anlangt, die sich bei dem Abschlusse des Waffenstillstandes, der trotz der Bayerischen „Selbstverständlichkeit" auf Bayern sich nicht erstreckte, recht glänzend bewährt hat, so braucht man hierüber nicht erst die Blätter der Geschichte unseres engern Vaterlandes nachzuschlagen; die jüngsten Ereignisse sprachen deutlich genug. Die bekannte Antwort an die Wiener, als die Schleswig-Holstein'sche Angelegenheit brennend geworden war, der Vertrag zu Gastein, die Slavenwirthschaft unter dem Ministerium Belcredi waren Momente genug, die zu denken gegeben hätten, wenn wie bei einem Privatmanne die Aufrichtigkeit des Willens aus der bisherigen Handlungsweise gefolgert werden darf.

Konnte man sich aber vielleicht über die Gesinnung Oesterreichs beruhigen, so mußte unsere „Staatsklugheit" sich doch wenigstens über die Leistungsfähigkeit desselben Aufschlüsse zu verschaffen suchen; sie mußte sich darüber Gewißheit verschaffen, ob es Geld und Mannschaft genug besaß, um einen Krieg führen zu können, oder ob jene enormen Zahlen die damals genannt wurden, nur auf dem Papier standen. Daß man damals in Bayern wie in Oesterreich die Intelligenz gegen die materielle Kraft unterschätzte, hat man nun offen eingestanden.

Es bedünkt mich ferner, daß unsere Staatsregierung sich auch über den inneren Zusammenhalt, über die Cohäsionskraft der Contingente der mittleren und kleinen Staaten nicht wol täuschen konnte. Gar manche Seite der Geschichte unsers unglücklichen Deutschlands ist mit einer Darstellung der Misere der deutschen Reichsarmee beschrieben: da wäre denn doch die Frage an der Zeit gewesen, ob es inzwischen anders geworden, ob nicht jeder Heerestheil, ob nicht jeder Unterfeldherr mehr seinem Kriegsherrn als dem Bundesgeneral gehorchen würde, ob die zusammencommandirten Truppenkörper auch innerlich zusammengehörten, Ein Ganzes zu bilden im Stande seien, den besten Willen der Fürsten und Führer vorausgesetzt. Auf alle diese Fragen haben die jüngsten Ereignisse mit Nein geantwortet.

Es wird uns vielleicht entgegnet, ja jetzt könne man Alles recht gut bemängeln; diese Weisheit sei wohlfeil, nachdem alle Welt später sehen mußte, woran es gemangelt habe.

Aber auch dieser Einwand ist wohlfeil!

Mag es dahingestellt bleiben, ob nicht der Eine oder der Andere im Hinblick auf die deutsche Vorzeit schon damals, als man in stolzer Sieges= hoffnung Millionen leichten Muthes bewilligte, in ein Paar Tagen nach Berlin marschiren zu können glaubte, ganz leise und schüchtern unter Freun= den und Bekannten sein Wenn und Aber einwandte, aber als ein zag= hafter und unverständiger Mensch verketzert wurde: Das ist es nicht, um Das es sich handelt. Was dem Einzelnen vielleicht entgangen ist, das durfte jenen Körperschaften nicht entgehen, die dazu berufen sind, und sich dazu für berufen erachten, das Ruder des Staatsschiffes zu len= ken, oder darüber zu wachen, daß es recht gelenkt werde.

Um nur Einiges zu erwähnen: seit mehr als einem Jahrzehend kannte man die Mängel des Bundesheeres, und dennoch hoffte man Erfolge von dem Zusammenwirken des 8. Bundesarmeecorps. Man kannte die Un= zulänglichkeit der Bundesverfassung, und dennoch verschloß man sich in dem Augenblick, wo man zu Gunsten des Bundes die Waffen ergriff, der Ueberzeugung, daß wenn je es an der Zeit war, den Bund umzugestalten, mit dem Beginn des Krieges gehandelt werden mußte.

Es wurde unterlassen, obgleich es jedenfalls den guten Willen der verbündeten Regierungen gekennzeichnet, möglicherweise auch im Kampfe selbst einen Ausschlag gegeben hätte, der deutschen Einheit Gestalt und Körper zu geben.

Bekanntlich war die schwarz=roth=goldene Tricolore so ziemlich immer der hypokratische Zug in der Physiognomie des Bundestags. Wurde diese sichtbar, so konnte man darauf schließen, der Bundestag sei Patient und zwar todt= krank; richtig erschien auch diesmal wieder das schwarz=roth=goldene Panier auf den Zinnen des Palastes in der Eschenheimer Gasse, und die schwarz= roth=goldene Armbinde war (wenn auch nur bei Einem Bundesarmee= corps) angelegt worden. Wo aber war das deutsche Parlament? Wer es in jenen Tagen zu sehen wähnte, sah nur eine fata morgana, eine Luftspiegelung, die sofort verschwand, nachdem man näher auf sie zu= steuerte. In Wirklichkeit wurde sogar in jenen Zeiten der Gefahr, wo die Einsicht sich aufdrängen mußte, daß die dynastischen Interessen in Deutsch= land auseinandergingen, und daß eine deutsche Einigkeit, geschweige denn eine deutsche Einheit nur dann bewerkstelligt werden könne, wenn auch das deutsche Volk mit zu reden und mit zu thaten hat, wurde sogar, sage ich, in jenen Zeiten der Gefahr es nicht so weit gebracht, ein Parlament zu schaffen; Oesterreich gab keine Lebensäußerung in dieser Beziehung von sich, die Gesandten der Mittelstaaten tagten in Augsburg und in Bam= berg, aber hierüber kamen sie nicht zu einem Einverständniß wenn sie überhaupt darüber sich berathen haben und Alles was man dem Volke gab, bestand in einem diplomatisch abgefaßten Versprechen, das so ungreif= bar war, wie gar manches andere, was seit den Befreiungskriegen der geduldigen Germania versprochen worden ist.

Wozu das Alles? unterbricht mich vielleicht wieder in den Gedanken des Lesers ein Einwand. War der Bundesstandpunkt ein correkter, dann mußte Bayern so handeln, wie es gehandelt hat, auch wenn es ein Par= lament nicht zu Stande bringen konnte, auch wenn es wußte, daß Oester= reich und seinen übrigen Bundesgenossen lange die Stärke und Kraft nicht inwohnte, wie man allgemein dafür hält. Darauf aber antworte ich Nein! und abermals Nein!

Wußte Bayern, daß ein Parlament nicht zu Stande zu bringen sei, dann wußte es auch, daß der ganze Kampf, der sich angeblich um das Recht, um die deutsche Einheit, um die Existenz des Bundes drehte, ledig= lich in einem Duell zwischen Oesterreich und Preußen bestand. Für die Fortexistenz des Bundestags, wie er ist, hätte das deutsche Volk nie die Waffen in die Hand genommen, denn so viel ist denn doch nach und nach auch den minder klar Blickenden deutlich geworden, daß dieser Bundestag nichts darstelle, als eine Polizeianstalt mit einem äußerst fein ausgebilde= ten Organ für Demokraten=Riecherei. Wo es galt, die Bande zwischen den deutschen Staaten enger zu knüpfen, da kam in der Regel außer= halb des Bundestags etwas Gedeihliches zu Stande, und — wir werden später darauf zurückkommen — das staatsrechtliche Problem wäre noch zu lösen, nach welchem Vertreter der einzelnen Bundesstaaten, mögen sie nun Monarchen, oder Gesandte derselben sein, das Interesse des Ge= sammtstaates, des Bundes, und nicht der Einzelstaaten im Auge hätten.

Zwar war die Wiederherstellung des Rechtszustandes in Schleswig= Holstein, der Ausgangspunct und wol auch ein Zielpunct des Kampfes, aber wer bürgte bei den bisherigen für die Schleswig-Holstein'sche Sache, oft lauen oder geradezu feindlichen Beschlüssen des Bundestages dafür, daß, wenn wieder Oesterreich und Preußen über diesen Zankapfel sich ver= einigt hätten, „Recht auch Recht würde". Es war doch wol unschwer zu erkennen, daß die Schleswig=Holstein'sche Angelegenheit nur eben den Anlaß hergab, weshalb der seit Jahren bestehende Antagonismus zwischen Oesterreich und Preußen zur offenen Zwietracht geworden ist, und daß Oesterreich nur deshalb bundestreu war, weil es gegen Preußen Bundes= genossen und einen Rückhalt suchte.

Ich kann mich der Ansicht nicht erwehren, daß wenn im Juni d. J. ein deutsches Parlament, wenn auch nur ad hoc zusammen berufen und auch nur ein Rumpfparlament zu Stande gekommen wäre, daß jener plötz=

liche Umschlag der Gesinnungen, jene plötzliche Friedensliebe, nachdem die Preußen einmal gesiegt hatten, nicht eingetreten wäre, das Volk hätte ein greifbares Ziel gehabt, wofür es zu kämpfen hätte und hätte weiter zu kämpfen verlangt. Ich kann mich aber auf der andern Seite auch der Zweifel nicht entschlagen, daß, nachdem man in den Tagen der Gefahr so lau sich über die deutsche Frage ausgesprochen hatte, nach dem Sieg wieder ganz kalt geworden wäre; sogar für einen Sieg der Schleswig=Holstein'schen Sache war bei dieser Wandelbarkeit der Gesinnung, wie man sie in den letzten Jahren von Seiten Oesterreichs erlebte, keine Garantie geboten, wenn nicht das deutsche Parlament die Sache rechtzeitig in die Hand bekam.

Waren nun die Verbündeten in der That noch nicht gehörig gerüstet, war es auch noch unklar, ob der errungene Sieg auch der guten Sache dienen würde, so war es meiner Ansicht nach Aufgabe der bayerischen Regierung, entweder wenigstens so lange den entscheidenden Bundesbeschluß hinauszuschieben, bis die Rüstungen vollendet waren, die Bundestreue nicht blos in dem Auftreten gegen Preußen sich manifestirt haben würde, oder aber jede Waffenentscheidung von sich zu weisen. Ohne Bürgschaft für eine bessere Bundesverfassung war der Krieg unnütz, ein Krieg ohne die Wahrscheinlichkeit des Sieges, sogar gegen diese Wahrscheinlichkeit war überflüssig, und mußte nothwendig den durch den Krieg angestrebten Zwecken mehr schaden als nützen. Es kam wie es kommen mußte; die Siegeshoffnungen der Verbündeten wurden zunichte; Oesterreich suchte für sich allein einen Waffenstillstand; im Bundesheere selbst: Mangel an einheitlicher Führung, Mißtrauen, resultatlose Tapferkeit, „glänzende Gefechtsmomente und rückgängige Concentrirungen"; endlich der allgemeine Ruf nach Frieden selbst um jeden Preis. Sodann begann ein Zwischenspiel neuer Mißverständnisse; die tragische Episode von Seubottenreuth und die mit Blut geschriebene Interpretation des Ausdruckes „Waffenentscheidung suchen" und der Lehre des preußischen Landrechtes, daß eine mündliche Nebenverabredung zu einem schriftlichen Vertrage ohne Geltung sei.

Deßhalb sind wir nun aufgefordert, um so reiflicher und ängstlicher die Pläne der Zukunft zu bedenken. Es lebt im Menschen der Hang, wenn er in irgend einer Sache ungeschickt oder unglücklich gewesen, mit einer gewissen Zähigkeit die früheren Bestrebungen dennoch festzuhalten und fortzusetzen, sei es um das bisherige Unglück zu verbessern, sei es um nachzuweisen, daß der schlimme Erfolg nicht aus der falschen Handlungsweise hervorging. Hüten wir uns vor diesem Fehler, und haben wir die Kraft, der veränderten Lage Rechnung zu tragen. Es ist dies um so schwieriger, als die veränderte Lage dieselben Rathgeber der Krone und dieselben Vertreter des Volkes vorfindet.

Als in unserer Abgeordnetenkammer während dieses Sommers der Italienische Handels-Vertrag zur Sprache gekommen, erhob sich der Abgeordnete Ruland und donnerte gegen jedes Bündniß mit einem Staat, der seine Macht durch den Bruch von heiligen Verträgen begründet habe. Sein Veto war folgerichtig in der eisernen (aber unausführbaren) Consequenz seines Rechtsgefühls, und als von Seite seiner Gegner ihm bemerkt wurde, daß Bayern nur die Thatsachen annehme, wie sie nun einmal historisch sich gestaltet hätten, so meinte Ruland, eine solche Acceptation würde noch zu ganz anderen Ergebnissen in Bayern führen, und — er hat Recht gehabt.

Der Ruland'sche Grundsatz wird jetzt von gar Manchen getheilt, die damals ihn von sich gewiesen haben. Man sträubt sich gegen die Consequenzen von Thatsachen, obgleich uns diese Consequenzen gerade so jetzt aufgedrängt werden, wie der Italienische Handelsvertrag damals es wurde.

Dieser Annahme können wir uns eben auch nicht entziehen, denn auf der Annahme historischer Thatsachen, auf der Unmöglichkeit, ein Faktum abzuweisen, das sich bereits in die bestehenden Verhältnisse eingefügt hat, beruhen alle menschlichen Zustände, beruht sogar unser Privatrechts-system, geschweige denn das Staatsrecht. Wie mit dem Auskunftsmittel der Verjährung im Privatrechte gar mancher fehlerhafte Rechtstitel verbessert wird, so wird im Staatsrechte die Basis der vollendeten Thatsachen nach und nach zum Rechtsboden. Sehen wir uns um in Deutschland; wie kam die Kaiserkrone nach Oesterreich, wie gelangte der Freistaat Krakau zum Kaiserstaat, wie kam Bayern zur Königskrone? was lehrt uns die Geschichte der Mediatisirten? mit welchem Recht wurden Klöster und Stifter aufgelöst? Nach e i n e r Richtung hat sich die Ruland'sche Prophezeiung also bereits bewährt: wir sind g e n ö t h i g t, den Frieden von Preußen anzunehmen, wir müssen seine Eroberungen respectiren, wenn wir auch seine Rechtsanschauung nicht theilen. Sind wir aber hiezu gezwungen, dann müssen wir eben untersuchen: was ist unter diesen Verhältnissen das Förderlichste, ja sogar vom Standtpunkte des Rechts aus das Beste. .

Diesmal wird Bayern wol etwas praktischer die Sache in die Hand nehmen müssen, denn die Gefahr ist uns gewaltig nahe gerückt, und die Bavaria auf der Theresienwiese war gar sehr inzwischen in der Lage, über Sein und Nichtsein zu monologisiren.

Es handelt sich also darum, welche Stelle soll Bayern zu dem neuen Kleindeutschland einnehmen?

Von einem vollständigen Anschluß Bayerns an Preußen, wie es von einigen Seiten gehofft, von anderen befürchtet wurde, ist schon deshalb vorläufig keine Rede, weil, wenn auch Bayern wollte, Preußen nicht will.

Die Bismarck'sche Politik besorgt, daß wenn die süddeutschen Staaten in ein solches Verhältniß zu Preußen treten würden, wie es die norddeutschen zu thun gezwungen wurden, daß dadurch Preußen einerseits veranlaßt würde, das Föderativband lockerer zu knüpfen, und andererseits daß eine liberale Strömung, der das Neu=Preußenthum nicht gerade hold ist, in das Ganze gebracht würde.

Bezeichnend ist es, daß dieses sog. Aufgehen Süddeutschlands in Preußen gerade von den exclusiven Preußen eben so gefürchtet wird, wie von den anderen Particularisten, eine Wahrnehmung, welche Denen nicht genug vorgehalten werden kann, welche behaupten, daß wenn auch 30 Millionen Deutsche zu einem Ganzen unter der Preußischen Hegemonie geschaart werden, dennoch diese 30 Millionen sich den ausschließlich Preußischen Interessen hingeben, zu sog. Stockpreußen auf einmal verwandelt werden würden. Leute, die eine solche Befürchtung aussprechen, die mit der Redensart um sich werfen, wie weit auch die Preußische Hegemonie in Deutschland sich erstrecken werde: durch den Preußischen Einfluß würde alsbald auch das Preußenthum nicht blos zur Geltung gelangen, sondern zu Saft und Blut der Bürger des Gesammtreiches werden, können keine Hochachtung vor der Stetigkeit deutschen Wesens und des einzelnen Stammescharakters haben.

Es wäre ein Hohn auf den deutschen Charakter, wenn man glauben wollte, daß die 30 Millionen Deutsche nicht alsbald die Preußische Anschauungsweise in eine deutsche verwandeln würden. Wie? die Zähigkeit und Ausdauer die wir bei dem Schleswig=Holsteinischen Stammescharakter bewundern, die Ueberzeugungstreue der Kurhessen und Hannoveraner sollte ohne Einfluß auf das Parlament sein, das scharf ausgeprägte Wesen der Bayern, Schwaben und Rheinländer sollte so leicht verflacht werden können?

Doch bleiben wir auf dem Boden der gegebenen Thatsachen!

Preußen befürchtet eine solche Eventualität, es ist auch durch Frankreich gehemmt, die Grenzen des Parlaments über die Mainlinie hinaus zu erstrecken, und so wird von einem Südbund gesprochen, der, freilich ungleich kleiner als der Nordbund, sich in Süd=Deutschland mit Ausschluß Oesterreichs zu gestalten habe.

Das wäre so ungefähr die lang angestrebte Trias. Der ganz deutsche Süden, der größtentheils deutsche Norden, und das wesentlich deutsche Oesterreich würden dann den Ländercomplex umfassen, den man bisher unter Deutschland oder mindestens als im deutschen Machtgebiete gelegen verstand, und diese Trias, dieser „Südbund" findet vielen Beifall. Wenn nun auch, (sagt man), die Beziehungen zwischen dem Südbund und dem Nordbund, inniger sich gestalten werden müssen, als zwischen beiden Bünden und dem Ostlande, so kann doch bei dem Bildungsgrade, den das deutsche Oesterreich in dem Kaiserreich einnimmt, angenommen werden, daß sich Oesterreich mehr und mehr wieder dem übrigen Deutschland nähert, und demnach sich so nach und nach ein Föderativband zwischen diesen drei en Gruppen herstellt.

Bei näherer Betrachtung dieser Idee muß man ihr aber jede Lebensfähigkeit absprechen.

Vorerst werden wir uns doch wol fragen müssen, wie steht es mit diesem Südbunde überhaupt: wird er überhaupt zu Stande kommen, und wann? Ich für meine Person kann noch nicht recht daran glauben, daß Baden und Württemberg, und von diesen zweien kann ja hauptsächlich nur die Rede sein, sich mit Bayern enger verbinden werden. Meine Zweifel daß dies je geschehen wird, rühren zuvörderst von der Ansicht her, daß überhaupt ein wirksames Föderativband nicht bestehen kann, wenn nicht die Bundesmacht ganz unabhängig von den einzelnen Bundesstaaten ist. Es ist nun geradezu unglaublich, daß diese drei souverainen Staaten, Bayern, Württemberg, Baden zu Gunsten ihrer Einiguug eine vierte Gewalt, eine Centralgewalt schaffen wollten, um sich dieser in einzelnen Punkten unterzuordnen. Wenn eine Unterordnung dieser einzelnen Staaten von ihnen nach irgend einer Richtung beliebt würde, so ist es weit natürlicher, daß sie bei einem wirklichen Staat Schutz suchen, als daß sie eine künstliche Oberherrschaft in Form einer Centralgewalt anerkennen.

Eine andere Einigung zwischen Bayern, Württemberg und Baden hieße aber nichts anderes, als eine Unterordnung unter Bayern, und gerade, wenn sie wirksam sein soll, in den zwei Hauptpuncten, der militärischen Führung und der diplomatischen Vertretung. Ob die neueste Zeit und die jüngsten Kriegsbegebenheiten dazu angethan waren, die Sympathie für Bayern zu erhöhen, mag ein Nichtbayer entscheiden, daß sie aber dazu angethan waren, die Unhaltbarkeit solcher Bündnisse der Mittelstaaten nachzuweisen, darüber werden die Gesandten, die bei der Würzburger, Augsburger und Bamberger Conferenz sich befunden haben, die Heerführer des Bundes im Kampfe bei Uettingen und der Umgegend, von dem bekannten Rückzugsbefehle der Badenser in Frankfurt gar nicht zu reden, eine Geschichte zu erzählen wissen.

Dazu kommt noch Eines.

Dem offenbar Mächtigeren unterwirft sich ein Staat viel leichter und schneller, als dem ungefähr gleich mächtigen. Daß in Baden sich eine große Partei an Preußen anschließen will, das war schon vor dem Kriege kein Geheimniß mehr, und nun liest man in den Zeitungen, daß sich Württemberg an Preußen „anlehnen" will.

Was nun ferner eine Wiederannäherung an Oesterreich betrifft, so ist kaum glaublich, daß dieses eine deutsche Politik einschlagen werde. Nicht blos ein sehr verzeihliches Rachegefühl gegen das Mutterland, aus dem es ausgeschlossen wurde, sondern mehr noch gewichtige Gründe, aus der eigen= thümlichen Staatenbildung Oesterreichs genommen, machen wahrscheinlich, daß das Kaiserreich von nun an in der That seinen Schwerpunct nach dem Osten verlegen werde. Slaventhum und Germanenthum gehen aber so weit auseinander, daß sogar ein Jahrhunderte langes Zusammenleben in Böhmen eine Verschmelzung nicht bewerkstelligen konnte. Eine Verei= nigung der Magyaren mit den Deutschen würde andrerseits wieder nur der Herrschaft des Magyaren dienen, der in seinem Selbstgefühle, mit seiner raschen Handlungsweise und seinem Thatendurst den reflectirenden Deutschen zu benützen und unter seinem Einfluß zu halten verstehen wird. Auch das aristokratische Element des österreichischen Staates, das den regierenden Kreisen so nahe steht, war schon bisher den Slaven und Magyaren gar freundlich gesinnt und wird es in Zukunft noch mehr sein.

Daraus wird zu folgern sein, daß Oesterreich aller Wahrscheinlich= keit nach sich dem übrigen Deutschland mehr und mehr entfremden wird (ob ihm diese Entfremdung nicht noch das österreichische Deutschland kosten kann ist eine andere Frage) und eine weitere Folgerung ist, daß der Süd= bund, wenn er überhaupt zu Stande kommt, eine Annäherung an Oester= reich schwerlich suchen darf, auch nicht erreichen wird.

Großes Gewicht wird von Jenen, die eine möglichste Fernhaltung vom Nordbunde als Nothwendigkeit für den Süden Deutschlands hinstellen, darauf gelegt, daß ein großer Staat die „Freiheit" nicht zulasse, und Frei= heit stehe höher als die Einheit. Es wird sich dabei auf die Geschichte berufen: Nie habe ein großer concentrirter Staat die Freiheit errungen.

Da wird es denn doch gestattet sein, zuerst zu fragen, auf welchen Culturgesetzen beruht eine solche Erfahrung, welche sind die Momente, die einerseits für einen großen Staat wesentlich, und andererseits dabei so gefährlich erscheinen, daß sie die Freiheit unbedingt ausschließen. Man sollte doch meinen, da wo jede einzelne Staatseinrichtung sich großartiger zu entwickeln, wo man für jede derselben vielfache Erfahrungen zu machen im Stande ist, wo die materiellen Kräfte reichlicher vorhanden sind, wo die Intelligenz größere Sammelpuncte hat, da sollte das Staatsleben sich auch gedeihlicher entfalten können. Besteht demnach principiell so wenig die Unmöglichkeit eines freien Großstaates, daß sogar eine solche Möglichkeit nahe liegt: so würde die Erfahrung, daß ein solcher bisher noch nicht vorgekommen sei, nichts beweisen; aber es gibt uns die Welt= geschichte auch keineswegs in dieser Beziehung die Antwort, die man ihr gern in den Mund legen möchte. Der Begriff „Freiheit" ist eben ein relativer, und was die Gegenwart Freiheit nennt, ist noch so selten, so wenig und so kurz im Völkerleben verwirklicht worden, daß man auf die Erfahrung sich überhaupt gar nicht berufen darf. Uebrigens ist der Nordamerikanische Staatenbund — freilich trotz seiner entsetzlichen Geld= herrschaft — frei im modernen Sinne des Wortes, und bekanntlich ist es eine ziemliche Strecke von Canada bis zum Busen von Mexico, von New= York bis nach Sct. Franzisko. Frei war durch Jahrhunderte hindurch das alte Rom, auch dann noch frei, als seine Herrschaft bereits ein weites Reich umspannte, deshalb frei, weil in Rom das Gesetz und nicht der Sonderwille herrschte, und weil dieses Gesetz das Ergebniß des Willens des größeren Theils seiner Bürger war. Frei in diesem Sinne war auch so ziemlich das Heilige römische Reich.

. Was nun Preußen insbesondere betrifft, so wird Niemand wider= sprechen, daß das jetzige Regiment nicht gerade viel verheißend für einen deutschen Freiheitsstaat sei. Wenn aber schon der Landmann nicht für die Gegenwart sät, so darf dies noch viel weniger der Staatsmann. Auch läßt bereits der Nordbund der staatlichen und freiheitlichen Entfaltung einen weit größeren Spielraum, als das engere Preußen. Die heimischen Institutionen der annectirten Staaten sollen geschont und geachtet, sie sollen in ihrer Sonderexistenz erhalten werden. Wenn übrigens unter der der Freiheit so gefährlichen „Concentrirung" das büreaukratische Netz verstanden wird, das sich über Preußen ausbreitet, so fehlt dieses auch in Bayern nicht, nur wird es nicht so ausgenützt.

Ich drehe den Satz um: in Mittel= und Kleinstaaten kann sich nur

rien oft genug geltend machen; vor Allem aber fehlt es in solchen Staaten dem mächtigeren Nachbar gegenüber an der Kraft, seinen Freiheits-
willen durchzusetzen, an der Macht, die freiheitlichen Institutionen gehörig
zu schützen. Bei dem Bewußtsein der Schwäche und Abhängigkeit kann auch der rechte Mannesmuth nicht aufkommen,
ohne welchen eine nachhaltige staatliche Freiheit zu den
Unmöglichkeiten gehört.

Glaubt aber wirklich Jemand im Ernste, daß derselbe Bismarck,
welcher die bekannte Note über die Frankfurter Versammlung geschrieben
hat, eine ihm unliebe Freiheitsentfaltung in Südbeutschland zulassen wird?
Blickt hinüber nach Belgien; dieses burch viele Jahrzehnte meisterhaft re-
gierte Land hat, als König Leopold die Augen zubrückte, vor einem Droh-
worte Frankreichs gezittert; als seine Königin lieber nach London als nach
Paris reisen wollte, bangte man bereits für die Fortexistenz des Staates,
die Belgischen Richter sind weit ängstlicher, wenn sie über die Anschuldi-
gung eines gegen Frankreich gerichteten Verbrechens, über eine angebliche
Beleidigung Napoleons abzuurtheilen haben, als wenn Belgien selbst ober
das Belgische Königshaus den Gegenstand des Angriffs bildete. —

Es wird demnach der Südbund weder den Interessen des Gesammt-
vaterlandes, noch den Interessen der Freiheit besonders förderlich sein
können; er wird zudem auf so lockeren Grundlagen errichtet werden, daß
kein Halt besselben sich absehen läßt, immerhin aber wäre er boch min-
bestens eine theilweise Vereinigung mehrerer deutscher Staaten, während
gar Manche wollen, das Königreich Bayern solle sich lebiglich auf sich
selber stützen. Mich überschleicht dabei die Erinnerung an die schmählichen
Tage der französischen Gewaltherrschaft. Als die Churfürsten des heiligen römischen Reichs nach der souveränen Königskrone griffen und nach
der Seinestadt zogen, um ihren hohen Protektor zu begrüßen, damals
hielt man es auch an der Zeit, von der Selbstständigkeit Bayerns, von
dem „Reiche Bayern und Württemberg" zu reden. Der Obelisk in unserer Hauptstadt gibt aber Zeugniß von der damaligen bayerischen Selbstständigkeit.

Das führt mich auf die Vieldeutigkeit des modernen deutschen Begriffes
Vaterland, und daß wir seit der Auflösung des Reiches ein Vaterland,
und dabei boch noch ein paar Dutzend Vaterländer (das sog. engere Vaterland) haben.

Irre ich mich nicht, so war es Börne, der den heillosen Satz aussprach: der Patriotismus ist nichts als ein multiplicirter Egoismus. Als
ob die Vaterlandsliebe nicht eines der erhebendsten Gefühle der Menschen
wäre, welches so weit vom Egoismus entfernt ist, daß es zu jeder Auf-

opferung anspornt. Wie die Vaterlandsliebe eine tief in der menschlichen Brust begründete Regung ist, und kein moderner angekränkelter Sentimentalismus, kein Kunstproduct einer angelernten Auffassungsweise: so ist auch das Vaterland im Gegensatze zum modernen Staat ein rein menschliches Gut, ein rein natürlicher Besitz, beruhend auf Voraussetzungen der Zusammengehörigkeit der Sprache, der Vergangenheit, des Sitten- und Culturlebens, der ganzen Denkungs- und Handlungsweise. Man kann zu dem Staate, dem man angehört, die innigste, wärmste Anhänglichkeit empfinden, man kann mit dem Gemeinwesen dieses Staates durchaus befreundet sein, seinen Lenkern und Leitern die größte Dankbarkeit entgegentragen, aber man wird dennoch die Liebe zum Vaterlande nicht verläugnen können und dürfen.

Betrachten wir unter diesem Gesichtspuncte unsere Stellung zu Deutschland und zu Bayern. Seitdem die Vergangenheit Deutschlands durch die Geschichte aufgezeichnet wurde, wird die Vaterlandsliebe der Deutschen als ein Charakterzug derselben hervorgehoben und sie hatten ein hochherrliches Vaterland schon in dem Augenblicke, als das erste Dämmerlicht der Geschichte über sie hereinbrach. Die erste Schilderung deutscher Art wurde zum Sittenspiegel für Rom, ihre erste uns bekundete Waffenthat war eine empfindliche Niederlage der mächtigen Roma. Deutsche Völker haben den letzten Römerkaiser entthront, und brachten die Kaiserkrone von der Tiberstadt nach Aachen und Frankfurt. Als ein freiheitsglühendes Volk, als eine ruhmgierige Armee das altersschwache deutsche Reich vernichtete, als an seiner Stelle eine Reihe von Einzelstaaten geschaffen worden, die, unter sich unabhängig, vom französischen Kaiser abhängig waren, glaubte man, daß die deutsche Nation aus der Reihe der Völker gestrichen sei. Aber kräftiger wie je erhob sich das deutsche Volk und brachte die Achtung des deutschen Namens aus seinem Feldzuge nach Frankreich zurück. Zwar hat auch damals die Diplomatie die Wünsche der deutschen Stämme nicht gehört, und es ging ein halbes Jahrhundert vorüber im ohnmächtigen Ringen nach einem festeren Einigungsbande, im vergeblichen Bestreben, daß auch verkörpert und zur That werde, was als Nothwendigkeit in jeder Brust lebt, allein diese Nothwendigkeit wird sich auf die Dauer nicht zurückweisen lassen.

Inmitten Europas gelegen, scheint Deutschland von der Vorsehung dazu bestimmt zu sein, eine Wahrerin des Völkerfriedens zu werden, einen segenbringenden Einfluß weithin auf die Völker auszuüben. Wie jetzt schon die Tiefe der deutschen Gedankenwelt, die Blüte seiner Kunst, der Werth seiner Arbeit, die Tüchtigkeit seiner Bewohner bei allen Nationen Anerkennung findet, und von allen gepriesen wird, so hat man auch be-

reits im Auslande (und sogar mehr als bei uns) begriffen und heraus=
gefunden, daß ein mächtiges Reich im Herzen von Europa von Deutschen
bewohnt, eine weit größere Gewähr für die Wohlfarth unseres Welttheiles
darbietet, als die Zerfahrenheit der bisherigen deutschen Zustände, als
der Zwiespalt in deutschen Landen, an deren Ostseite das gewaltige Ruß=
land, an deren Westseite das ruhmgierige Frankreich lüstern nach den
schwachen hilfsbedürftigen Duodezreichen hinüberschauen.

Bayern ist nun zwar keines dieser Duodezreiche, aber immer noch
nicht groß genug, um auf eigenen Füssen, solchen Nachbarn gegenüber
stehen zu können. Auch das jetzige Königreich Bayern ist ein Kind der
Wiener Verträge, und sein Länderbestand ein Aggregat von Stücken aus
dem Schwaben=, Franken= und Pfälzerland zu dem alten geschichtlichen
Bayern. Wie man auf diese Weise Angehörige verschiedener deutscher
Stämme ohne Rücksicht auf ihre Eigenthümlichkeiten vereinigte, wie man,
den geschichtlichen Aufbau der einzelnen deutschen Gebiete mißachtend, von
Bayern abriß, was doch zu Bayern gehörte und an Baden gab, wie man
selbst geographisch das Königreich in zwei ungleiche Theile auseinander=
warf, so hat man überhaupt bei jener Congreßschöpfung in Wien nicht
daran gedacht, daß ein Staat einen um so festeren Halt haben würde,
je mehr bei seiner Bildung die natürlichen Elemente im Volksleben berück=
sichtigt werden. Wenn Bayern zu einem Ganzen inzwischen mehr und
mehr zusammenwuchs, so geschah dies trotz der politischen Weisheit der
Diplomaten, so dankt es Dieses einerseits der Erfahrung, daß bei allen
süddeutschen Stämmen so viel Gleichartiges vorhanden ist, so viele An=
näherungspuncte gegeben sind, daß eine Verschmelzung geringere Schwie=
rigkeiten darbietet, es verdankt dies ferner dem Umstande, daß das Königs=
reich im Allgemeinen gut regiert wurde, daß es eine leibliche Verfassung
erhalten, diese durch die Stürme der fünfziger Jahre bewahrt hat, und
das Glück hatte, in König Max II. einen ausgezeichneten Monarchen zu
besitzen.

Aber wie schon Max II. die für die Erhaltung Deutschlands und
wol auch für die Fortexistenz Bayerns nothwendigen Opfer am Fürsten=
tage zu Frankfurt gerne zu bringen bereit war, so werden wir auch jetzt
nicht anstehen, zu erkennen, daß ohne ein kräftiges Deutschland Bayern
früher oder später das Opfer eines mächtigeren Staates werde, und daß
vor Allem wir dem deutschen Namen schuldig sind, den „geographischen"
Begriff Deutschlands zu einem „politischen" zu machen.

Würde man diese Nothwendigkeit schon im Jahre 1815 nicht ver=
kannt haben, würde in der Bundesverfassung auch dem Ausspruche und
der Thätigkeit des deutschen Volkes ein Raum gegeben worden sein, wäre

die Reaction der fünfziger Jahre nicht so verblendet gewesen, daß sie den allgemeinen Ruf nach deutscher Einheit mißachtete, und sogar als Hohn über den Volkswillen die deutsche Flotte unter den Hammer brachte, für= wahr es hätte Preußen nicht gewagt, die deutschen Bundestruppen aus Holstein zu vertreiben, ein Krieg Deutscher gegen Deutsche wäre unmög= lich gewesen, und deutsche Staaten wären nicht vernichtet worden, deren Bestand auf lange hinaus gesichert schien. Weil die deutschen Fürsten so eifersüchtig auf ihre Souveränetätsrechte waren, daß sie kein Titelchen davon opfern wollten, haben deutsche Fürsten alle ihre Rechte, ihren gan= zen Thron eingebüßt. Das unsterbliche Lied von Arndt wurde tausende und tausendemal gesungen, aber daß unser Vaterland in der That größer sein müsse als unser Heimathsstaat, das können und wollen gar Viele noch nicht begreifen. Sie wehren den Ruf nach einem einigen Deutsch= land mit einer theoretischen Behauptung und einem idealen Wunsche ab, wozu sich nie eine praktische Handhabe finden läßt. Ohne das Opfer bestimmter Rechte kann aus den einzelnen Staaten kein Ge= sammtstaat werden.

Wer der Zeitströmung gefolgt ist, ihre Erscheinungen überblickt hat, wird mir zugeben müssen, daß nicht blos im politischen Gebiete, sondern im ganzen Bereiche des Völkerlebens sich die Tendenz nach Vereinigung der Kräfte, nach Ansammlung von Massenkräften kund gibt. Die Macht und Bedeutung des Individuums vermindert sich, und alles drängt auf eine Massenbildung hin. Um mich so auszudrücken, die physische Person gibt ihre Bedeutung an die moralische ab, die mit größerer Machtvoll= kommenheit ausgerüstet ist. Auch dieses Moment deutet darauf hin, daß die Mittel= und Kleinstaaten zu einem festern Verbande sich einen müssen, wenn sie nicht dem Großstaate in ihrer ganzen Existenz zum Opfer fallen wollen.

Einem solchen Schicksale verfiel bereits zum großen Theile das außerpreußische Norddeutschland. Ich verkenne nicht, es war der preußi= sche Particularismus, und nicht das Deutschthum, welcher den preußi= schen Kriegsadler in die deutschen Bruderstaaten führte und über dieselben siegen machte. Aber, wie bereits angedeutet, ein Preußen, das 30 Millio= nen Deutsche umspannt, ist kein Preußen mehr, und es ist eine der bedeutendsten Lehren der Weltgeschichte, daß die historischen Thatsachen zu ganz andern Folgen und Zwecken umschlagen, als wozu sie in's Leben gerufen wurden. Vielleicht und wahrscheinlich, daß die Gewaltthätigkeit, die Mißachtung aller rechtlichen Verhältnisse, mit welcher Preußen vorgieng, der den übrigen Deutschen so widerstrebende preußische Hochmuth eine theilweise Reaction gegen die Zwangsschöpfung

Bismarcks hervorruft und bewerkstelligt, allein derartige Umwälzungen lassen stets einen Keim für die Zukunft zurück, und eben so wenig als durch Ludwig XVIII. der alte französische Absolutismus, bei dem Congreß von Wien die alten Reichs=Zustände wieder hergestellt wurden, eben so wenig wird das künftige Deutschland die Zerstückelungen wieder genehmi= gen, zu der es vom Congreß verurtheilt wurde. Nehmen wir also die dermalige Lage an, fügen wir uns in dieselbe ein, streben wir dem Aus= bau der deutschen Einheit zu! Wenn wir eine Trennung des Nordens vom Süden, die Mainlinie nicht wollen, so haben wir nur die Wahl zwischen Zweien: entweder den Anschluß an Preußen anzustreben, oder abermals ein ideales Programm über eine deutsche Reichsverfassung auf= zustellen, einzugestehn, daß dasselbe gegenwärtig nicht realisirbar sei, und inzwischen die Hände in den Schoos zu legen. Das Letztere ist aber mei= nes bescheidenen Bedünkens nach weder deutsch noch staatsmännisch ge= handelt; im deutschen Interesse ist es deshalb nicht, weil jede Bethätigung im Verfassungsleben des Einzelstaates mit Rücksicht und im Hinblick auf den Gesammtstaat geschehen sollte, und weil wo dieses unterlassen wird, die Schwierigkeiten erhöht werden, die einer Vereinigung der Einzelstaaten entgegenstehen; staatsmännisch scheint es mir deshalb nicht zu sein, weil doch wol der oberste Grundsatz der Staatsweisheit der ist, daß politische Zustände nicht a priori construirt und den Völkern aufgedrängt werden können, sondern daß die gegebenen zur möglichsten Erreichung des ange= strebten Zweckes zu benützen seien. Deshalb erkenne ich in einem Bund von 30 Millionen Deutscher, ich muß es wiederholen, einen Anfang eines deutschen Reichs, eine Grundlage zu demselben, deshalb, meine ich, müß= ten wir auf dieser Grundlage fortbauen, und dürfen nicht neben der aufgedrungenen Isolirung Oesterreichs eine freiwillige Isolirung des Südens verlangen wollen.

Noch ein Wort an Jene, welche aus Abneigung gegen die Preußische Hegemonie den Schutz Frankreichs zur Rettung Deutschlands oder Bayerns anrufen wollen. Es klingt wie Jronie, wenn in französischen Zeitungen über die Gewaltthätigkeit Preußens gesprochen und Mitleid über die ent= setzten Monarchen geäußert, wenn über den Bruch der Verträge, über die Störung des Europäischen Gleichgewichts geklagt wird. Was Frank= reich mit Deutschland, wie Frankreich Deutschland will, hat uns ja Thiers aufrichtig genug gesagt; welche Hochachtung Frankreich vor den Verträgen hat, ließ sich aus der Rede von Auxerre entnehmen; was Napoleon unter dem Gleichgewicht von Europa verstehe, wissen wir Alle, und was das Mitleid mit den enthronten Fürsten betrifft, so vergessen wir nicht, daß der Prinz Napoleon der Sohn des Königs von Westphalen ist.

Hüten wir uns, einen Hilferuf nach Frankreich zu senden, hüten wir uns, auch nur eine ungebetene Einmischung Frankreichs anzunehmen; es wäre entsetzlich, wenn Stimmen etwa folgenden Inhalts laut würden: „Lieber Französisch als Preußisch werden; wenn es sich um die Existenz „Bayerns handelt, darf man auch die Franzosen zur Hilfe rufen, es ist „eben ein Nothwehract".

Der exclusiveste Preußen=Junker mit all' seiner Verachtung für die übrigen Deutschen, meint es mit uns besser, als der liebenswürdigste Franzose, der keine höhere Cultur kennt, als die französische, der im besten Falle aus lauter Liebe für uns uns zu Franzosen machen möchte, in Deutschland immer wieder eine Bedrohung seines eigenen Staates sieht.

Was hat die französische Herrschaft, was hat der französische Einfluß uns je noch Gutes gebracht? Die beste Antwort hierauf ist die Thräne einer ächt deutschen Prinzessin, die, obgleich ein Mitglied des französischen Königshauses, ihr Deutschland nicht vergessen konnte, die Ruinen des durch französische Barbarei in Asche gelegten Heidelberger Schloßes stets aufs neue beweinen mußte. Der Fluchname „Melac", der Märtyrername Palm werden aus dem Gedächtnisse der Deutschen nie schwinden und das französische Vorbild hat uns nie zum Nutzen gereicht. Ludwig XIV. fand seine Zerrbilder unter den deutschen Fürsten, der erste französische Augustus sandte seine Augustuli auf die deutschen Throne. Wer den Franzosen gegen den Preußen zur Hilfe ruft, wird sich dem bei weitem schlimmeren Feind in die Arme werfen. — —

Ich bin zu Ende und fasse nur noch zum Schlusse in folgende Sätze meine Ansichten zusammen:

Die Außerachtlassung des Nationalwillens bei der Schaffung des deutschen Bundes, die Unterlassung der Wiederherstelluug eines Gesammtdeutschlands war ein geschichtliches Unrecht, welches den Ehrgeiz der einzelnen Dynastieen wach halten, einen Kampf zwischen Preußen und Oesterreich nothwendig herbeiführen mußte.

Das Ergebniß dieses Kampfes müssen wir annehmen; in einem Bunde von 30 Millionen Deutscher ist eine Grundlage der deutschen Einheit zu erkennen.

Das Ausscheiden von Deutsch=Oesterreich ist ein Unglück für Deutschland, aber wir dürfen es dadurch nicht erhöhen, daß wir uns von dem größeren Bunde möglichst trennen.

So lange die Vereinigung mit dem Nordbund nicht bewerkstelligt werden kann, ist dieselbe doch wenigstens fortwährend anzustreben, und ein etwaiger Südbund nur als eine Zwischenstufe zur Erreichung dieses Zweckes auf= und in das Auge zu fassen.

Dieser Zweck ist auch bei allen inneren Gesetzgebungsfragen nicht außer Acht zu lassen, damit Annäherungspuncte geschaffen, Schwierigkeiten der Einigung vermieden werden.

Wenn auch das gegenwärtige Preußen für den Aufbau freiheitlicher Zustände in Deutschland ungünstig ist, so ist bei dem Charakter des deutschen Volkes nicht daran zu zweifeln, daß ein großes Deutschland auch ein freies werde.

Die Entwickelung freiheitlicher Zustände, oder auch nur die Erhaltung solcher Zustände in Südbeutschland ist in so lange bedroht, als im Nordbunde eine reactionäre Tendenz herrscht. Andererseits würde der Anschluß Südbeutschlands an den Nordbund der Freiheit Deutschlands insofern dienen, als hiedurch die Widerstandskraft gegen eine Reaction und Centralisation im exclusiv=preußischen Sinne erhöht würde.

Die Hilfe Frankreichs darf weder gesucht noch angenommen, ein Angriff Frankreichs auf deutsche Lande muß gemeinsam abgewehrt werden. —

Am 26. August 1866.

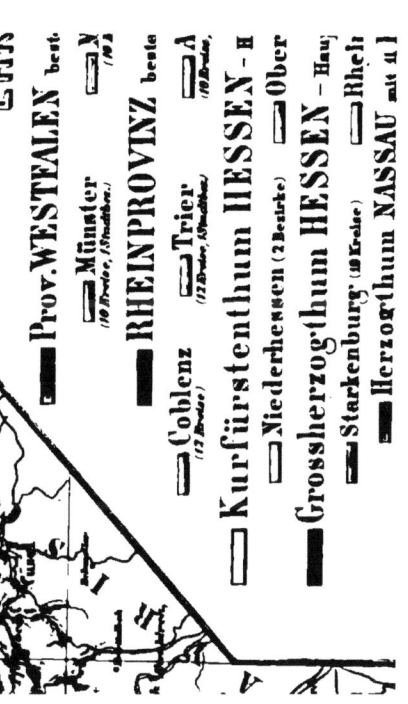

ERK

Prov. WESTFALEN best.

Münster (10 Kreise, 15 Städten.)

RHEINPROVINZ beste

Coblenz (12 Kreise)

Trier (13 Kreise, 6 Städten,)

Kurfürstenthum HESSEN - H

Niederhessen (2 Bezirke) Ober

Grossherzogthum HESSEN - Hau;

Starkenburg (10 Kreise)

Herzogthum NASSAU mit 21 l Rhein

# Der

# Bundesfeldzug

in

# Bayern

im

# Jahre 1866.

4. Auflage.

---

Wenigen=Jena.

Verlag von C. W. Hochhausen.

1866.

# Vorrede.

~~~~~~~

„Noch nie, so lange die Welt steht, ist ein Krieg geführt worden, wie der der 7. und 8. deutschen Bundesarmeekorps gegen Preußen".

So spricht man allgemein, und die öffentliche Meinung, die sich die Ungeheuerlichkeiten dieser Armeeführung nicht erklären kann, beschuldigt die Führer des Verraths. „Ihr Vater Carl von Bayern", sollen die Preußen sagen, sei allein Schuld, daß sie bis Würzburg gekommen, dem Prinzen Alexander von Hessen stehe der preußische Orden pour le mérite in nächster Aussicht und auf das allgemein geglaubte Telegramm hin: das bayerische Hauptquartier sei gefangen, „soll schnell die Ordre an General v. Falkenstein gekommen sein, es wieder frei zu geben, unter der Bedingniß, daß es auch ferner die Oberleitung der Bundesarmee fortführe".

Ob nun dieser Verdacht gerecht ist, ob der Charakter der gezwungenen Nothwehr, den man der Kriegsführung aufprägen wollte, ob Selbstsucht oder namenlose Schlauheit uns so weit rückwärts gebracht, möge Jeder selbst beurtheilen.

Es ist nebenbei gesagt auch nicht unser Zweck, eine Apotheose der preußischen Taktik zu schreiben, Preußens Heerführer begingen auch Fehler genug, opferten oft die Mannschaft rücksichtslos auf und setzten mehr als einmal alles auf's Spiel. Nur das kann sie entschuldigen, daß sie wußten, mit wem sie es zu thun hatten; denn im Kampf gegen den Blinden ist der Einäugige Meister.

# Erstes Capitel.

## Preußen.

Daß Deutschland seine Befreiung vom französischen Joche dem preußischen Volke zu verdanken hat, muß anerkannt werden. Dasselbe hat unter genialen Männern, wie Stein, eine Wiedergeburt erlebt und durch das System der allgemeinen Volksbewaffnung (welche auch diesmal die einzige Ursache der Siege Preußens ist) eine Kraft entwickelt, gegen die die fremden Söldner machtlos kämpften. Ebenso muß man gestehen, daß durch die europäischen Congresse Preußen nicht jene Entschädigung für seine Opfer und Leistungen erhielt, die ihm gebührte. Der Wunsch Blüchers, Elsaß und Lothringen den Franzmännern zu entreißen, wurde nicht erfüllt, nur durch ein Theil Sachsens Preußen vergrößert. Sein Gebiet bestand in zwei von einander getrennten Hälften, jedem feindlichen Angriffe blosgelegt. Rußland und Oesterreich hatten es so gewollt. Preußen war die geringste der fünf Großmächte. Der Einfluß des metternichischen Oesterreich und des autokratischen Rußlands beherrschte die preußische Regierung. Die schönsten Keime, die der Befreiungskrieg hervorzauberte, wurden zertreten; die edelsten Männer in die Verbannung oder in die Kerker getrieben, die Presse, die Wissenschaft geknebelt, der Pietismus, die Heuchelei und Kriecherei, die Polizeiwillkür herrschten unumschränkt.

Hoffnungen auf bessere Zeiten, die der Regierungsantritt des geistreichen Königs Friedrich Wilhelms IV. hervorgerufen, schwanden bald, und wenn er auch ein Scheinbild eines Constitutionalismus in dem „Vereinigten Landtage" schuf, betheuerte er doch, daß nie sich ein beschriebenes Papier zwischen ihn und sein Volk drängen sollte, erwies er sich als kein geringerer Absolutist, als sein Vorfahrer, von Pietisten, Romantikern und Junkern beeinflußt.

Da kam die Revolution 1848 und vertrieb das herrliche Kriegesheer aus Berlin, zwang den besiegten Herrscher, das Haupt vor den „aus Mißverständniß" gefallenen Freiheitskämpfern zu entblößen und die schwarz-roth-goldene Fahne schwingend durch die Hauptstadt zu reiten und zu verkünden, daß er sich an die Spitze eines freien, einigen Deutschlands stellen wolle. Großer Jubel herrschte darüber unter den Doktrinären und Professoren, Unglaube und Zweifel unter den Völkern Süddeutschlands. Erstere errangen die Mehrheit im Parlamente und gaben sich her zu dienstwilligen Werkzeugen der Wiederherstellung preußischer Königsmacht.

Preußen's Armee war nach Schleswig-Holstein gezogen, nicht sowohl um die Dänen zu bekriegen (das war ja gegen den Willen Rußlands, das durch sein Machtwort Wrangel aus Jütland trieb), als um den verlorenen Corpsgeist, das Selbstvertrauen wieder zu finden, sich zu reorganisiren zur Wiederherstellung der „Ordnung" in Berlin und Deutschland. Ohne Rücksicht auf Deutschlands Sympathien schloß man den schmählichen Waffenstillstand zu Malmoe und schritt von da aus rücksichtslos weiter zur grassesten Reaktion. Preußens Heere warfen die Streiter für die Reichsverfassung in Sachsen, in Baden, in der Pfalz nieder, aber auch den gefügigen Dienern des Parlaments, die schweifwedelnd mit der deutschen Kaiserkrone sich nahten, gab man im Gefühle des Gottesgnadenthums einen Fußtritt: nicht vom Volke wollte man sie annehmen. Aber der Versuch, die Hegemonie durch Uebereinkunft mit den Fürsten zu erwerben, die Dreikönigsbündnisse, Union u. s. w. scheiterten ebenfalls. Oesterreich hatte inzwischen mit Hilfe Rußlands den innern Feind niedergeworfen und freie Hand erhalten, den preußischen Hegemoniegelüsten entgegenzutreten. Mit dem partikularistischen bayerischen Minister von der Pforbten verabredete es jenen herrlichen Zug nach Kurhessen, wo der spätere Held von Hünfeld, Fürst Taris, die berühmte Schlacht von Bronzell schlug, in der ein Schimmel und ein Stiefel blieben und „die Strafbayern" das ohnedies arme Land aussaugten. Preußen's König verlor den Muth, zog sein Heer auf die Etappenstraßen zurück, schickte seinen Minister v. Manteuffel nach Olmütz und fügte sich der Wiedereinsetzung des Bundestags und der alten Reaktionswirthschaft, ja Preußen half selbst die Brücke schlagen, auf der die Oesterreicher nach Holstein zogen, die herrliche Armee der Herzogthümer zu entwaffnen und das unglückliche deutsche

Grenzland den Bedrückungen der Dänen wieder zu überliefern. Nun ward Ruhe in Europa, die Ruhe des Grabes, besonders nachdem auch Napoleon durch seinen Staatsstreich den Absolutismus wieder in Frankreich eingeführt. Europa's Fürsten, uneingedenk alter Verträge, beeilten sich diesen „Retter der Gesellschaft" anzuerkennen, aber der parvenu blieb stets ein Hecht im Karpfenteiche und störte bald, trotz seines Wortes: „das Kaiserreich ist der Friede", die faule Ruhe Europa's durch den schlau eingefädelten Krimkrieg, in dem er seinen Grundsatz: stets (zwei oder drei gegen Einen) Jeden nach der Reihe zu bemüthigen, zuerst zur Geltung brachte. Der Riese Rußland bewies, daß er in der That auf thönernen Füßen ruhe und als der Nimbus seiner Macht schwand, kam das Preußen zu gut, das als schwächste Großmacht damals keine Rolle spielen konnte und stets in Abhängigkeit vom Vater Nikolaus war. — Oesterreich, das in diesem Kriege die Welt durch seine Undankbarkeit gegen Rußland in Erstaunen gesetzt, war der zweite Staat, auf den sich nun Napoleon warf.

Vereint mit Italien, dessen Wiedergeburt Napoleon theils aus persönlicher Furcht, theils aus Interesse begünstigte, schlug er Oesterreichs Macht bei Magenta und Solferino und ein Königreich Italien war die Folge dieser Siege, in diesem Umfange sicher gegen den Willen Napoleons. Preußen hatte sich in diesem Kriege freie Hand gewahrt und die Süddeutschen vom Antheil am Kampfe zurückgehalten. Ob die Truppenbewegungen, die es nach den Siegen Napoleons unternahm, Diesem gelten sollten, oder ob es im Begriffe stand, seine hegemonischen Pläne in Deutschland durchzuführen, wer weiß es? Sicher ist, daß Oesterreich ihm nicht traute und deßhalb so schleunig Frieden schloß. Die Frucht dieses Krieges war in Deutschland die Bildung des Nationalvereins. Die Anhänger Preußens behaupteten nicht mit Unrecht, daß Oesterreich mit seinem Concordat, seinen faulen Zuständen keine Garantien für Deutschlands Fortentwickelung bieten könne, daß man diese vielmehr mit Ausschluß Oesterreichs bei Preußen zu suchen habe, welches man an die Spitze Deutschlands stellen müsse, um nach Beseitigung des unfähigen Bundestages Deutschlands Einheit und Macht zu begründen. Diese Coalition von Demokraten und Gothaern, aus denen der Nationalverein bestand, trug übrigens im Entstehen schon die Keime der künftigen Scheidung, und trennte sich, als es zur Entscheidung kam, in ihre ursprünglichen Elemente, von denen die Einen freiheitliche Fortentwickelung, moralische Eroberungen, die Andern einfach die Machtvergrößerung Preußens im Auge hatten. Preußen aber hatte an Macht schon so zugenommen, daß es gewaltsam die engen Gren-

zen zu sprengen drohte, in die man es eingezwängt und sah un-
willig den Versuchen Oesterreichs und jener Mittelstaaten zu, die
durch vorgebliche Reformen der Bundesverfassung, durch Einverständniß deutscher Fürsten, dem Bunde ein längeres Leben fristen
wollten. Preußen hatte ihm den Untergang geschworen, den er in
der That auch verdiente.

# Zweites Capitel.

## Minister von Bismarck.

Nach dem Tode Friedrich Wilhelm's IV. begann mit König
Wilhelm I. die sogenannte neue Aera. Die Mucker und Roman-
tiker verschwanden vom Hofe und man merkte bald, daß ein stramm-
mes, militärisches, auf die Machtvergrößerung Preußens hinzielendes
Regiment begann. Die neue Armeeorganisation, „des Königs ei-
genstes Werk,“ wurde trotz aller Reclamationen der Volkskammer
aufrecht erhalten und als die späteren Kammern sich weigerten, so
bereitwillig, wie die früheren, die nöthigen Gelder dazu zu bewilligen, wurde ohne bewilligtes Budget fortregiert.

Nach dem Sturze der Altliberalen ward die Seele des Ministeriums: Otto von Bismarck-Schönhausen. Geboren 1813 in Bran-
denburg, war er auf den Provinziallandtagen bis 1845 stets der
Vertheidiger der conservativsten Richtung und 1847 auf dem vereinigten Landtage der Bekämpfer aller Anträge auf Erweiterung
der ständischen Rechte, der Fürsprecher des Absolutismus gewesen.
1848 war er Mitbegründer und Führer der neu-preußischen Partei
und im Mai 1851, als der Bundestag wiederhergestellt war, Le-
gationsrath und dann bevollmächtigter Minister Preußens bei der
Bundesversammlung. Als solcher und als provisorischer Präsident
derselben hatte er Gelegenheit, alle die Gebrechen dieses morschen
Instituts und der Regierungen, aus denen es bestand, zu studiren.
Die europäischen Höfe lernte er alle der Reihe nach kennen, 1852
begab er sich in diplomatischen Aufträgen nach Wien, dann ward

er Gesandter in Petersburg und Paris, wo er ein Schüler des modernen Cäsarenthums wurde. Seine Beziehungen zu Napoleon setzte er bei häufigen Besuchen fort und namentlich die Badereise nach Biarritz soll Gelegenheit gegeben haben, den künftigen Krieg vorzubereiten. Mittlerweile hatte man das Königreich Italien auf's Bereitwilligste anerkannt, einen Handelsvertrag mit demselben geschlossen und war seiner Mitwirkung gewiß. Die Opposition in den Kammern genirte wenig. Ein Mann, wie Bismarck, wußte, daß mit Reden ihm wenig geschadet werden konnte, daß er Geld nehmen würde, wo er es fände, und daß nur durch Eisen und Blut Preußens Vergrößerung und europäischer Einfluß zu bewerkstelligen war. Die Gelegenheit dazu sollte sich bald ergeben und Bismarck fehlt es nicht an Energie, Entschlossenheit und List, sie zu ergreifen.

## Drittes Capitel.

### Schleswig-Holstein und der Federkrieg darum.

Im Jahre 1863 starb der dänische König ohne legitime Erben und nach dem Londoner Protokolle, das auch Oesterreich und Preußen unterzeichnet hatten, sollte die Glücksburger Linie folgen. Aber die übrigen deutschen Regierungen, Bayern voran, die das Protokoll nicht unterzeichnet, und das deutsche und schleswig-holsteinische Volk, wollten Befreiung der deutschen Lande vom dänischen Joche und Selbstbestimmungsrecht desselben. Die Wogen der Volksaufregung gingen so hoch in Deutschland, daß die Großmächte befürchten mußten, daß sie ihnen selbst über den Kopf zusammenschlagen möchten. In Preußens Absicht lag es aber durchaus nicht, die Bildung eines neuen Mittelstaates zuzulassen, es beschloß selbst zuzugreifen und überlistete durch Drohen mit der Revolution Oesterreich, welches den Bund verrieth und mit Preußen sich zur Eroberung Schleswigs verband. Die Großmächte feierten nun Siege, hießen auch aus Holstein die Bundestruppen heimgehen und nahmen das Land als gute Beute für sich in Besitz. Aber über die

Theilung gab es Händel. Der Gasteiner Vertrag vertagte wohl auf kurze Zeit den Ausbruch der Feindseligkeiten, als aber Preußen immer mehr und mehr verlangte, sah Oesterreich diese Vergrößerung mit Mißgunst und schielte wieder nach dem verlassenen Bunde. Nun begannen als Vorspiel die Federkriege, die immer heftiger und heftiger wurden. Nachdem Graf Bismarck sich über die Lage der Dinge in Holstein schon in einem an den Gesandten zu Wien gerichteten Erlaß vom 20. Januar beschwert hatte, kam er am 26. auf denselben Gegenstand zurück. Es war nämlich mit Genehmigung der holsteinischen Landesregierung die große Volksversammlung zu Altona gehalten und dort ein energischer Protest gegen die preußische Annexionspolitik erhoben worden. v. Bismarck sagt: es sei ihm nach den Tagen von Gastein unbegreiflich, daß Oesterreich, welches doch mit Preußen ganz einig geworden sei über die Nothwendigkeit und den Plan des Kampfes gegen die Revolution (und den 36er Ausschuß und die Versammlungen in Frankfurt) jetzt selbst revolutionäre Angriffe gegen Preußen in Holstein sich erlaube. „Das müsse das von Seiner Majestät lange und liebevoll gehegte Gefühl der Zusammengehörigkeit der beiden deutschen Mächte erschüttern und schwächen". v. Bismarck will Gewißheit, ob der traditionelle Antagonismus gegen Preußen noch in Oesterreich herrsche, um in diesem Falle mit voller Freiheit der Bewegung seine Interessen verfolgen zu können. Der österreichische Minister antwortete am 7. Febr. auf diese Anforderungen entschieden ablehnend, hält die Schleswig-Holsteinische Angelegenheit für Bundessache, erklärt sich aber bereit, durch jedes mögliche Zugeständniß an Preußen die endliche Lösung zu erleichtern. Dem preußischen Verlangen nach Annexion der Herzogthümer nicht entgegengekommen zu sein, werde nun als ein Abfall in dem gemeinsamen Kampfe gegen die Revolution aufgefaßt. Die jüngste Vergangenheit habe aber gezeigt, daß Oesterreich, weit entfernt eine Coalition gegen Preußen bilden zu wollen, im Gegentheil seine guten Beziehungen zu den Mittelstaaten der preußischen Allianz geopfert habe, wie das die Vergeltung beweise, welche Jene durch Anerkennung Italiens geübt. — Bismarck erklärte, daß durch diese ablehnende Antwort die Beziehungen zu Oesterreich den intimen Charakter der letzten Jahre verloren hätten und nicht besser seien, als die zu jeder fremden Macht.

Oesterreich schickte nun am 16. März eine Circular-Depesche an die deutschen Höfe, worin es für den Fall, daß eine an das preußische Kabinet zu richtende Anfrage über dessen kriegerische Absichten nicht befriedigend ausfallen sollte, eine Anrufung des Bun-

bes in Aussicht stellte. Graf Bismarck verneinte aber jede kriege=
rische Absicht Preußens, obgleich er in der ihm zur Verfügung stehen=
den Presse eine äußerst herausfordernde Sprache führen und einige
militärische Demonstrationen vornehmen ließ. Darauf antwortete
Oesterreich mit ähnlichen Demonstrationen und mit einer Verstärkung
der Truppen an der preußischen Grenze, wobei übrigens der Frie=
densfuß aufrecht erhalten wurde. Graf Bismarck leitete nun aus
den von ihm provozirten Maßregeln die Beschuldigung ab, Oester=
reich rüste zu einem Angriffskrieg und gründete auf diese Fiktion
seine Depesche vom 24. März, worin er sagt, „daß er nun auch
nicht länger zögern dürfe, damit sich die Situation von 1850 nicht
wiederhole, wo eine schlagfertige österreichische Armee drohend an
Preußens Grenze stand, bevor es gerüstet war." Zugleich brachte er
eine Bundesreform in Anregung, über die er sich weitere Eröff=
nungen vorbehielt, die seither in dem Antrag vom 9. April erfolgt
sind und wies seine Gesandten an, zunächst bei den deutschen Hö=
fen die Antwort auf die Frage zu erbitten: ob und in welchem
Maße Preußen auf ihre Unterstützung in dem Falle zu rechnen
habe, daß es von Oesterreich angegriffen oder durch unzweideutige
Drohungen zum Kriege genöthigt werde. Diese Höfe erwiederten
meistens: jede Differenz zwischen Bundesstaaten, die zu kriegerischen
Verwicklungen führen könnte, sei beim Bundestage auszutragen und
der größte Mittelstaat Bayern versuchte in einer Weisung an seine
Gesandten in Wien und Berlin vom 31. März den Großmächten
als bestes Mittel zur Bewahrung des Friedens die alsbaldige Er=
öffnung von Unterhandlungen über eine Revision der Verfassung
des deutschen Bundes, dessen Segnungen von der Pforoten erstaun=
lich lobt, zu empfehlen. Nebenbei machte dieser noch den Versuch,
den beiden Großmächten ein Gelöbniß für die Wahrung des Frie=
dens abzunehmen. Sein offizielles Blatt brachte die Mittheilung,
„daß die Erwiederungen beider Cabinette vom 5. April die Hoffnung
begründeten, daß zur Zeit ein gewaltsamer Conflict nicht zu be=
fürchten sei." Oesterreich, das noch nicht gerüstet und von einem
Krieg wenig Gutes zu erwarten hatte, ließ am 31. März seinen
Gesandten in Berlin feierlich jede feindliche Absicht gegen Preußen
läugnen und berief sich auf seine vielfach bewiesenen freundschaft=
lichen Gesinnungen für den König, wie für den Staat Preußen
selbst. Es wolle sich nicht in Widerspruch mit Art. 11 der Bun=
desacte setzen und den Streit mit Gewalt verfolgen. Preußen werde
hoffentlich ebenso bestimmt und unzweideutig den Verdacht eines
beabsichtigten Friedensbruches zurückweisen. v. Bismarck, der schon
seit 3 Jahren den Krieg vorbereitet hatte, ließ ebenfalls in aller

Form erklären, daß ihm nichts ferner liege, als ein Angriffskrieg gegen Oesterreich, welches übrigens jetzt Gelegenheit habe, seine wohlwollenden Gesinnungen für den preußischen Staat durch Handlungen Ausdruck zu geben. Auf die preußische Note ist am 7. April eine Antwort nach Berlin abgegangen, worin die Erwartung ausgesprochen wurde: daß die preußische Regierung sich veranlaßt sehen würde, ihre militärischen Maßregeln einzustellen, da ja von Seiten Oesterreichs eigentlich nichts vorliege, was dazu Veranlassung gegeben haben könnte; die militärischen Maßregeln Oesterreichs seien von geringer Bedeutung. In der Duplik bestand Graf Bismarck darauf, daß vor allem die österreichischen Rüstungen rückgängig gemacht würden. Oesterreich erklärte sich am 18. April bereit, am 25. April die Dislocationen seiner Truppen rückgängig zu machen, wenn an demselben oder dem nachfolgenden Tage Preußen den regelmäßigen Friedensstand derjenigen Heerestheile wieder herstellen würde, welche seit dem 28. März einen erhöhten Stand angenommen hätten. Am 21. April erklärte sich Graf Bismarck dazu bereit, allein an demselben Tage erfolgte eine Wendung der Dinge in Wien, wo man wahrscheinlich jetzt von dem preußisch-italienischen Allianzvertrag sichere Kunde erhalten hatte, und also einsah, daß Preußen den Krieg wollte. Die kaiserliche Abrüstungsordre unterblieb, die italienische Armee wurde auf den Kriegsfuß gesetzt und Benedek zur Uebernahme des Befehls über die Nordarmee nach Wien berufen. Eine Note vom 26. motivirte dies durch den drohenden Angriff auf Venetien. Am selben Tage macht Oesterreich Preußen den Vorschlag, die durch den Wiener Vertrag erworbenen Rechte auf Schleswig-Holstein demjenigen Prätendenten zu übertragen, für den sich der deutsche Bund erklären würde. Zugleich werden Preußen gewisse Zugeständnisse gemacht. Weise aber Preußen diese Vorschläge ab, dann bleibe dem Wiener Cabinete nichts anderes übrig, als der Erwägung des Bundestags anheimzugeben, wie man zu einer bundesmäßigen Erledigung der holsteinischen Sache gelangen könne.

Preußen erwiederte am 30. April, daß solange nicht die gesammte kaiserliche Armee auf den Friedensfuß gebracht sei, Preußen nicht entwaffnen könne. Oesterreich findet in seiner Antwort vom 4. Mai diese Zumuthung um so überraschender, als es gegen Italien auch deutsches Bundesgebiet zu vertheidigen habe und hält die Verhandlungen über die gleichzeitige Zurücknahme der gegenseitigen Rüstungen für erschöpft, worauf Preußen die Mobilisirung von sechs Armeecorps anordnete und zwei Tage später Oesterreich sein ganzes Heer auf den Kriegsfuß setzte. In einer vertraulichen

Depesche vom 7. Mai erkennt Preußen auch keine Kompetenz des Bundes zur Entscheidung der Schleswig-Holsteinischen Frage an und will seine Rechte auf dieses Land keinem Dritten cediren. Inzwischen hatte Preußen am 27. April der sächsischen Regierung mit militärischen Maßregeln gedroht, wenn sie ihre Rüstungen nicht einstelle; Sachsen verwies Preußen an den Bundestag und auf erneuerte Drohungen stellte Sachsen am 5. Mai beim Bunde den Antrag: „Preußen möge angegangen werden, daß durch geeignete Erklärung mit Rücksicht auf Art. 11 der Bundesakte dem Bunde volle Beruhigung gewährt werde". Der preußische Bundestags-Gesandte erklärte alle militärischen Maßregeln seiner Regierung als defensive, daher von einer Anwendung des Art. 11 hier keine Rede sein könne, der Bund möge Sachsen und Oesterreich zur alsbaldigen Einstellung ihrer Rüstungen bestimmen, widrigenfalls Preußen die nöthigen Entschließungen unabhängig vom Bunde fassen würde.

Bei so drohender Kriegsgefahr ordnete auch Bayern die Mobilmachung seines Heeres an (am 10. Mai) und die Landtage der meisten Mittelstaaten wurden zum Zwecke der Geldbewilligung einberufen. Zugleich hielten die mittelstaatlichen Minister in Bamberg eine zweite Conferenz, deren Ergebniß ein Antrag war: die Bundesglieder zu ersuchen, ob und wie sie geneigt seien, gleichzeitig zu entwaffnen. Oesterreich erklärte hierauf am 1. Juni, es thun zu wollen, wenn Preußen es nicht bedrohe und Preußen, wenn Oesterreich und Sachsen erst entwaffnen wollten. Also blieb Alles beim Alten.

In der Bundestagssitzung vom 1. Juni that Oesterreich endlich den angekündigten Schritt in der schleswig-holsteinischen Sache. Da das Einverständniß mit Preußen zu keinem Ziele geführt, stellte es alles Weitere in dieser gemeinsamen deutschen Angelegenheit dem Bunde anheim. Zugleich berief der Statthalter v. Gablenz die holsteinischen Stände auf den 11. Juni nach Itzehoe. Preußen protestirte gegen diese Maßregel, die ein Bruch des Gasteiner Vertrags sei, und gegen die Kompetenz des Bundestags und ließ am 7. Juni Truppen aus Schleswig in Holstein einrücken. Die österreichische Besatzung, Statthalter Gablenz und Herzog Friedrich verließen das Land. Gouverneur von Manteuffel ernannte am 10. Freiherrn von Scheel-Plessen zum Oberpräsidenten beider Herzogthümer und verhinderte den Zusammentritt der holsteinischen Stände. Den letzten Versuch einer friedlichen Ausgleichung machten nun die neutralen Großmächte durch den Vorschlag eines Minister-Congresses in Paris, der aber an dem Vorbehalte Oesterreichs scheiterte: daß jede Combination ausgeschlossen bleibe, die darauf abzielen würde, einem der eingeladenen Staaten eine Vergrößerung oder einen Macht= zuwachs zu verschaffen.

Oesterreich stellte nun in der Bundestagssitzung vom 11. Juni den in einer kriegerischen Note vom 9. dem Berliner Cabinete be= reits angekündigten, auf den Akt der Selbsthülfe, welchen sich Preu= ßen in Holstein erlaubt habe, auf die unbefriedigende preußische Erklärung vom 1. Juni und auf Art. 19 der Wiener Schlußakte gegründeten Antrag auf Mobilmachung des Bundescorps und Ein= leitung zur Ernennung eines Bundes=Oberfeldherrn. Preußen da= gegen erließ an die Bundesregierungen vorher eine Circulardepesche vom 12. Juni, in welcher es hieß: der österreichische Antrag wider= streite dem Bundesrechte, durch seine Annahme würden die bethei= ligten Regierungen das Bundesverhältniß lösen und in einen bun= deslosen Zustand mit einem Akte der Feindseligkeit gegen Preußen eintreten. Nichtsdestoweniger beschloß der Bundestag mit 9 gegen 6 Stimmen die Mobilmachung des 7. bis 10. Armeecorps. Der preußische Gesandte erklärte, daß hiemit der Bundesvertrag gebro= chen und erloschen sei und schied aus der Versammlung mit Hinter= lassung eines Bundesreformprojektes, welches auf der Ausschließung Oesterreichs beruht. Der Krieg war da.

# Viertes Capitel.

## Der Untergang von Churhessen und Hannover.

Mit wahrhaft revolutionärer Energie, hervorgerufen durch das Bewußtsein, daß es sich jetzt um Sein oder Nichtsein handle, warf sich nun Preußen auf seine feindlichen Nachbarn. Es übergab am 15. und 16. Juni in Dresden, Hannover und Kassel ein Ultima= tum mit nur 12stündiger Bedenkzeit, welches Herstellung des Frie= densfußes und Anschluß an das preußische Reformprojekt forderte, jedoch von den drei Regierungen abgelehnt wurde. Preußische Trup= pen rückten nun in Hessen, Hannover und Sachsen ein. Der Ein=

marsch in Sachsen geschah vom linken Flügel der 1. (Elbe=) Armee und zwar von dem in Görlitz stehenden 2. Corps (General von Schmidt). Sie überschritten an verschiedenen Punkten die Grenze, besetzten die Lausitz, rückten theils auf Leipzig, theils auf Großen= hain zu und zogen am 18. unter Herwarth v. Bittenfeld in Dres= den ein. Die sächsischen Truppen zogen am 16. nach der böhmi= schen Bahn, um sich an die österreichische Armee anzuschließen, der König ging nach Prag. In Churhessen und Hannover hatte Preu= ßen eben so leichtes Spiel. Die Fürsten dieser Länder hatten sich so oft und so schwer an ihren Völkern versündigt, daß nicht zu wundern war, daß die offenen und heimlichen Anhänger Preußens dort mächtig wurden. Der churhessische Landtag verweigerte mit 35 gegen 14 Stimmen noch am 15. Juni die Mittel zur Mobilisirung und wollte Neutralität. Weigel protestirte gegen die Bundesab= stimmung und man traf Maßregeln zur Sicherung des Staats= schatzes. In Wetzlar hatte Preußen seine Besatzungen von Rastatt (2000 Mann), Frankfurt und Mainz concentrirt, drei westphälische Regimenter hingeworfen, von hier aus Gießen und am 16. Mar= burg und am 18. Kassel besetzt. Die churhessische Armee, die noch ganz auf dem Friedensfuße war (die Artillerie hatte nicht einmal Feldschießbedarf), zog sich nach Fulda und Hanau zurück und viele Landeskinder in rührender Treue vergrößerten sie allmählig. Der Churfürst, der mit anerkennenswerthem Muthe auf Wilhelmshöhe geblieben, wurde als Staatsgefangener nach Stettin gebracht.

Ebenso leicht brach das Welfenreich zusammen, so leicht wie ein wurmstichiger Apfel beim leisesten Stoße an den Baum zur Erde fällt. Die Occupation glich einer Comödie. Auch dort hatte die Ständeversammlung auf Bennigsen's Antrag (der sich einen Gegner Bismarcks und seiner Politik nannte!!) die Nichtausführung des Bundestagsbeschlusses und Entlassung der Minister mit einer Majorität von 8 Stimmen beschlossen und war hierauf vertagt worden. Der König, den erst in der 12. Stunde das drohende Reformprojekt in's österreichische Lager geführt, der den Vorschlag des Gouverneurs Gablenz, die Brigade Kalik in Hannover zu lassen, ebenso abgelehnt hatte, wie das Ansuchen Preußens um Durchzug einer Division aus den Herzogthümern nach Westphalen und Sachsen, hatte nichts weniger erwartet, als ein so energisches Vorschreiten Preußens. Um so rathloser traf ihn das Ultimatum. Hannover hatte trotz seiner preußenfeindlichen Abstimmung jede Vorbereitung auf ernste Ereignisse versäumt! Erst am 14. erging der Befehl, die ganze Armee mobil zu machen, die zerstreut im Lande, theils auf Uebungsmärschen, theils in Standquartieren, stand, ein Drittheil in Stade, ein anderes Drittheil bei Verden, gerade als ob es darauf abgesehen sei, die Regimenter vereinzelt aufheben zu lassen. Daher erklärt es sich auch, daß Preußen in Stade und selbst in Hannover noch ein so reiches Material an Waffen, Munition und Ausrüstungsgegenständen im Werthe von über 10 Millionen Thaler vorfinden konnte. In Harburg, wo Manteuffel mit seinen Truppen von Holstein und Hamburg aus gelandet war, fehlte es sogar an jeder Instruktion und eine solche traf erst ein nach stundenlangem Warten der darum nachsuchenden Behörden. Obgleich auch am 16. von Minden aus Vogel von Falkenstein mit der 13. Division (17000 Mann) in Hannover eingerückt war, wäre dennoch die tapfere hannoveranische Armee dem Feinde gewachsen gewesen, namentlich was Cavallerie und Artillerie betraf, aber die bewaffnete Macht Georg's V. leistete keinen Widerstand, sondern zog sich in Eile und Unordnung auf Göttingen zurück. Die Bevölkerung aber sah mit stummer Resignation zu. Die Verwirrung, die in den Tagen vom 16. und 17. Juni in der Hauptstadt Hannover herrschte, war fabelhaft. Weiber, Kinder, betrunkene Taglöhner sorgten für Wegschaffung der Militärgegenstände. Auch beim nächtlichen Abzuge des Königs herrschte ein solcher Wirrwarr. Herr von Tschirschnitz, der Generaladjutant, hatte im Drange des Augenblicks sogar seinen Säbel zu Hause vergessen. Die Kriegsverwaltung hatte auch gar nichts vorbereitet und völlig den Kopf verloren. Soldaten wurden zum Bahnhofe bestellt, ohne Beförderungsmittel zu finden. Mühevolle Dislocationen ohne ersichtlichen Grund fanden statt. Auf telegraphische Anfragen an die Generaladjutantur erfolgte kein Bescheid. Vollständige Rathlosigkeit auf allen Seiten. Inzwischen rollten stündlich Geldwagen durch die Straßen, welche die Generalkasse in Sicherheit bringen sollten. Da es an Militärpferden fehlte, wurden den benachbarten und zu Markte gekommenen Bauern ihre Pferde genommen. Daß man so vollständig in den Regierungskreisen den Kopf verlor, daß man die Armee gerade in dem Augenblicke, wo man ihrer bedurfte, nicht zu gebrauchen wußte, daß die Bevölkerung so resignirt zusah, war eine ganz natürliche Folge des Systems, das in Hannover geherrscht hatte. „Man hatte nur auf Täuschung hingearbeitet (als ein Offizier über die Mängel der dortigen Armeeverwaltung geschrieben, war er in's Gefängniß geworfen worden) und täuschte sich selbst. Die Armee war als fürstliches Spielzeug, als Zierrath des Thrones behandelt worden, sie versagte nun ihren Dienst, als in ernster Stunde der Thron wankte. Das Rechtsbewußtsein des Volkes war durch eine jammervolle Verfassungsgeschichte tief gekränkt, die religiösen Gefühle durch Oktroyirungsversuche verletzt worden, da ließ sich keine Sympathie für den Welfenthron erwarten. Trotzdem war es ein tragischer Moment, als der blinde König mit seinem Erbprinzen und seiner zusammengerafften Armee nach dem Süden zog — sein Land nie wieder zu betreten. Die Kopflosigkeit, die bei der Flucht geherrscht, herrschte auch bei diesem Zuge. Des Königs ängstliche, vielleicht auch verrätherische Umgebung ließ ihn die kostbare Zeit verlieren, um nach Fulda oder Eisenach durchzubrechen, woselbst noch am 25. Juni nur zwei Bataillone Preußen standen. Die Marschroute wurde mehrfach verändert und zuletzt doch mehr Blut vergossen ohne Zweck, als nöthig gewesen wäre, die Befreiung zu erreichen. Bis zum 21. blieb der König mit seiner Armee in Göttingen. Diese Zögerung mag sich dadurch erklären, daß man eine bessere Ausrüstung und die Completirung der Truppen bewirken, namentlich auch das Eintreffen der eben erst einberufenen Reservisten der drei letzten Altersklassen abwarten wollte, von denen aber nur ein kleiner Theil sich bei den Fahnen einfinden konnte, da die Möglichkeit, zur Armee zu stoßen, den Meisten mittlerweile von den Preußen abgeschnitten ward, Andere sogar von den eigenen Beamten des Landes unter den nichtigsten Vorwänden von der Erfüllung ihrer Pflicht zurückgehalten wurden. Es wurde viel Material nachgeführt und Pferde gekauft. Der Marsch auf Fulda zu, wo man sich am 24. mit den Bayern vereinigen sollte, ward als unthunlich aufgegeben (da das Corps Beyer die Eisenbahn bei Melsungen zerstört haben sollte) und die Richtung auf Eisenach genommen. Am 21. kam man nach Heiligenstadt, am 22. nach Mühlhausen und ging statt durch die Defileen des Hainichenwaldes, die als vom Feinde besetzt irrig gemeldet wurden, am 23. nach Langensalza und Oster-Behringen. Am 24. Juni marschirte die hannoverische Brigade von Bülow in der Avantgarde, traf den Feind bei Mechterstedt und nahm ein Gefecht an, in Folge dessen die Preußen zurückgeworfen wurden und die äußerste Vorhut der Hannoveraner bereits bis jenseits Eisenach über die Bahn hinaus vorgedrungen war. Ueberall siegreich, standen die Hannoveraner im Begriff Eisenach zu nehmen und sie wären gerettet gewesen, da wurde mit List erreicht, was damals nicht mit Gewalt zu erreichen war und wer sich dazu hergab, den Untergang der Hannoveraner einzuleiten, war Niemand, als der gepriesene Schützenkönig — Herzog Ernst von Coburg.

Dieser vielbesprochene Fürst (durch Vollmann hinreichend bekannt) hatte aus den mancherlei Verwandlungen seiner Eitelkeit: las Demokrat, Anhänger Oesterreichs beim Fürstencongreß u. s. w. sich endlich als preußischer General entpuppt, und in der Uniform

des 7. preußischen Cürassierregimentes zwei Bataillone seiner Lan=
deskinder am 20. Juni, statt nach der Bundesfestung Rastatt, hie=
her geführt, um seinen bei den Sänger= und Schützenfesten viel=
besungenen und umarmten deutschen Brüdern den Weg zu verlegen
und schließlich sie mit Waffen anzufallen. Aber noch waren nicht
genug Preußen da, man mußte durch Unterhandlungen Zeit ge=
winnen. Vor Langensalza meldete sich ein sachsen=coburgischer Haupt=
mann v. Zielberg als Parlamentär, um unter Vermittlung seines
Herzogs Ernst eine Convention mit Preußen zu beantragen. Da
er aber ohne Legitimation war, behielt ihn der König im Haupt=
quartier und sandte den Major v. Jacobi nach Gotha zur nähern
Information. Ohne Autorisation schlug der Major dem Herzog
eine Convention vor, daß der Armee freier Abzug nach dem Süden
gewährt werde, unter der Bedingung, ein Jahr nicht gegen Preu=
ßen zu fechten. Graf Bismarck gab telegraphisch seine Einwilligung,
verlangte aber Garantieen für die Nichttheilnahme Hannovers am
Kriege während eines Jahres und meldete, daß der Generaladju=
tant v. Alvensleben behufs näherer Verabredung im Hauptquartier
erscheinen werde. Der König von Hannover, dem der Coburger
diese Depesche sandte, antwortete ihm, daß er auf eine solche Be=
dingung nicht eingehen könne, und daß seine militärischen Opera=
tionen schon einen erheblichen Nachtheil durch diese Unterhandlungen
erlitten, gleichwohl sei er zu Verhandlungen mit v. Alvensleben
bereit. Gleichzeitig am 24. gab er dem Major Jacobi Befehl zum
Abbruch aller Verhandlungen. Dieser Major schickte aber dennoch
aus Gotha während des Vorrückens der Truppen eine telegraphische
Depesche, daß der Abschluß der Convention sicher und die Feind=
seligkeiten abzubrechen seien, worauf der Brigadier von Bülow, der
die Avantgarde commandirte, die gewonnenen Vortheile aufgab und
sich in seine Positionen zurückzog.

Dadurch gerieth die ganze Marschcolonne in's Stocken, es
wurde Nacht, der König bezog auf Schloß Großbehringen sein
Hauptquartier. Am andern Morgen den 25. traf der k. preußische
Generaladjutant v. Alvensleben ein, äußerte aber selbst Bedenken
gegen die Bedingung des Herzogs von Coburg, sagte, er könne
dieses Arrangement nicht befürworten, übernahm es, die definitive
Entschließung des Königs von Preußen einzuholen und verabredete
bis auf Weiteres einen Waffenstillstand. Im Vertrauen darauf,
bezogen die Truppen Cantonnements; als aber Oberstlieutenant
Rudorff in's Hauptquartier des Generals Vogel v. Falckenstein sich
begab, erfuhr er, daß dieser von einem Waffenstillstand nichts wisse
und in der Nacht angreifen werde. Denn die Preußen hatten die

ganze Nacht benützt, um in unaufhörlich f genden Militärzügen
große Truppenmassen nach Eisenach zu ziehen, so daß an eine Ein-
nahme dieses Platzes nicht mehr zu denken war. Der Vogel hatte
die Vögel gefangen. Man weiß in der That nicht, was man mehr
bewundern soll, die Thorheit des hannoveranischen Fürsten, der sich
in tagelange Unterhandlungen einließ, während er und sein Heer
das Thor zur Freiheit schon betreten hatten und so lange unter-
handelte, bis er eingeschlossen war, oder die kecke Stirne der Unter-
händler vom Coburger Fürsten an, die die Maske der Humanität
und Freundschaft, des Abscheu's vor'm Blutvergießen angenommen,
während sie an nichts anderes dachten, als Zeit zum Truppenbei-
ziehen für eine Schlacht zu gewinnen. Major Jacobi scheint die
allertraurigste Rolle gespielt zu haben, entweder die eines Ueber-
listeten oder eines Verräthers. Die ermüdeten und sehr mangelhaft
verpflegten Truppen mußten noch in der Nacht den Rückmarsch auf
Langensalza antreten, da v. Falckenstein jetzt erklärt hatte, weder
von Verhandlungen, noch von Waffenruhe etwas wissen zu wollen.
Am 26. Juni Morgens erschien ein preußischer Offizier vor dem
König von Hannover und erklärte ihm, daß die Preußen angreifen
würden. General v. Falckenstein erwartete wohl, daß diese Drohung
den König zum Niederlegen der Waffen bewegen werde. Er täuschte
sich aber. Der König protestirte gegen diesen Bruch des Völker-
rechts im Namen aller Souveräne Europa's und der Ehre aller
civilisirten Armeen und beauftragte den preußischen Offizier, dies in
seinem Namen dem Könige von Preußen zu melden und hinzuzu-
fügen, daß das Benehmen des Generals v. Falckenstein, der einen
von dem Generaladjutanten des Königs geschlossenen Waffenstillstand willkürlich mißachtete, von der Geschichte gebrandmarkt werden
würde. Die hannoveranische Armee zog sich hierauf auf die Positionen um Langensalza zurück, wo sie am 27., Morgens um 10
Uhr, von General Fließ von Gotha her angegriffen wurde. Die
Preußen glaubten leichtes Spiel zu haben, da man die Hannoveraner für schlecht versehen mit Munition und anderm Kriegsbedarf
und für entkräftet durch Mangel und Strapazen hielt. Aber mit
außerordentlicher Tapferkeit warfen die etwa 15,000 Hannoveraner,
die in's Gefecht kamen, die Preußen um 4 Uhr Nachmittags in
eiliger Flucht nach Gotha zurück, machten 869 Gefangene (darunter
10 Offiziere) und erbeuteten 2 Kanonen und 1500 Gewehre. Die
Preußen sollen eine etwas geringere Anzahl Truppen in's Gefecht
geführt haben (12,000 mit 24 Geschützen), sie erwarteten wahrscheinlich, daß das Corps Manteuffel den Hannoveranern in den Rücken
fallen würde, vielleicht auch verachteten sie ihren Feind. Später

2*

gaben sie vor, durch dreimalige Kanonenschüsse, die das Signal
Manteuffels hätten sein sollen, welches aber die Hannoveraner gegeben, da es ihnen verrathen worden sei, zum Angriff verleitet
worden zu sein, was aber unwahrscheinlich klingt. Gegen 3000
Verwundete und Todte waren das Resultat dieses muthwillig be-
gonnenen siebenstündigen Kampfes, unter ihnen 1200 hannoveranische Cavalleristen, die sich vorzüglich geschlagen. Der Gang des
Gefechts war folgender: Während des Artilleriekampfes, der aus
beiderseits günstigen Stellungen mit großer Lebhaftigkeit geführt
wurde, drang die hannoveranische Brigade von Bothmer in des
Feindes rechte Flanke, konnte aber das sumpfige Bett der Unstrut,
trotz der angestrengtesten Versuche, nicht überschreiten. Die größten
Verluste hatte die Brigade de Vaur, die im Centrum das Dorf
Merrleben festhielt, während auf dem rechten Flügel die Entscheidung durch die Offensive der Brigaden v. d. Knesebeck und v. Bülow hervorgebracht wurde. Unter großen Verlusten drangen die
braven Bataillone dieser Brigaden, das tief ausgeschnittene Fluß-
bett der in mehrere Arme getheilten Unstrut überschreitend, bis Langensalza vor, entrissen den Preußen wieder diesen Ort und warfen
ihn von der neben demselben befindlichen dominirenden Höhe. Bald
darauf brach auch das Königin-Husaren-Regiment, gefolgt von der
Cürassier-Brigade, durch das Defilé, während die Infanterie von
allen Seiten auf das vom Feinde hartnäckig behauptete Gehölz im
Centrum losstürmte. Die Preußen waren überall geworfen, aber
noch blieb es der Cavallerie vorbehalten, sich blutige Lorbeeren zu
pflücken. Mit unvergleichlicher Bravour wurden zwei Geschütze von
dem Regimente Cambridge-Dragoner genommen und mehrere Bataillone von diesem Regimente und der Cürassier-Brigade chargirt.
Die Erschöpfung der hungernden, seit drei Nächten ohne Ruhe gebliebenen Truppen war zu groß, um die Verfolgung bis in die
Nähe von Gotha fortsetzen zu können.

Von den Preußen litten das 11. und 71. Linien-Regiment
und das 20. Landwehr-Regiment am meisten. Eine Compagnie
des letzteren war von 145 Mann auf 30 geschmolzen. Viele Offiziere fielen, im 25. Infanterie-Regiment mußte schließlich ein Un-
teroffizier das Commando übernehmen. Nach den Verlustlisten blieben von den Hannoveranern todt: 22 Offiziere, 208 Unteroffiziere
und Mannschaften, verwundet 78 Offiziere und 966 Unteroffiziere
und Mannschaften, von denen aber noch viele starben, da sie an
den nöthigsten Lazarethgegenständen und auch an Aerzten Mangel
litten. Der Verlust der Preußen betrug nach der Berliner Volkszeitung 1370 Mann, der der Coburg-Gothaer war auch sehr be-

deutend. Ihr Herzog hat sich aber seinem Volke und Deutschland erhalten, trotzdem man ihn auch im Gefechte gesehen haben will. Leider war all' dieses Blut vergebens geflossen. Die Hannoveraner waren jetzt umzingelt. Am 28. Juni zogen die Truppen der Generale v. Falckenstein, v. Göben und v. Manteuffel, im Ganzen mehr als 50,000 Mann, von allen Seiten gegen die concentrirte Stellung der Hannoveraner bei Langensalza heran, die hieburch, wie nicht minder durch den Mangel an Lebensmitteln und Munition, zu einer Capitulation genöthigt wurden. Die Bedingungen waren: 1) Freier Abzug für König und Kronprinz unter Garantie des k. Privatvermögens, 2) Abgabe der Waffen, Pferde u. s. w. an hannover'sche Commissäre, von denen preußische Commissäre sie übernehmen, 3) Beurlaubung der per Eisenbahn in's Land beförderten Mannschaft; Offiziere, denen Waffen und Pferde verbleiben, sowie Unteroffiziere behalten Gage und sonstige Competenzen. Alle Individuen der Armee verpflichten sich, nicht gegen Preußen zu dienen.

So hatte das „Mißverständniß", welches zu einem „nicht beabsichtigten und berücksichtigten Waffenstillstand" führte, der den Preußen erlaubte, in der Nacht zum 25. Juni durch das Göben'sche Corps Eisenach zu besetzen, dann die „guten Dienste" des Coburger Herzogs und des Majors Jacobi, das Schwanken des Königs und seine Umgebung die Katastrophe herbeigeführt, deren Ende ganz Deutschland mit banger Erwartung entgegensehen. Aber auch die Saumseligkeit des bayerischen Hauptquartiers war nicht ohne Schuld daran. Davon im nächsten Capitel.

# Fünftes Capitel.

### Die bayerische Politik und v. d. Pfordten.

Wenn wir sagten, daß die Saumseligkeit des bayer. Hauptquartiers die Mitschuld an der Capitulation der Hannoveraner trägt,

so gründet sich diese Behauptung nicht auf die vielbesprochene Erklärung Onno Klopp's; denn zur Zeit, als er in's bayerische Hauptquartier kam (am 25. Juni), war allerdings es zu spät, die er-
betene Hülfe zu bringen. Aber die kostbaren Wochen hätten benützt
werden sollen, die dieser Zeit vorangingen, als ein kampfbereiter
Theil der bayerischen Armee in dem Schweinfurter Lager, oder in
Dörfern der Rhön müssig lag, als die Offiziere aus Langeweile
Forellen angelten, statt den Hannoveranern Luft zu machen. Damals noch Herren des Eisenbahnnetzes, konnten die Bayern in wenig Stunden in Eisenach und Coburg sein, dort die Truppen des
Herzogs entwaffnen und sie daran hindern, den Hannoveranern
den Weg zu verlegen; sie konnten Truppen nach Bebra werfen,
die Eisenbahnverbindung zwischen Cassel und Eisenach aufheben,
kurz in Verbindung mit den disponiblen Truppen des 8. Armeekorps den Hannoveranern die Bahn frei machen. Aber nicht das
Geringste geschah, oder wurde nur versucht, bis nach der Schlacht
von Langensalza strenger Befehl von Wien kam, vorzugehen. Dies
lag nämlich im Geiste der bayerischen Partikular-Politik, deren Vertreter, Herr von der Pfordten, jedenfalls gewaltig auf das Armee-
Commando einwirkte. Bayerns Regierung aber hatte sich einem
heillosen Hin- und Herschwanken ergeben. Man hatte nicht den
Krieg erwartet und vorbereitet, der Kriegsminister hatte selbst anfangs für Neutralität gestimmt und der Stempel gezwungener
Nothwendigkeit, der allen den höflichen Staatsschriften des Ministers
v. d. Pfordten aufgedrückt wurde, ward auch die Devise für die Ar-
mee-Operationen: durchaus keine Offensive, keine Aktion, die Preußen
hätte erbittern können, man schonte selbst dessen Alliirten, den Coburger Herzog und seine Enclave bei Haßfurt, man schonte selbst
später möglichst preußisches Gebiet, ja selbst preußische Gewehrfabriken
in Suhl. Kurz, man wollte sich zwischen zwei Stühle setzen, abwarten, wohin das Kriegsglück sich wende, vor Allem Bayerns Grenzen decken, und hoffte, die Sache würde sich dann mit dem Sieger
(er sei wer er wolle) schon ordnen lassen. Hannover, der nordische
Staat, in der Machtsphäre Preußens gelegen, paßte ja von der
Pfordten ohnedies nicht in seine Triaspolitik, zu der er mehr der
an Bayern angrenzenden Staaten bedurfte, schon bei der Minister-
Conferenz in Augsburg soll er geäußert haben: „er glaube, Hannover nicht halten zu können". Bei solcher Voreingenommenheit
des tonangebenden Ministers war es kein Wunder, daß Prinz Karl
der Ansicht war, die Hannoveraner müßten sich selbst durchschlagen,
daß von der Tann deren Heerführung tadelte, ohne den Balken
in seinem eigenen Auge zu sehen. Die Befreiung der Hannove-

raner wäre von bem größten moraliſchen Einfluß auf bie Verbün=
beten, auf ganz Deutſchlanb geweſen, ſie war mehr als eine ge=
wonnene Schlacht, nicht nur, baß 19,000 ber beſten Truppen bie
bayeriſche Armee bann verſtärkt unb ber preußiſchen überlegen ge=
macht hätte, hätte letztere, bie anfangs Mangel an Artillerie unb
Cavallerie hatte, ſich nicht burch bie Kriegsbeute completiren können,
ſo baß ſie ben bayeriſchen Truppen überlegen wurbe. Das Volk
verlangte, ba man boch Krieg zu führen entſchloſſen ſei, möge es
mit berſelben Energie geſchehen, welche Preußen gezeigt hatte, bas
war aber alles tauben Ohren geprebigt. v. b. Pforbten hielt ſich
für ben Allein = Klugen. Wir müſſen über bieſen Unglücksſtern
Bayerns unſere Leſer bes Näheren unterrichten.

Ludwig Karl Heinrich v. b. Pforbten, geboren am 11. Sep=
tember 1811 zu Rieb als ber Sohn eines bayeriſchen Lanbrichters
zu Kabolzburg, ergriff bas Stubium ber Rechtswiſſenſchaft unb warb
außerorbentlicher Profeſſor an ber Univerſität zu Würzburg, wo
ſeine Familie in beſchränkten Verhältniſſen lebte. Früh ſchon ver=
zehrte ihn Ehrgeiz, er brängte ſich meiſt an ben Abel, bas Streben
nach beſſeren Verhältniſſen, nach Gelb, Orben, Titeln, Einfluß be=
herrſchte ihn. All' bas ſollte ihm ſpäter in reichſtem Maße werben,
unb wer es ihm verſchaffte, war Niemanb anbers, als bie „heilige
Rebensart". „Heilige Rebensart, bir banke ich Alles, Titel, Ehre
unb Gelbgewinn", ſo heißt ber Titel eines Büchleins, welches bie
Reben, Toaſte unb Thaten v. b. Pforbten's ſchilbert unb wie im=
mer eine Rebe, eine That ber anbern wiberſprach. Er war nach
unb nach Lobrebner Preußens unb Oeſterreichs, Liberaler, Begleiter
bes Leichenzugs Robert Blum's, Anhänger bes Parlaments, bann
ber bayeriſchen Particularpolitik unb Mitregiſſeur bes berüchtigten
Strafbayern = Felbzugs, Mitherſteller bes Bunbestags unb Stock=
reaktionär im Vereine mit bem Stockprügel=Reigersberg, ſchließlich
bem Frieben mit bem Volke geopfert, um als Bunbestagsgeſanbter
unb zurückgekehrter Miniſter baſſelbe Spiel wieber zu beginnen:
Hemmung ber freiheitlichen Entwicklung im Innern, Blamage gegen
Außen burch eine perfibe Schaukelpolitik. Doch zurück zur Bio=
graphie bieſes Miniſters. Seine Stellung an ber Univerſität zu
Würzburg verlor v. b. Pforbten burch einen Cabinetsbefehl, ber
ihn am 14. Januar 1841 als Appellationsrath nach Aſchaffenburg
verſetzte. Seine Freunbe behaupteten: ſein Freimuth, ſeine Con=
feſſion als Proteſtant habe ihn Abel'n mißliebig gemacht, in ber
That aber war bie Urſache eine ganz anbere. v. b. Pforbten ging
1843 nach Leipzig, warb beliebter Rechtslehrer unb glücklicherweiſe
gerabe Rektor im Sturmjahre 1848, welches Alle Jene, bie am

schönsten schwätzen konnten, namentlich aber alle Professoren, zu
Staatslenkern schuf. Der liberal thuende Rektor ward sächsischer
Minister, machte sich aber bald unmöglich und ergriff den Wander-
stab, auswärts anderweitige Ministerstellen zu suchen, erst beim
Reichsministerium, dann in seinem Vaterlande Bayern.

Da kam er gerade recht. Nachdem in Wien und Berlin die
Reaktion gesiegt, wurde in Bayern auch gegen Ende des Jahres
1848 das liberale Ministerium Lerchenfeld entlassen und ein reak-
tionäres gewünscht. Herr v. d. Pfordten, der auf Bestellung arbeitete, gab sich dazu her und ward Seele der bayerischen Reaktion
im April 1849. Die Folgen waren, daß 1849, nachdem Pfordten
die Reichsverfassung zurückgewiesen, die Pfalz eine provisorische Regierung einsetzte, die drei Franken und ein Theil Schwabens nahe
daran waren, diesem Beispiele zu folgen und Bayern die Demüthigung erlebte, daß Preußen auch bei ihm die Ruhe wiederherstellen
mußte, da die bayerische Armee es nicht vermochte, die zum großen
Theil selbst zur Reichsverfassung hielt. Aber wie Oesterreich, er-
staunte auch Bayern die Welt durch seine Undankbarkeit. Als der
Entwurf der Dreikönigsverfassung auch Bayern vorgelegt wurde,
suchte es schon zu verhindern, daß Preußens König nicht einheitlicher Vorstand der Centralgewalt werde und forderte für Oesterreich
gleiche Stellung mit Preußen, wodurch die Einheit des Bundesstaates nothwendig hätte aufgehoben werden müssen. Bayern trat
auch dem Bündnisse nicht bei, setzte aber die Verhandlungen über
den Beitritt nachher fort, da es sich noch ohne Rückhalt an Oesterreich zur definitiven Ablehnung zu schwach fühlte, und v. d. Pfordten trug lange erfolglose Projekte zwischen Wien und Berlin ge-
schäftig hin und her. Als aber Bayern nach dem Ersticken der
ungarischen Revolution einen Anhalt an Oesterreich fand, lehnte es
am 8. September den Beitritt zum Dreikönigsbündnisse definitiv ab.
v. d. Pfordten glaubte sich berufen, Bayern als dritte deutsche
Großmacht an die Spitze des übrigen Deutschlands zu stellen und
brachte in Verbindung mit Württemberg und Sachsen am 27. Februar einen Gegenentwurf gegen die von Preußen angebotene Verfassung zu Stande, das sogenannte Vierkönigsbündniß. Das war
aber nur Spiel; denn in der That wollte Oesterreich nichts als
Wiedereinsetzung des seligen Bundestags und als es die Einla-
dungen dazu an die deutschen Regierungen erlassen, beeilte sich
v. d. Pfordten im Mai 1850 den restaurirten Bundestag zu be-
schicken, nahm an den Beschlüssen desselben zum Schutze der Miß-
regierung in Kurhessen Antheil und drängte sich zum Vollzuge der
Execution, die im Monat Oktober dem gequälten Lande auferlegt

wurde. Dieser schmähliche Zug von 18,000 Strafbayern kostete Bayern 5½ Millionen, aber Herr v. d. Pfordten schmeichelte sich, die Selbstherrlichkeit des bayerischen Staates glücklich bewahrt zu haben, sowohl vor den nationalen Einheitsbestrebungen, als vor dem preußischen Hegemoniegelüste, das in der Olmützer Convention durch Oesterreich und Rußland für einige Zeit beseitigt ward. Aber nachdem Rußland in der Krim, Oesterreich in Italien ihren Nimbus verloren, sollte dieses Hegemoniegelüste um so kräftiger erwachen, so wie auch der Einheitsgedanke der Nation nur neue Nahrung erhielt durch die Wirthschaft des tief verachteten, restaurirten Bundestags. Als sich im Jahr 1864 wegen Schleswig-Holstein die erste Gelegenheit bot, überhäufte Preußen den ohnmächtigen Bundestag mit Schmach als Revanche für die Schande von Olmütz, streckte selbst die Hand nach den Herzogthümern aus und zwang Oesterreich, ihm dazu Handlangerdienste zu leisten. Das waren die Folgen der österreichischen und v. d. Pfordten'schen Politik und der Reaktion im Innern. Namentlich v. d. Pfordten setzte seinen Stolz darein, Bayern statt an die Spitze liberaler Entwickelung, an die Spitze der Reaktion zu bringen. Die Ministerien Manteuffel und Bach konnten ihm hierin kaum gleichkommen. Keine der versprochenen Reformen wurde ausgeführt, ja v. d. Pfordten hatte die Keckheit, 1855 dem Landtage zuzumuthen, auf alle diese Reformen selbst zu verzichten und in die Fortdauer der überlieferten Mißstände zu willigen. Staatsverbrechen und Preßvergehen sollten der Aburtheilung der Geschworenen entzogen werden. Das strenge bayerische Preßgesetz war dem Herrn Minister noch viel zu gelind, er erklärte es für unzulänglich. In 7 Jahren nahm er über 2500 Zeitungsconfiscationen vor, selbst von gerichtlich freigegebenen Blättern, wies die mißliebigen Redakteure aus und brachte durch Bedrückungen aller Art die liberale Presse zum Verstummen. Auch das Wahlgesetz von 1848 war ihm ein Gräuel, er legte 1854 ein anderes vor, wornach 64 Prozent der Grundbesitzer von der Theilnahme an den Urwahlen, 93 Prozent von der Wählbarkeit in die Kammer ausgeschlossen werden, fast nur Adelige, Geistliche und Geldfürsten Zutritt dazu haben sollten. So führte v. d. Pfordten sein Programm vom 11. Mai 1849 aus! Er hatte sich verpflichtet, die gewonnenen und in Aussicht gestellten Freiheiten vollständig zu gewähren, thatsächlich aber war sein ganzes Streben dahin gerichtet, die verheißenen Freiheiten dem Lande vorzuenthalten und die schon erworbenen ihm wieder zu nehmen.

Auf dem Gebiete der Verwaltung ging es ebenso zu. Das brutale Polizeiregiment der Abel'schen Zeit lebte wieder auf, jede

Freiheit der Gemeinden ward erdrückt, Servilismus, Corruption im Beamtenthum großgezogen. Auf die Landtagswahlen ward eingewirkt; das System der Budgetüberschreitungen 1856 als ein förmliches Kronrecht proklamirt, eine Abgeordnetenkammer, weil sie ihren Präsidenten nach eigenem Ermessen, nicht nach den Wünschen der Regierung gewählt, aufgelöst, bis der Unwille im Volke immer lauter wurde und sich bei allen Neuwahlen documentirte, so daß König Max II., unter dem Einfluß einer in Preußen eingetretenen Wendung der Dinge, endlich erklärte: „Ich will Friede haben mit meinem Volke" und den Friedensstörer entfernte. Trotzdem kam dieser Urreaktionär wenige Jahre darauf unter dem neuen Könige in's Ministerium zurück. Ursache war der Glaube an seine Unentbehrlichkeit: Keiner sei so erfahren, wie er in der verwickelten Schleswig=Holsteiner Frage, im Bundesrecht, in den Geheimnissen der Diplomatie. Allerdings hatte v. d. Pfordten mancherlei schätzbares Material in der Schleswig=Holsteiner Frage als Bundestagsgesandter geschrieben, ihr Recht haarscharf bewiesen, wie er früher ihr Unrecht ebenso haarscharf bewiesen hatte, er suchte auch seine alte Vermittlerrolle zwischen den deutschen Großmächten wieder zu spielen, aber fruchtlos. Man mußte sich endlich entscheiden, offen Partei zu ergreifen, den deutschen Bund vertheidigen. Lange hatte v. d. Pfordten durch alle Mittel der Diplomatie den Krieg hinausgeschoben; er wußte aus bester Quelle, daß Preußen seit 3 Jahren auf diesen Krieg rüste, daß dagegen die Rüstungen Oesterreichs, daß die Macht Bayerns sehr gering waren, aber der Gute hoffte, ein unvorhergesehenes Ereigniß, der Tod des Königs, ein Machtwort aus Paris, eine Revolution möchten in der letzten Stunde noch in Berlin einen Umschwung herrufen und den § 11 der Bundesakte als zu Recht bestehend erhalten. Ach! diese Hoffnungen alle erwiesen sich eitel und der Landtag mußte einberufen werden, um 31½ Millionen zum Kriege gegen Preußen zu bewilligen.

Aber von der Pfordten verschwieg dem Landtage Alles was er wußte, was er wissen mußte aus Berichten seiner Gesandten, aus Anschauungen des Generals von der Tann, der ja auch den letzten Düppelsturm mitmachte, er verschwieg ihm, daß die preußischen Streitkräfte den österreichischen und süddeutschen überlegen waren, sowohl an Zahl als an Schlagfertigkeit. Er verschwieg ihm, daß die österreichische Nordarmee kaum aus 230,000 Mann bestand, statt der gefabelten 600,000 Mann, daß das 8. Armeecorps, das einzige, was uns bleiben konnte, da Preußen entschlossen und mächtig genug war, die Wehrkraft Norddeutschlands zu neutralisiren oder mit seiner eigenen zu vereinigen, kaum 50,000

wirkliche Kämpfer stellen konnte, während Bayern nicht einmal das
nothwendigste Material hatte, auch nur die vierten Bataillone feld=
mäßig auszurüsten. Er hätte dem Landtage sagen müssen, daß
Bayern nebst dem ganzen Süddeutschland nach Abzug der Festungs=
besaßungen und Depots kaum 80,000 Mann in's Feld stellen könne,
(wie es auch der Fall war) daß die Leitung dieser Truppen einem
71jährigen Greis und die Leitung des Generalstabs einem Offizier
übertragen wurde, der eigentlich niemals im Generalstab gedient
hatte. Hätte er dieses gesagt (in geheimer Sitzung), dann hätte
der Landtag ihm schwerlich die 31½ Millionen zur Kriegsführung
bewilligt, im Gegentheil würde er in seiner Sitzung vom 18. Juni
protestirt haben gegen den auf Anbringen Oesterreichs erfolgten
Bundesbeschluß vom 14. Juni, welcher ohne Bayern keine Mehr=
heit gefunden hätte. Der Landtag hätte dann die Theilnahme am
Kriege abgelehnt, die nur Bayerns Schwäche verrathen konnte.
Bayerns Selbstständigkeit war nicht bedroht und Preußen hätte
dessen Neutralität nicht verletzt. Da aber von der Pfordten die
wahre Sachlage nicht aufdeckte, so wurde in Begeisterung für das
Selbstbestimmungsrecht der Herzogthümer, für die Erhaltung Oester=
reichs im Bunde und die Selbstständigkeit der deutschen Bundesge=
nossen der Krieg beschlossen.

Auf den Krieg selbst übte von der Pfordten den ungünstig=
sten Einfluß. Sein Schaukelsystem, sein superkluges Abwarten
brachte den Untergang der Hannoveraner zuwege, die er schon
lange zuvor nicht halten zu können glaubte. Als ihm noch nach
der Schlacht von Königgräß günstige Friedensbedingungen angebo=
ten wurden, wollte er erst noch eine Waffenthat. Diese Politik
hatte zum Resultate Verheerung und Verarmung des halben Lan=
des, die Demüthigung von Nickolsburg, wo der stolze Minister von
der Pfordten, ähnlich wie weiland Heinrich IV. in Canossa im
Büßerhembe, lange flehen mußte, bis ihn der stolze Sieger nur
vor sich ließ. Nun kamen die Betteleien um Erhaltung möglichster
Integrität des Besißes, das Schachern, das Anrufen der Vermitt=
lung Frankreichs und der Königin, endlich der Abschluß eines
schmählichen Friedens, der Bayern 30 Millionen und Land kostet,
worunter das Stammschloß von der Tann's, der hoffentlich auch
mit abgetreten wird. Troß all' dieser Schmach und dieser Leiden,
die von der Pfordten schon insofern über das Land gebracht, als
er keine Aenderung in der traurigen Kriegsführung beantragte,
denkt v. d. Pfordten nicht daran, den Abschied zu nehmen. Hof=
fentlich wird er ihn aber erhalten und Bayern für die Zukunft vor
solchen Epigonen Abel's bewahrt bleiben, die überzeugt sind, daß

nur Juristen ein Land regieren können, die alle Staatsweisheit im Bundesrecht und im corpus juris enthalten glauben und der Ansicht sind, daß nur durch Polizeidruck ein Land beherrscht werden könne. Er ruhe im Frieden, wie sein Bundestag!

## Sechstes Capitel.

### Bayern's Anstrengungen (?) zur Befreiung der Hannoveraner. Kämpfe in Thüringen.

Wie Oesterreich großartig seinen deutschen Alliirten ihren Besitz garantirt hatte, so erklärte sich auch Bayern bereit mit aller Macht Sachsen Bundeshülfe zu bringen und die militärische Verbindung zwischen Hessen-Cassel und Hannover wieder herzustellen, respektive der hannoverischen Armee Luft zu machen. Aber Bayern zeigte sich ohnmächtig und selbstsüchtig wie Oesterreich. Die bayerische Armee nach Böhmen zu werfen, hatte es abgelehnt; als dritte deutsche Großmacht wollte es eine selbstständige Rolle spielen, den Kern bilden, um den sich das 8. Bundescorps anschlöße und vor Allem für sich selbst sorgen. Statt der gehofften 130,000 Mann hatte es 4 Divisionen (zwischen 40 und 50,000 Mann) auf die Beine gebracht, deren Aufmarsch in ihre staffelförmige Stellung, entlang der Eisenbahn im Norden Bayerns am 17. Juni begann. Die 1. Division kam an den äußersten rechten, die 4. an den äußersten linken Flügel zu stehen. Diese Armee konnte hoffen, über Hof und Leipzig nach Berlin zu marschiren, wenn das Glück den österreichischen Waffen hold sei, und sich im Unglücksfalle zum Schutze der bayerischen Grenzen an jedem bedrohten Punkte mit Hülfe der Eisenbahn zu concentriren. In Folge der gegen Ende Juni abgeschlossenen Militärconvention mit Oesterreich wurden aber die Ziele und Aufgaben der Bundestruppen von Wien aus vorgezeichnet und die österreichische Heerführung (im bayerischen Hauptquartier vertreten durch den General Grafen v. Huyn) war gegen jede Offensivbewegung nach nordöstlicher Richtung, sondern für eine Vereinigung mit dem 8. Bundesarmeecorps, um dann eine nordwestliche Offensive zu ergreifen. Beide Armeekorps sollten nach ihrer Vereinigung den Titel „Westdeutsche Bundesarmee" annehmen. Diesem Befehl Oesterreichs mußte Bayern gehorchen und das Königreich im Nordosten völlig von Truppen entblößen. Fulda war das Ziel der nächsten Bewegungen, um so mehr, als man am 21. Juni im bayerischen Hauptquartier über Frankfurt die Nachricht erhalten hatte, daß die hannoverische Armee von Göttingen ihren Rückzug dahin über Eschwege zu nehmen gedenke. Aber schon am 23. Juni brachten Kundschafter die Nachricht, daß die Hannoveraner ihre Marschrichtung wieder geändert und nach Mühlhausen und Langensalza sich gewendet hätten. Am 25. Juni Morgens befand sich die ganze bayerische Armee in einer Bewegung nach dem Norden und wenn die Hannoveraner bei Eisenach durchbrachen, oder über Gotha durch den Thüringer Wald gingen, so mußten sie auf halbem Wege auf bayerische Truppen stoßen. Noch am 25. Abends trafen die Spitzen der 1. Cavalleriebrigade in Meiningen ein, das Gros kam ihr in der Nacht auf 27. nach. Aber es war keine zuverlässige Kunde über die Schicksale der hannoverischen Truppen seit dem 23. Juni zu erhalten, seit dem 19. war kein hannoverischer Offizier bei der bayerischen Armee angekommen. Man ertheilte den bayerischen Truppen am 28. Juni Befehl, sich wieder nach Fulda in Marsch zu setzen, da trafen am Nachmittag Nachrichten im Hauptquartiere ein, daß die Hannoveraner sich bei Langensalza geschlagen hätten. Augenblicklich wurden Couriere nachgesandt, welche die Marschrichtung nach Gotha statt nach Fulda vorschrieben, da man glaubte, daß sich die Hannoveraner noch bis zum 2. Juli halten könnten und von Wien am 28. Juni 6 Uhr Nachmittags eine Depesche des Kaisers antraf, die kräftiges und rasches Vorbringen der bayerischen Armee anbefahl. Gewaltmärsche, außerordentliche Anstrengungen sollten jetzt plötzlich gemacht werden und um die Truppen bei gutem Muth zu erhalten, wurde ihnen für die beiden ersten Tage doppelte Löhnung bewilligt. Es war zu spät. Die vierte Division, der die dritte folgte, wurde in der Richtung nach Suhl vorgeschoben. Die Spitzen der bayerischen Truppen hatten am 30. Juni den Thüringerwald erreicht, Zell, nördlich von Suhl und Schmalkalben, war der äußerste Punkt, den sie berührt hatten, da kamen Haltbefehle; denn Graf Ingelheim, der österreichische Gesandte am hannoverischen Hofe, hatte den vorrückenden östlichen Colonnen die Kunde von der erfolgten Waffenstreckung der hannoverischen Armee überbracht.

Durch diesen Marsch in nordöstlicher Richtung waren vier Tage zur Erreichung des Hauptziels Fulda verloren worden.

Prinz Karl hoffte noch auf den Transversalverbindungen von Hil-
ders nach Fulda und von Geisa nach Hünfeld sich mit dem 8.
Armeecorps zu verbinden, aber dieser Flankenmarsch ward durch die
Erscheinung der Preußen vor Roßdorf und Geisa verhindert. Vier
Tage vorher wären die Verbindungen noch offen gewesen. Ein
anderer Nachtheil war, daß die bayerischen Truppen in Folge der
Gewaltmärsche am 29. und 30. physisch gelitten hatten und durch
das Blindekuhspielen, den Wechsel von Befehlen und Gegenbefehlen
auch moralisch. Das Vertrauen in die Führung ging verloren,
die Truppen glaubten zwecklos hin und hergeschoben zu werden,
glaubten man taste unsicher nach unsichtbaren Feinden und Freun-
den. Das Rechtsumkehrt gleich im Anfange des Feldzugs war
ein ungünstiges Omen und das hannoverische Kriegsunglück hatte
das bayerische Kriegsunglück zur Folge und den Verlust des bayerischen Ansehens bei den Bundesgenossen und in Deutschland überhaupt, wo man die Capitulation der armen Hannoveraner einzig
und allein der Muthlosigkeit, ja dem Verrathe der Bundesgenossen
zuschrieb.

Nach dem, was man inzwischen erlebt, ist anzunehmen, daß
die Verbindung beider Bundesarmeecorps auch nicht sehr eilig erfolgt wäre, daß das bayerische Hauptquartier nach seiner Maxime:
„thust du mir nichts, thu ich dir auch nichts," die preußische Armee
kaum inkommodirt hätte und vielleicht auch von dieser auf ihrem
Marsche auf Fulda zu ignorirt worden wäre, da Preußen's Politik
war, vor der Hand Bayern zu schonen; aber bei der bayerischen
Armee befand sich ein Heißsporn, der jetzige General, damalige Oberst
Aldosser vom 9. Regiment, der, ausgeschickt, um zu recognosciren, beim
Anblicke des Feindes nicht umhin konnte, ihn anzugreifen und
deßhalb die Preußen veranlaßte, sich gegen die Bayern zu kehren.
Aldosser, einer von den 5 Offizieren, welche König Max im Jahre
1848 nach Schleswig-Holstein geschickt, hatte als Freischaarenführer stets großen Muth bewiesen und schon damals nie nach der Zahl
der Feinde gefragt. Soldat durch und durch, hatte er später als
Oberst des 9. Infanterieregiments dieses auf eine hohe Stufe der
Leistungsfähigkeit gebracht. Den Gamaschendienst schaffte er so
ziemlich ab und gestattete seinen Soldaten freiere Bewegung, lockerte
aber einigermaßen ihre Disciplin, da er in der Regel die Partei
der gemeinen Soldaten gegen die Offiziere nahm und in seiner
Gutherzigkeit meistens jenen die dictirten Strafen wieder nachließ
oder milderte. Die Verpflegung seiner Truppen übernahm er selbst,
und der Soldat stand sich gut dabei, alles wurde in Regie gekauft,
selbst gebacken, geschlachtet, ja selbst Kartoffeln angebaut. Aus diesen

idyllischen Beschäftigungen scheuchte die Kriegstrompete unsern Oberst auf. Niemand war vergnügter, als er, daß es vor den Feind ging, Niemand verbrachte ungeduldiger die langen, müssigen Wochen im Lager zu Schweinfurt, in der Rhön. Aldosser that es nicht anders, er mußte den ersten Schuß auf den Feind thun, er mußte die Avantgarde befehligen. Die Preußen, die sich nach der Capitulation der Hannoveraner am 1. Juli in der Gegend von Eisenach concentrirt hatten, zogen in zwei Zügen gegen Süden: die Truppen der Division Beyer über Hersfeld und die Brigaden der Generale v. Göben, Kummer und Wrangel über den Thüringer Wald in's Werrathal. Die bayerische Armee hatte jetzt auf der Linie Kaltennordheim,-Wasungen ihren Marsch links vorwärts auf Geisa und Vacha genommen, in welcher Bewegung am Abende des 2. Juli eine Patrouille des 1. Jägerbataillons südlich von Roßdorf zuerst auf eine preußische Infanteriepatrouille stieß. Die 4. Infanterie=Division Hartmann, welche bei Wasungen gestanden, hatte ihre Vorhut unter dem Commando des Obersten Aldosser an diesem Tage bis Wernshausen vorgeschoben. Da man nun von der Stellung des Feindes genauere Kenntniß haben mußte, so unternahm Oberst Aldosser 9 Uhr Abends in einer Regennacht mit 1½ Compagnien seines Regiments eine Recognoscirung über Altenbreitungen nach Herrenbreitungen und endlich nach Krumbach, von wo aus die feindlichen Bivouakfeuer links von Barchfeld wahrgenommen wurden, deren Anzahl eine größere feindliche Abtheilung vermuthen ließ, wie Ortsbewohner sagten ca. 1000 Mann mit zugetheilter Cavallerie, zwischen Immelborn und Ettmarshausen stehend. Oberst Aldosser entschloß sich trotz dieser Uebermacht den Feind in seinem Bivouak anzugreifen und eilte sofort durch Barchfeld vor. Nachdem an der Wegabzweigung von hier nach Immelborn durch einen dort aufgestellten Zug Infanterie eine Barrikade gegen letzteren Ort zu vorbereitet worden, wurde weiter gegen Witzelroda vorgerückt. Inzwischen waren von Immelborn her einzelne Schüsse gefallen, welche von dem dort stehen gebliebenen Zuge Infanterie auf einige herannahende preußische Husaren abgegeben worden waren. Auf das hin wendete sich Oberst Aldosser rückwärts gegen Immelborn, traf dort vor dem Orte eine lagernde Abtheilung preußischer Infanterie, anscheinend in der Stärke von 2 Compagnien, die Feldwache eines größeren Corps, griff diese unmittelbar mit dem Bajonnete an und drängte den Feind, der sich übrigens schnell gesammelt hatte, trotz seiner sehr guten Haltung nach Immelborn zurück. Diese Allarmirung des feindlichen Corps kam dem Oberst aber theuer zu stehen, er verlor ziemlich viele Verwundete und erhielt selbst einen Schuß durch die Hand, der ihn für den ganzen weitern Feldzug untauglich machte, was sehr zu bedauern war, da gerade unter den höheren bayerischen Offizieren solche vorwärts treibende, energische Naturen selten waren. Soviel zeigte sich aber schon beim ersten Zusammenstoß, daß die Preußen keine leicht zu überraschende, sondern vorsichtige und kräftige Gegner waren.

Auf die durch die Recognoscirung Alboffer's gewonnene Ueberzeugung hin, daß der Feind dicht vor dem bayerischen Heere und zwar in nördlicher Richtung stand, wurden in aller Eile die weit zerstreuten Truppentheile zu concentriren gesucht, wie auch die Preußen die Vereinigung ihrer Heere erstrebten. Daher erfolgten die eigentlichen Zusammenstöße nicht im Fulda= und Werrathal, sondern in den dazwischen liegenden Thälern der Haune (Hünfeld) der Ulster (bei Geisa) und Felde (bei Dermbach) und dem nach der Werra zu liegenden Roßdorf. Alle vier Orte liegen fast in gerader Linie in gleicher nördlicher Breite von Hünfeld=Schmalkalden. An jedem dieser Orte erfolgt der Zusammenstoß fast zu gleicher Zeit Am 4. Juli war auch das bayerische Hauptquartier in Kaltennord= heim 3—4 Stunden südlich von den Schlachtorten. Am frühen Morgen des 3. Juli besetzte das Gros der 4. Infanterie=Division (Hartmann) Roßdorf und zog das 5. Inf=Reg. nach Rosa und Helmers, um dadurch die Verbindung zwischen Roßdorf und der Avantgarde in Wernshausen herzustellen, die 3. Inf.=Division (Zoller) war inzwischen von Kaltennordheim gegen Dermbach vorgerückt, während die 1. und 2. Division über Helmershausen und Oberkatza folgten. General v. Zoller hatte zunächst eine Abtheilung des 14. Inf.=Reg. (Bandt) und 2 Chevaurleg.=Reg. gegen Dermbach ent= sendet. Diese stießen auf Patrouillen des Gegners, die sich schein= bar zurückzogen. Die bayerische Compagnie (Gebhardt) folgte ihnen rasch. Da plötzlich tauchten aus tiefem Graben und hohem Korn seither unbemerkte Truppen auf und gaben einige Dechargen ab, es gab ein Geplänkel mit einigen Verwundungen. Man war auf die Avantgarde unter General von Kummer gestoßen, der mit einem starken Detachement von der preußischen linken Flanke her über Lengsfeld nach Dermbach dirigirt war. Die Bayern zogen sich zu= rück (wenn auch in bester Ordnung).

Diesem an und für sich unbedeutenden Vorpostengefechte sollte ein ernsterer Kampf am folgenden Tage folgen. Noch am 3. Juli ward das 1. Jäger=Bataillon nach Neidhartshausen vorgeschoben, es wurden Zella, Diedorf besetzt und zur Sicherung der linken Flanke ein Bataillon des 6. Inf.=Reg. mit 1 Zuge Cavallerie nach Tann beordert. Auch Wiesenthal, das der Feind beim Auszug be=

trächtlicher Streitkräfte ohne Kampf geräumt, blieb von einem Bataillon des 6. Infant.-Reg. und einem Jäger-Bataillon besetzt, während die 8. Infanterie-Brigade bei Roßdorf, die 7. in und nächst den Ortschaften Eckarts, Rosa, Schwarzbach, Helmers, Hümpfershausen die Nacht über bivouakirte. General von Göben erhielt Befehl, den Feind anzugreifen und ließ demzufolge am 4. Juli Morgens von Dermbach aus die Brigade Kummer gegen Neidhartshausen, die Brigade Wrangel gegen Wiesenthal vorgehen. Im ersten Anlaufe siegten die Preußen, sie nahmen beide Dörfer und die angrenzenden Höhen trotz hartnäckigen Widerstandes, ebenso auch das Dorf Zelle. Dort stand nur das 2. Bataillon des 14. Inf.-Regiments unter Major Dichtel nebst einer Compagnie des 6. Regiments unter Hauptmann König. Drei feindliche Bataillone, welche von Föhlritz herabrückten, griffen sie an, aber erst nach kraftvollem Widerstande gegen dreifache Uebermacht zog sich Major Dichtel auf die Bataillone seiner Division vor Diedorf zurück, Hauptmann König vertheidigte mit seiner Compagnie heldenmüthig den Schloßgarten von Zelle und deckte dadurch den Abzug des genannten Bataillons, bis er, auf's Aeußerste gedrängt, sich durchschlug, hiebei aber den Heldentod fand. Sein Lieutenant Herrmann brachte die bis auf 19 Mann zusammengeschmolzene Compagnie zum Gros zurück. Auch ein am östlichen Hange des Schloßgartens von Zelle aufgestellter Zug der 12-Pfünder-Batterie mit einer Abtheilung Cavallerie wurden durch das feindliche Feuer hart mitgenommen und mußten ebenfalls ihre Stellung aufgeben.

Gleichzeitig zog sich eine feindliche Colonne von Dermbach her, sowohl auf der Straße, als längs der östlichen Höhen gegen Neidhartshausen herab und eröffnete hier ein heftiges Feuergefecht. In Neidhartshausen kommandirte Major v. Göritz das 1. Jäger-Bataillon und eine Compagnie des 6. Regiments unter Führung des Hauptmanns Ebner von Eschenbach. Das Bataillon that dem aus Dermbach von den östlichen Höhen anrückenden Feinde bedeutenden Abbruch und zog sich dann am gleichen Höhenrande hin, vom Feinde gefolgt, der nun in einer langgedehnten Tirailleurkette das jenseits der Fulda stehende 1. Bataillon des 14. Inf.-Reg. beschoß, welches nach hartnäckigem Widerstand sich zurückzog. Bis jetzt hatten die Preußen über die überall zu schwachen Bayern gesiegt, als aber diese mit stärkerer Macht anrückten, wendete sich Mittags das Kriegsglück und sowohl in Diedorf, als Roßdorf behaupteten sie zuletzt das Feld. Die 5. Brigade erhielt den Auftrag, von ihrem Aufstellungsplatze, westlich von Fischbach, vorwärts nach Diedorf zu rücken und auf dem aufsteigenden Terrain links außerhalb dieses Ortes Position zu nehmen, 2 Bataillone in Die= dorf selbst belassend. Der Feind hatte inzwischen Zell besetzt und begann ein heftiges Artillerie= und Kleingewehrfeuer, welches bis 12 Uhr Mittags dauerte.

Die feindliche Umgehungs=Colonne brach inzwischen auf den östlichen Höhen bis oberhalb Fischbach vor, wo sie anfänglich zum Stehen gebracht, dann aber zum Rückzug gezwungen wurde. Die Bayern kämpften vortrefflich, die Preußen konnten troß vieler Ver= suche nicht vordringen in das Defilé, das die Bayern besetzt hat= ten. Diedorf blieb, nach 18stündigem Kampfe, in den Händen der Bayern und die Preußen, aus fast allen Stellungen geworfen, muß= ten zurück. Ebenso glücklich endete es in Roßdorf. General von Falckenstein hatte zwei bayerische im Wiesenthal bivouakirende Ba= taillone überfallen und die erste Brigade der Division Hartmann bis Roßdorf zurückgedrängt. Die Stellung der Bayern in total verweichtem Boden war ungünstig. Die Mannschaft mußte buch= stäblich im Moraste waten und ein heftiger Wind peitschte ihr den Regen in's Gesicht. Dagegen befanden sich die Preußen in vor= theilhafter Aufstellung und konnten mit ihren Geschossen aller Kaliber, besonders den Kartätschengranaten einer wohl placirten Batterie die Reihen der Bayern furchtbar lichten, die nur wenige Kanonen und Anfangs nur glatte, ihnen entgegenstellen konnten, die nicht so weit reichten. Deßhalb nach mehreren Stunden hefti= gen Kampfes fingen die müden Bayern an zu wanken. Der tapfere General Faust, sein Ordonnanzoffizier Aufsin, Stabshaupt= mann Göbel und noch ein Infanterie=Offizier fielen fast zu glei= cher Zeit, von Kugeln durchbohrt. Man hielt das Treffen schon für verloren, da traf die gezogene Batterie Königer ein und hin= derte die Preußen an weiterem Vordringen.

General v. Hartmann stellte sich nun mit blanker Waffe an die Spitze eines Infanterie=Bataillons und führte es im stärksten Feuer gegen den Feind, der sich in einer Schlucht festgesetzt hatte und den heftigsten Widerstand leistete: dennoch mußte er weichen. Das muthige Beispiel des Heerführers electrisirte sämmtliche Trup= pen, ein Bajonnetangriff trieb den Feind zurück, es begann ein allgemeines Vorrücken der Truppen. — Der Sieg wäre hier, wie in Diedorf, entschieden gewesen, da machte Nachmittags 3 Uhr eine entschiedene Ordre von höherer Stelle dem Treffen ein Ende. Gott weiß, warum. Ein offiziöser Apologet schreibt, man habe eine heranziehende Uebermacht gefürchtet und deßhalb beschlossen, sich mit dem 8. Armee=Corps in mehr südlicher Richtung zu vereinigen, ob= gleich die Truppen ihre Stellungen mit so großer Bravour be=

hauptet hatten. Man fürchtete Uebermacht und hatte doch kaum die Hälfte der bayerischen Truppen im Gefechte gehabt und so äußerst wenig Artillerie benützt! Und warum zog man sich gleich so weit auf Neustadt zurück, warum nicht wenigstens auf Brückenau zu, da Prinz Alexander mit der hessisch-nassauischen Division in der Nacht vom 5. zum 6. Juni 1½ Meilen von Fulda gelagert war, die andern Bundestruppen, wie die Würtemberger, auch nicht entfernt standen? Warum soweit als möglich auseinandergehen, statt zu gleicher Zeit den Feind in die Mitte zu nehmen und von seiner Operationsbasis abschneiden? Prinz Alexander, der die Vereinigung suchte, der selbst einen Würtemberger Ordonnanz-Offizier nach Kaltenordheim gesandt hatte, welcher das Gefecht dort mit ansah und zurückreiste, hätte sicher sich nicht geweigert, einem dahin zielenden Befehle Folge zu leisten.

Der Augenblick war nicht ungünstig. Das damals noch kleine Armee-Corps Falckenstein's war (wie preußische Blätter selbst bekennen) übel zugerichtet worden, er war beinahe geschlagen, halb im Rückzuge begriffen. Das beweist schon die Stellung, die er nach dem Kampfe nahm, nicht vorwärts, sondern rückwärts seiner früheren Stellung auf Oechsen zu. Das Corps Manteuffel, die Division Beyer wurden zum Schutze herbeigezogen. Die Verwunderung der Preußen wird nicht gering gewesen sein, als sie bei Tagesanbruch fanden, daß der Feind südwärts gezogen sei. Nun konnte die Division Beyer am 6. Juli in Fulda einziehen. Die Preußen hatten sich weniger zwischen das 7. und 8. Armee-Corps geschoben, als sich dieses selbst trennte, Prinz Karl zog sich nach Neustadt, Prinz Alexander nach Gießen zurück. So endete der Feldzug in Thüringen. Es war bayerischerseits ein planloses Hin- und Hergefackel, Divisionen kämpften, ohne daß eine von der andern etwas wußte, viele einzelne Heldenthaten geschahen, die aber bei der allgemeinen Planlosigkeit, bei dem Mangel an Ernst, in die Offensive überzugehen, fruchtlos waren. Der Soldat aber, dem mitten im Vorrücken Retraite geblasen wurde, der den Feind so geschont sah, schrie über Verrath und verlor alles Vertrauen zu seinen Heerführern. Die Verluste dieser Schlachten waren auf beiden Seiten groß. Die Preußen hatten in Salzungen nach ihrer eigenen Angabe 500 Verwundete liegen, in Dermbach 260, namentlich litt die Brigade Wrangel, die u. A. den Oberstlieutenant v. Gontard und Major Rüstow verlor. Auch Bayern hatte schmerzliche Verluste zu beklagen.

# Siebentes Capitel.

## Fürst Taris und die bayerische Reserve-Cavallerie.

Die Kämpfe in Thüringen hatten, wenn sie auch keine über-
große Fähigkeit der bayerischen Armeeleitung bewiesen, doch wenigstens die große Tapferkeit und Aufopferung der Truppen in ein
helles Licht gestellt und brachten deßhalb Bayern keine Schande.
Nun kam aber ein Ereigniß, welches ihm wirklich Schmach brachte:
als Ausreißer aller Reitergattungen, meist ohne Waffen, voll blasser
Furcht zwanzig, ja dreißig Stunden ohne anzuhalten durch ganz
Unterfranken zur Rettung ihres Lebens galoppirten, als ob das
wilde Heer hinter ihnen sei, (nach der Aussage eines Engländers,
der die Ausreißer in Kissingen sah,) der schmachvollste Anblick!
Durch ihre Erzählungen über Verrath, Aufreiben der ganzen Cavallerie, über das Nahen der Preußen, brachten sie Unruhe und Aufregung in die ganze Provinz und von mehreren Orten berichteten
deßhalb die Behörden, daß Preußen im Anzuge seien, während
diese noch nicht in Fulda sich befanden. Nun entstanden auch noch
andere Mythen von der Gefangennahme des Hauptquartiers u. s. w.,
die vollends demoralisirend wirkten. Fragt man nun, was einen
Theil der allerdings jungen, noch nie im Feuer gewesenen, aber
(wie sich später erwies) sonst nicht muthlosen Truppen in solche
Angst trieb, so ist die Antwort: die vollständige Kopflosigkeit, man
darf sagen der höhere Blödsinn ihres Commandanten. Besehen
wir uns dieses Prachtexemplar eines Feldherrn, der allerdings bald
darauf zur Disposition gestellt wurde, etwas näher.

Fürst Taris, obschon jetzt ein hinfälliger Greis von einigen
siebzig Jahren, ist noch der Repräsentant des rohen Adelstolzes,
der Gewaltherrschaft, der Verachtung alles Bürgerthums. In Würzburg, wo er im Jahre 1848 hauste und seine Chevaurlegers sich
die gröbsten Excesse gegen Bürger, Studenten und namentlich Litera-
ten erlauben durften (sie zerstörten Eigenthum, mißhandelten Civilisten und zwangen die Studenten zum Auszug nach Wertheim), hieß
man ihn nur den Windischgrätz, und wirklich fing bei ihm auch der
Mensch beim Baron an. Er hatte aber auch allen Grund, seinen
Ahnen zu danken; denn durch sie allein war er schon in der Wiege

Oberſt. Weil einer ſeiner Vorfahren einmal ein Reiter-Regiment gegründet, durfte immer einer der Nachkommen Regiments-Inhaber ſein und unſer Fürſt Taris hatte dieſes Glück und bezieht nun ſeit 70 Jahren (auch jetzt noch neben ſeiner Generalsgage) die Gage als Oberſtinhaber, was Summa Summarum in dieſen 70 Jahren ſchon viele hunderttauſend Gulden ausmacht. Was Fürſt Taris dafür geleiſtet, davon ſchweigt die Geſchichte. Er diente eben dem Vaterlande mit ſeinem H...., mit ſeinem Kopfe konnte er ihm nicht dienen. Trotzdem war er Referent über Militärangelegenheiten in der Reichsrathkammer, wo er redlich das Seinige dazu beitrug, alle nützlichen Neuerungen im Militärweſen fern und ächt öſter-reichiſch alles beim „Alten‟ zu laſſen. Nichts deſto weniger wurde doch ein heilloſes Geld in neuen Knöpfen und Litzen vergeudet oder in Bildung von Uhlanenregimentern, welche die übrige Armee wegen ihrer lächerlich-unpraktiſchen Spieße nur die Nachtwächter, die Bauern die Steckenreiter heißen. Seine erſten und einzigen Lorbeern pflückte der ordengeſchmückte Feldherr auf den Schlachtfeldern von Bronzell, wo ein Stiefel (leider nicht ſein eigener) und ein Schimmel blieb. Keiner unter hundert „Windiſchgrätzen‟ wäre auch ſo geeignet ge-weſen, wie Fürſt Taris, ein Volk, welches kein anderes Verbrechen gekannt hatte, als dem Rechte und ſeiner Verfaſſung treu zu blei-ben, durch Strafbayern „zahm zu machen‟. Nachdem er dieſes Ziel erreicht und das arme Kurheſſen ausgefreſſen, kehrte er mit neuen Ordenskreuzen in's von der Pfordten'ſche Vaterland und führte ſeinen otium cum dignitate weiter. Dieſer große General ward nun im jüngſten Kriege Befehlshaber der Reſerve-Cavallerie. Cavallerie iſt die in Bayern bevorzugte Waffengattung, der ſich nicht nur die meiſten Prinzen, ſondern auch faſt aller alt- und neugebackene Adel anſchloß, ſie drohte deßhalb den Preußen furcht-bar gefährlich zu werden, als Fürſt Taris entſchloſſen ſchien, mit ſeinen Küraſſieren und leichten Cavallerie (von denen einer der leichteſten Chevaurlegers, der zum Spaße von den Preußen in Kiſſingen gewogen wurde, 240 Pfd. wog) einen Guerillakrieg in den Gebirgen der Rhön zu führen. Denn anders konnte man ſich die Kreuz- und Querzüge, welche dieſe Reſerve-Cavallerie ohne jede Bedeckung von Infanterie unternahm, nicht erklären. Aber bald ſollte ein gut gezielter 4-Pfünderſchuß der Preußen dieſer Glorie ein Ende mit Schrecken bereiten; denn aus Eiſenach vom 5. Juli 3 Uhr früh meldete der preußiſche Staatsanzeiger: „die Diviſion v. Beyer hat heute bei Hünfeld ohne eigenen Verluſt bayeriſche Cavallerie und Artillerie durch einen gut treffenden Vierpfünderſchuß verjagt.‟ Die Sache verhielt ſich ſo: Am 3. Juli Morgens erſchie-

nen bie bayer. Cüraffier=Regimenter Nr. 1 und 2 und Artillerie
vom 3. Regiment in der Stadt Fulda. Das 3. Cüraffier=Regiment
lag in der Umgegend. Nachts gegen 12 Uhr wurden die Truppen
allarmirt und marschirten auf der nach Eisenach führenden Straße
aus, zugleich zogen Uhlanen ein, von der Rhön herkommend, die
ebenfalls schon in der Frühe wieder Fulda verließen. Von Infan=
terie war kein Mann zu sehen, auch wußten die Truppen selbst
nicht einmal, wo sie stehen sollte. Am 4. Juli, Morgens 6 Uhr,
rückte das 1. Cüraffier=Regiment (das als schwere Cavallerie den
Vortrab bildete, während doch leichte Cavallerie auch da war!)
über Hünfeld auf der Straße nach Rasdorf vor, wo seit mehreren
Tagen Preußen lagen, wie in Fulda längst Jedermann bekannt war.
Zum Ueberfluß wurden sie auch noch von den Bauern gewarnt,
die den Wald für unsicher erklärten. Trotzdem wurde weiteres
Vorrücken befohlen, bis man in's Feuer der preußischen Artillerie
gelangt war, ohne daß diese, die im Walde und versteckt aufgestellt
war, etwas zu befürchten hatte. Denn dicht vor Rasdorf wird die
Straße im Halbkreise von drei nicht unbedeutenden Höhen beherrscht
(die bedeutendste, der Stallberg, erhebt sich an 800 Fuß über die
nächsten Ortschaften), und das Terrain ist außerordentlich coupirt
und reich an Wäldern, die so dicht, wie Mauern. Die schwere
Cavallerie konnte auch gar nichts dort wirken, trotzdem mußten sie
in geschlossenen Colonnen (so daß 12 Schritte rechts und links
neben dem Wege die Saat niedergetreten war) gegen das Defilé
oder den langen Damm über das sogenannte Quermoor anrücken,
ja nach dem ersten Schusse der Preußen sollten die Cüraffiere sogar
zum Attakiren vorgehen.

Wäre es den Befehlen des überaus muthigen Generals von
Taxis, der sicher saß und sich sicher wußte, nachgegangen, so wäre
kein Mann davon gekommen. So aber zogen sich die Cüraffiere,
nachdem schon der erste Schuß der Preußen eines der paar bayeri=
schen Geschütze demontirt und verhältnißmäßig große Verheerungen
angerichtet hatte, eilig zurück. Zum Glücke fiel von Seite der
preußischen Infanterie gar kein Schuß, ein Bataillon derselben stand
nämlich so im Walde aufgestellt, daß es nicht feuern konnte, ohne
die eigenen Leute zu treffen, deßhalb war der materielle Verlust der
Bayern (etwa 28 Mann) nicht so groß. Um so größer aber war
die moralische Niederlage. Eine solche Panik entstand, daß die ge=
sammte Cavallerie von Quermoor bis Fulda ununterbrochen zu=
rücktritt, eine Strecke von fast 4 Stunden. Um 9 Uhr früh waren
sie schon wieder zurück, beschmutzt, zerfetzt, in einem schrecklichen Zu=
stande. Die Pferde waren ohnehin durch die Kreuz= und Querzüge

in der Rhön ganz abgehetzt, wozu noch das unaufhörliche Regen=
wetter kam. Alle äußerten sich in stärksten Ausdrücken über eine
solche erbärmliche Führung, wie später es auch die Preußen thaten.
Der bei Quermoor schwer verwundete Lieutenant des 1. Cürassier=
Regiments, von Grafenstein, äußerte wenige Stunden vor seinem
Tode noch seinen Schmerz, „daß es ihm nicht vergönnt gewesen
sei, für seinen König in einem rühmlichen Treffen zu sterben, son=
dern in Folge einer so jammervollen Affaire. Alles hatte jetzt den
Kopf verloren. Um 4 Uhr Abends schien eine Vorwärtsbewegung
vor sich gehen zu sollen, Artillerie und Cürassiere zogen durch das
(nach Norden führende) Paulusthor, nach fünf Minuten kam aber
bereits die Artillerie in einem solchen wahnsinnigen Galopp zurück,
daß man glaubte, die Geschütze müßten an den Alleebäumen zer=
schellen, die vom Thor bis zum Schloße führen. Um 5 Uhr Abends
begann nun der Ausmarsch aller in und um Fulda liegender Caval=
lerie wirklich, auch die 4 brillanten Equipagen des Fürsten Taris
(nebst Küchenwagen und Köchin im Cabriolet) setzten sich in Be=
wegung — um einer verstärkten Blamage, einer vergrößerten Auf=
lage von Quermoor entgegenzufahren. Bei der Rathlosigkeit des
Commandanten, seiner Unkenntniß von der Stellung des Feindes
und der eigenen Truppen, der Verachtung, welche die Mannschaft
gegen seine thörichten Befehle hatte, der Furcht, daß sie von ihm
wieder ohne alle Infanterie zur Schlachtbank geführt würden, konnte
es nicht anders sein. Als die Truppen in der Nacht vom 4. auf
den 5. Juli bei Gersfeld in der Rhön durch eine Schlucht mar=
schirten, ergriff sie eine Panik in verstärktem Maße. Entweder hiel=
ten sie ihre eigenen Uhlanen, auf die sie stießen, für Feinde, oder
verleiteten sie zufällig losgegangene oder von Wildschützen abge=
feuerte Schüsse zu dem Glauben, der Wald sei voller Preußen, kurz
sie ergriffen die Flucht, überritten und beschädigten sich selbst und
rasten in alle Weltgegenden. Ein vom bayerischen Hauptquartier
zurückkehrender Würtemberger Ordonnanzoffizier sah Uhlanen, Che=
vauxlegers und Cürassiere in ihren weißen Mänteln bei Monden=
schein an sich vorübersausen, wie Gestalten aus der Unterwelt.
Keine Ermuthigung, kein Zureden, keine Vernunftgründe, kein
Schimpfwort könnte sie aufhalten. Sie flohen wie Furien und
Gespenster, ohne anzuhalten ritten Viele bis Würzburg, Einzelne
selbst bis Uffenheim, ja in den Spessart. In Münnerstadt, Kissin=
gen, Bollach, kurz in ganz Unterfranken erfüllten sie die Bevöl=
kerung mit Schrecken. Ueberall sahen sie Spione, auch in dem
Tenoristen Niemann in Kissingen, dem sie übel mitgespielt hätten,
wenn der Ruf: „Die Preußen kommen“ sie nicht verjagt hätte.

Die meisten ihrer Pferde hatten sie ruinirt, aber sie wurden trotz=
dem vor kein Kriegsgericht gestellt: die Thorheit ihres Comman=
danten, die Mitschuld mancher Offiziere, ja eines Prinzen in Bayern
war ihr Glück. Uebrigens waren nicht alle sechs Regimenter der=
art ausgerissen, sondern nur ein Theil, das Gros hatte sich schon
am andern Morgen wieder gesammelt, so daß man schon um 6 Uhr
den Paß bei Döllbach besetzen und Mittags 11 Uhr eine geordnete
Colonne der Cürassierregimenter mit der zugetheilten Batterie den
Marsch nach Hammelburg antreten konnte, wo sich dann auch die
Ausreißer wieder sammelten. Dort hielt sich Fürst Taris für so
sicher, daß er es nicht glauben wollte, als man ihm bei einem sei=
ner copiosen Gelage die Nachricht brachte, daß Preußen in Neu=
wirthshaus gesehen worden seien und auf Hammelburg anrückten.
Er ließ noch Vorräthe von Hafer in der Stadt aufspeichern, jeden=
falls für die Preußen, die wenige Stunden darauf wirklich da
waren. Die dort befindliche zahlreiche Cavallerie wurde so auf=
gestellt, daß sie beschossen werden mußte, ohne das Geringste wir=
ken zu können, ja so, daß sie die bayerische Infanterie nur hinderte
und sogar überritt. Fürst Taris hielt es auch für's Beste, sich
mit seiner Reserve=Cavallerie nach Würzburg zu begeben, hielt sich
aber auf dem rechten Mainufer noch nicht sicher genug, sondern
verfügte sich schon andern Tages auf's linke und fing zu seiner
Sicherheit einen Krieg gegen alle Brücken und Fähren an, die er
zerstören und versenken ließ, wo er nur immer konnte. Da aber
mittlerweile die Preußen durch den Spessart nach Frankfurt und
nicht, wie das Hauptquartier erwartet hatte, nach dem verschanzten
Kißingen gezogen waren, konnte man auf den allerdings etwas
mageren Lorbeern so lange ausruhen, bis die Versetzung in Dis=
poniblität eintraf.

Diese Scharte hat später die Reserve=Cavallerie wieder etwas
ausgewetzt, als sie unter besserer Führung und auf besserem Terrain,
auf der Hettstadter Höhe, sich mit großer Bravour gegen preußi=
sche Dragoner und Husaren schlug, die freilich in Minderzahl wa=
ren, und sie in die Flucht trieb, aber dennoch hat sich die Ansicht
bei der ganzen Bevölkerung Bayerns durch den letzten Feldzug fest=
gestellt, daß eine Reform bei der Cavallerie eintreten muß. Vor
der Formation vom Dezember 1863 hatte Bayern 6 Chevaurlegers=
und 2 Cürassier=Regimenter; jetzt zählt es 3 Cürassier=Regimenter,
3 Uhlanen= und 6 Chevaurlegers=Regimenter. Warum vermehrte
man gerade die kostspieligste, schwerfälligste Reitergattung, da doch
die Aufgaben der Cavallerie in der Jetztzeit nur durch Leichtig=
keit, Beweglichkeit und militärischen Scharfblick gelöst werden kön=

nen, stählerne Helme und Cüraße nichts dabei zu schaffen haben?
Diese Rücksicht auf Panzerreiter in blinkenden Helmen und wallenden
weißen Mänteln entspricht der Vorliebe für's Mittelalter am
Hofe und unter dem Adel. Halte man sich immerhin Hatschiere
zum Spiel, aber nicht drei Regimenter Panzerreiter, die im Krieg
wenig leisten können und enorm viel kosten. Auch Lanzen sind
nur in den Händen des vollendeten Reiters eine Waffe, für den
minder Gewandten eine lästige Bürde. Weil Oesterreich sie hatte,
wollte man sie auch. Bilde man nur Chevaurlegers, aber wirklich leichte Reiterei aus. Man braucht auch nicht so viel Cavallerie, als wie bisher, die Hälfte würde für ein Armee=Corps von
50,000 Mann vollkommen genügen. Eine zahlreiche Cavallerie
ist für ein Heer in der Regel ein unnützer Luxusartikel, welcher
oft zum Hemmniß wird, wie sich auch in diesem Kriege bewiesen
hat.

## Achtes Capitel.

### Die Kämpfe an der Saale bei Kissingen und Hammelburg.

Das bayerische Hauptquartier hatte sich weit hinter der Rhön
gemüthlich auf Mellrichstadt und Neustadt zurückgezogen und sich
den gewohnten Diner's und Souper's mit ungeschwächter Kraft
gewidmet. Bei solcher Beschäftigung hatte es natürlich keine Zeit,
für die Besetzung der Engpässe der westlichen Rhön bei Brückenau
zu sorgen, die dem Feinde offen lagen. General von Falckenstein
hatte inzwischen einen Flankenmarsch auf Fulda ausgeführt und
sich dadurch mit der Division Beyer vereinigt. Von dort aus marschirte er zwei Tage später, nicht wie das bayerische Hauptquartier
vielleicht vermuthete, nach Gelnhausen, sondern im Gegentheil auf's
bayerische Hauptquartier selbst los. Am 8. Juli Abends sprengten
einige Cürassiere auf der Rhönstraße nach Neustadt hinein und
meldeten dort, daß sich Preußen im Sinnthale gezeigt hätten. Man
schenkte ihnen kaum Glauben und that nichts, um einmal am rechten Orte Widerstand zu leisten. Fürst Taxis in Hammelburg, dem
dieselbe Meldung Sonntags den 8., Abends, wurde, wollte erst den
Boten ob „seiner Lügen" in's Gefängniß werfen lassen. Doch
wurden einige Bataillone Infanterie von Kissingen und Neustadt

herbeigezogen und am 9. auf der Straße nach Brückenau vorgeschoben. Von dort her vernahm man am 10., Mittags, als eben
bayerische Infanterie zur Menage gegangen, das Feuern. Kurze
Zeit darnach hatte sich schon die preußische Artillerie auf dem Gal-
genberge und Seeberge im Angesichte der Stadt festgesetzt und es
begann das Kanonenfeuer, während unabsehbare Reihen preußischer
Infanterie mit lautem Hurrah von den Höhen herab gegen Hammelburg rückten. Fürst Taxis hielt es für geboten, mit seiner Reiterei und mit seinem tapfern Brigadier, General Ritter v. Jenisch,
sich zu entfernen, um in Arnstein und Würzburg seine Diner's fortzusetzen und ließ die verlassene Infanterie (etwas über 3000 Mann
von der Division Zoller mit einer Batterie) gegen die ganze Avantgarde der vereinigten Armeecorps kämpfen. Die Preußen wunder-
ten sich selbst, daß ihre Gegner einen so ungleichen Kampf aufgenommen und so zäh fortgesetzt hatten. Die Bayern waren ohne
Oberbefehl sich selbst überlassen, sie begannen ein heftiges Kleingewehrfeuer, auch die Artillerie war nun gegenseitig in ungleichem
Kampfe engagirt. Gegen 1 Uhr zündeten die von den Preußen
in die Stadt geworfenen Granaten an drei verschiedenen Orten;
die bayerische Infanterie, welche anfangs in der Stadt aufgestellt
war, zog sich zurück. Nach 3 Uhr ließ das Feuern nach, die Bayern,
der Uebermacht weichend, zogen sich außerhalb der Stadt zurück,
welche sogleich von den Preußen unter General Beyer besetzt wurde,
die dann zum Löschen des Brandes commandirt wurden. Die Preußen hatten nach eigenen Angaben 10,000, nach andern 20,000
Mann im Gefecht, gleichwohl hielten ihnen die höchstens 4000
Bayern, vor Allem das 1. Jäger-Bataillon (die Cavallerie war nicht
betheiligt und verlor nur 1 Mann auf dem Rückzuge) 4 Stunden
tapfer Stand, verloren auch in Folge günstigerer Stellung bedeutend weniger Mannschaft, als die Preußen; unter 100 Verwundeten im Lazarethe waren 65 Preußen. Die Schwerverwundeten mußte
man des Brandes wegen vom Saalhaus in den Zwinger schaffen.
Etwa 21 Häuser sind niedergebrannt, etwa 11 Häuser, viele Weinberge und Fruchtfelder beschädigt worden. Wie in Kissingen, er-
laubten sich die Truppen in der Stadt, die sie als eine eroberte
betrachteten, mancherlei Excesse. Von der bayerischen Artillerie fiel
der wackere Oberlieutenant Tauschek vom 2. Regiment, von den
Preußen wurde auch ein General verwundet.

An demselben Tage, an dem in Hammelburg gestritten wurde,
tobte auch der Kampf um Kissingen. Die Einwohner dort waren
schon seit mehreren Tagen durch beunruhigende Nachrichten vom
Anmarsche der Preußen und ihren Requisitionen in Furcht versetzt.

Diese Furcht schienen aber viele Generalstabsoffiziere durchaus nicht zu theilen, die noch am 8., Abends, im Kurgarten promenirten, als ob der tiefste Friede herrsche. Man schob Truppen hin und her und dirigirte namentlich viele der noch am 8. in Kissingen und Umgegend einquartierten Soldaten am 9., Morgens, nach Hammelburg und Umgegend, als ob man keine Truppen sonstwo stehen hätte, und obgleich zu dieser Zeit von geflüchteten Einwohnern von Albertshausen schon die Nachricht vom Anmarsche der Preußen gebracht wurde. Man wollte es nicht glauben, hoffte auch, daß nach der Uebereinkunft zwischen Oesterreich und Preußen alle Badeorte als neutrale Plätze gelten würden. Als das Herannahen der Preußen am 9. Juli nicht mehr bezweifelt werden konnte, traf man in Eile die nöthigsten Vorbereitungen. Der hölzerne Steg über die Saale am Schweizerhause, der eiserne hinter den Arkaden, sowie der oberhalb der Lindesmühle wurden abgebrochen, von den letzteren jedoch die Stützbalken gelassen, auf denen später die Preußen den ersten Uebergang über die Saale bewerkstelligten; denn sie kannten die Lokalitäten genau, weil manche ihrer Stabsoffiziere zu diesem Zwecke erst kürzlich als „Kurgäste" in Kissingen geweilt. Die steinerne Brücke wurde so gut als möglich in Eile verbarrikadirt und diesseits der Saale mit zwei 12=Pfündern besetzt. Im Ganzen standen in Kissingen und Umgegend nur vier bayerische Bataillone, das 1. Bat. vom 11., das 1. Bat. vom 12., das 1. Bat. vom 15. Regimente und das 7. Jäger=Bataillon nebst etwa 12 Geschützen unter General Ribaupierre. Gegen diese geringe Truppenanzahl stand die Hauptmacht des Corps Manteuffel und v. Göben und die Detmolder im Kampf; denn die Gefechte in Aschach und Hausen waren nur Scheinkämpfe der Preußen, den Feind zu täuschen und in Hammelburg stritt die Division Beyer. Demnach hatten die Preußen das 11., 13., 15., 19., 25., 36., 53., 55. und 59. Infanterie=Regiment, die Lippe=Detmolder, das 8. Husaren= und 4. Cürassier=Regiment zur Verfügung, die zum großen Theil in's Gefecht kamen. Die Bayern hatten freilich sich eine sehr gute Position geschaffen, sie hatten die der Brücke zunächst gelegenen Häuser besetzt, sowie die Saalufer diesseits der Brücke und die hölzernen Verkaufsbuden rechts des Brückendamms, ferner das Hôtel Sanner und noch einige Häuser an der Kurhausstraße. Die Geschütze nahmen Position auf dem sog. Schrohfelde und am Stationsberge, leider aber nicht am finstern Berg, der Bodenlaube gegenüber, von dem man die dort placirten Kanonen am Vorabende der Schlacht wieder abgefahren hatte. Eine Batterie dort hätte den Preußen nicht gestattet, sich hinter dem Altenberge zu halten, noch weniger, an dieser Stelle den

Uebergang über die Saale zu bewerkstelligen. Auch hinter dem Dorfe
Hausen ward Artillerie auf eine Anhöhe gepflanzt, die Grabirhäuser
und sonstige günstige Vertheidigungspunkte mit Infanterie besetzt,
auch oberhalb Kissingen alle Stege und Brücken abgetragen oder
verbarrikabirt. Den Oberbefehl über die Brigade führte General-
lieutenant Frhr. v. Zoller. Schon früh am 10. Juli zeigten sich
feindliche Husaren und bald begann es in dem Walde am Staffels,
bei der Schützenhalle, gegen den Seehof, auf den Wegen gegen
Klaushof sich zu regen. Beinahe gleichzeitig brachen auf der Straße
von Seehof gegen Garitz Massen-Colonnen vor und wurde auf
einer Anhöhe zwischen Garitz und der Schützenhalle eine Batterie
aufgeführt.

Inbessen hatte eine 6pfündige bayerische Batterie unter den
Oberlieutenants Frhr. v. Zu-Rhein und Gößner Winkels gegenüber Posto gefaßt, von welcher der erste Schuß 5 preußische Pferde
und 11 Mann tödtete und die bis gegen $1/_2 2$ Uhr ununterbrochen
fortkanonirte, Munitionswägen in die Luft sprengte und 2 feindliche Kanonen demontirte, so daß sich die preußische Batterie etwas
zurückziehen mußte. Ebenso tapfer hielt sich Oberlieutenant Halber
mit seiner Mannschaft, die mit zwei 12-Pfündern von halb 9 bis
halb 1 Uhr die steinerne Saalbrücke vertheidigten und erst in Folge
des Vordringens von der Lindesmühle retiriren mußten. Aber
noch im Rückzuge ließ Oberlieutenant Halber auf die in Masse
nachstürmenden Feinde zweimal abfeuern und brachte ihnen bedeutende Verluste bei. Die preußischen Colonnen hatten sich indeß in
der Vertiefung der Straße gegen die Saalbrücke vorgeschoben, während andere Bataillone (namentlich das Lippe-Detmold'sche, das
ganze 19. (Polen) und 55. Regiment (Westphalen) hinter dem
Altenberge hinzogen, einen Uebergang über die Saale suchend.
Zwischen der Villa Batz und Belvedere überschritten sie die Straße,
überdeckten mit Tischen und Bänken von ersterer Wirthschaft die
Tragballen des Stegs und gingen hier (halb 12 Uhr) zuerst über
die Saale, wenn auch mit großem Opfer, da Büchsenkugeln und
einige Kartätschen vom Stationsberge aus unter ihnen aufräumten.
Wäre der finstere Berg mit einigen Kanonen besetzt gewesen, nimmer wäre der Uebergang geglückt. Die bayerische Artillerie führt
im Felde 136 Geschütze. Davon kamen in Kissingen 12, in Hammelburg 5 zur Verwendung. Wo waren die andern 119 Kanonen,
als man ihrer bedurfte? In Kornäckern, auf der Trimburg und in
Feuerthal, bei Poppenhausen oder sonstwo. Die tapfern Artillerie-
offiziere, die stundenlang feuern hörten und nicht avanciren durften,
verzweifelten fast. Mit dem Uebergang der Preußen über die Saale

war das Gefecht entschieden. Die Preußen besetzten den finstern
Berg und die Botenlaube und ihre Massen zogen unter lautem
Schreien auf der Straße und dem Promenadenweg dem Hotel Sanner und überhaupt der Stadt zu. Sie wurden warm empfangen
namentlich von Jägern des 7. Bataillons, aber aller Heldenmuth
konnte nichts mehr nützen. Ein Korporal im Zimmer Nr. 11 des
Hotel Sanner schoß allein 14 Preußen nieder und nahm den an-
gebotenen Pardon nicht an. Hier fiel auch der Lippe-Detmold'sche
Major Rhodewaldt. Jeder Schritt mußte erkämpft werden, besonders am Kurgarten entspann sich noch ein hartnäckiges Gefecht
und dann am Friedhofe, der von 300 Jägern des 7. Jägerbataillons besetzt war. Dreimal stürmten die Preußen ohne Erfolg
und erst nach 2stündigem Kampfe konnten die Preußen durch das
mittlere Thor eindringen. Die Bayern nahmen keinen Pardon,
ihr Commandant, ein junger Lieutenant, und viele Tapfere zogen
den Tod vor. Um 4 Uhr besetzten die Bayern, verstärkt durch 2
Bataillone, die Höhen des Stationsberges und der Winterleithe,
rechts der nach Münnerstadt führenden Straße, die bayerische Artillerie faßte Posto am mittleren Sinnberge und begrüßte die auf der
Straße gegen Winkels mit immer frischen Truppen vordringenden
Preußen. Der kurze Weg bis Winkels (20 Minuten) wurde 2
Stunden bis 6 Uhr gegen die vierfache Uebermacht vertheidigt.
Hier fiel auch der Major des 7. Jägerbataillons Graf Isenburg.
Gegen 7 Uhr waren die Bayern oberhalb des Ortes Winkels vereinigt, in dessen Nähe auch der General Oskar von Zoller, dem
schon 2 Pferde unter dem Leibe erschossen waren, der trotzdem in
sehr kenntlicher Generalsuniform mit Federhut sich blossstellte, durch
einen Granatsplitter getödtet wurde. Sein Adjutant, Hauptmann
von Schlagintweit, war an der Saline gefallen. Am sog. Mußgraben
mußten auch noch viele Preußen, meist in Kopf und Brust geschossen, das Leben lassen. So erreichte die kleine Schaar der Bayern
Nüdlingen, bis an den sog. Walzenberg von den Preußen verfolgt.
Es war bereits halb 8 Uhr Abends. Nun trat ein Wendepunkt
des Kampfes ein. Truppen der 1. Division (2 Bataillone vom
Leibregimente) kamen herbei, warfen sich mit lautem Juchzen den
anrückenden Preußen entgegen und trieben sie mit dem Bajonette
von den Höhen. Eine Abtheilung Artillerie auf dem Huhn- und
Walzenberge und das Feuer einer Abtheilung bereits im Gefechte
gestandener Bayern, die den Stationsberg hart an Nüdlingen er-
stiegen, wirkten mit und das Gefecht war hartnäckiger, als zuvor.
Die Bayern verfolgten sie bis dicht vor Winkels, wo die einbre-
chende Nacht der weiteren Verfolgung Einhalt gebot. Halb 10

Uhr erfolgte der letzte Kanonenschuß. Man sah aus diesem Gefechte, daß, wenn die wenigen Truppen (etwa 4000 Mann mit 10
Geschützen) mehr Succurs erhalten hätten, kein Preuße nach Kif-
fingen gekommen wäre. Sie hatten dem Andringen eines wenigstens
5mal stärkeren Feindes trotz dessen schnelleren Gewehrfeuers 11
Stunden lang Widerstand geleistet, ehe er ein Terrain von 1⅛
Stunde gewinnen konnte. Warum unterstützte man diese Braven
nicht und vergoß nutzlos so kostbares Blut, wenn kein Ernst gemacht werden sollte. War doch die Landstraße von Münnerstadt
bis zur schwarzen Pfütze (3 Stunden Wegs) mit Truppen aller
Gattungen überfüllt, standen doch um letztern Punkt gegen 60 Kanonen schon seit des Morgens früh. Eine Batterie davon mit Unterstützung einiger Bataillone Infanterie hätten vom finstern Berg
aus, der in einer halben Stunde zu erreichen war, den Uebergang der Preußen über die Saale unmöglich gemacht. Hätten vollends die vor Ungebuld brennenden Truppen der auf Poppenhausen vorgeschobenen ganzen 4. Division, die 10 Stunden lang den
Geschützdonner in nächster Nähe, etwa eine Stunde davon, hören
mußten, vorrücken dürfen (es waren gegen 10,000 Mann), dann
wäre die Niederlage der Preußen besiegelt gewesen, und Keiner
wäre an den Main, nach Frankfurt gekommen. Ungenaue oder
verspätet angekommene Befehle des Hauptquartiers sollen an der
Unthätigkeit dieser Truppenmasse Schuld sein. Es ist aber ein alter
Grundsatz, daß ein General dem Kanonendonner zu marschiren
soll und ein so einflußreicher Divisionsgeneral, wie von Hartmann,
hätte es auch ohne Befehl, wie bei Magenta Mac Mahon, wagen
dürfen, vielleicht auch gewagt, wenn er überzeugt gewesen wäre,
daß man Ernst machen wollte. Die Preußen äußerten, es schiene
als ob man sie gutwillig nach Kissingen hätte kommen lassen wollen und der sonderbare, durch die Hammelburger Niederlage motivirte Rückzug der noch ungeschlagenen, an den Hauptstraßen auf
Schweinfurt und Kissingen im Bivouak vereinigten Armee nach
Schweinfurt und dann über den Main bestärkte sie in diesem Glauben. Deßhalb theilten sie auch ihre Armee und zogen ruhig durch
den Sinn- und Werregrund, ließen sogar ihren ganzen in Hannover
erbeuteten Train, nur von wenig Soldaten begleitet, erst Tags
darauf nachkommen. In Feuerthal hätten ihn 50 Chevaurlegers
wegnehmen können. Daß man sich in Schweinfurt schlagfertig auf-
stellte, dann Kitzingen verbarrikadirte, schien Spiegelfechterei, der
Nation glauben zu machen, man sei im Ungewissen über den Zug
der Preußen, während doch ein bayerischer Parlamentär in Hunds-
bach sie aufgesucht und jedes Kind ihre Marschrichtung wußte. Es

scheint aber, man wollte zur Rettung des 8. Armeecorps nichts
thun, da auch dieses nichts gethan hatte zur Unterstützung der
bayerischen Armee, während es doch schon am 9. Juli bei Orb
und Lohr stand und den Preußen in Rücken oder Flanke hätte
fallen können.

Das Gefecht bei Kissingen kostete schwere Opfer, besonders
den Preußen. In den Lazarethen zu Kissingen und Winkels lagen
179 Bayern und 975 Preußen, deren sich Bürger und Kurgäste
annahmen. Die Anzahl der Todten kennt man nicht, jedenfalls
waren es mehrere Tausende. Die Bürger litten viel durch Plün-
dern, Zerstören und sonstige Excesse der Polen und Lippe-Detmol-
der. Die Westphalen benahmen sich ehrenhaft. Die Presse sprach
sich einstimmig empört über die bayerische Oberleitung aus. Daß
das Blut hier nutzlos fließen mußte, konnte man zum Voraus
wissen, wozu denn der Kampf in einer Position, die einen Kurort
in die größte Gefahr brachte! Hatte man im Hauptquartiere aber
nicht gewußt, da man eine Brigade den zwei Armeecorps Göben
und Manteuffel gegenüberstellte, dann um so trauriger, dann sollte
ein solches Hauptquartier das Kriegführen bleiben lassen! Doch
lassen wir jetzt das bayerische Hauptquartier auf dem linken Mainufer und beschäftigen wir uns mit der noch traurigeren Geschichte
der 8. Bundes- oder bunten Armee.

---

# Neuntes Capitel.

### Der deutsche Bund und die ersten Kämpfe des 8. Bundes-Armeecorps.

Süddeutschland hatte im ehrlichen und enthusiastischen Glauben, sein Schmerzenskind Schleswig-Holstein zu befreien und Deutschland von der Bismarck-preußischen Gefahr zu erlösen, den Kampf
gegen Preußen aufgenommen. Kein Opfer an Gut und Blut war
ihm zu groß gewesen, die bundestreuen Regierungen konnten alles
erlangen. Aber dem bevorstehenden Kampfe klebte von vornherein
der heillose Widerspruch an, daß die rostige, wurmstichige, faule Ma-

ſchinerle des alten Bundestags (wie ſchon 1864) den Krieg aus-
fechten ſollte, für den alle Leidenſchaften des Volkes aufgerüttelt,
alle Kraft hätte aufgeboten werden müſſen. Die ganze Wucht alter
politiſcher Uebelſtände und hülfloſer Militärinſtitutionen, aus denen
ſich Preußen losgeſchält, erdrückte die bundestreuen Staaten. Nicht
das Volk führte den Krieg, ſondern die reaktionären Miniſter von
der Pfordten, Dalwigk, Varnbühler, die zufällig in der ſchleswig-
holſteiniſchen Frage mit den Strebungen der Maſſen harmonirten,
behielten vollſtändig die Leitung der Dinge in den Händen. Solche
Leute konnten und wollten keine Volkskraft brauchen, das ganze
reaktionäre Syſtem blieb beſtehen. Alles, was die liberalen Parteien in Bayern, Würtemberg und Heſſen-Darmſtadt in den kri-
tiſchen Tagen, die dem deutſchen Kriege unmittelbar vorangingen,
als Aequivalent für Bewilligung bedeutender Geldmittel erreichten, waren wohlfeile Verheißungen und Wechſel auf die Zukunft;
jeder ſofortigen wirkſamen Conceſſion wurde aus dem Wege gegangen. In Bayern war der junge König liberaler und ſcharfſich-
tiger als der Miniſter, aber von der Pfordten legte den freiſinni-
geren Neigungen des jungen Fürſten im Verein mit einer ihm
willigen Kammermajorität einen Hemmſchuh an, in Würtemberg
verfügte Varnbühler unumſchränkt, Herr von Dalwigk fand ſich ab
mit dem Verſprechen eines Parlaments und ſelbſt das badiſche Mi-
niſterium nahm in dieſer Geſellſchaft eine reactionärere Färbung an,
ſtatt einer radicaleren, wie man hätte erwarten ſollen. Die drin-
gendſten Forderungen der ſüddeutſchen Liberalen: die ſchleunige
Berufung eines Parlaments und allgemeine Volksbewaffnung blieben unerfüllte Wünſche. Die Folge war, daß der Zerfahrenheit der
Regierungen kein Halt durch's Volk geſchaffen wurde, daß der
größere Theil der Volkskraft unbenützt blieb, ſo daß Süddeutſchland
höchſtens 6 Jahrgänge ſeiner männlichen Bevölkerung im Kampfe
hatte, während Preußen durch ſeine Landwehr über ſeine ganze
Kraft (faſt 20 Jahrgänge) verfügte. Da konnte das Reſultat nicht
zweifelhaft ſein.

Der alte Bundestag arbeitete auch unter dem Donner des
Bürgerkrieges nach ſeiner bisherigen Schablone. Er hielt mehr
Sitzungen, als ſonſt, er protokollirte den Austritt der Geſandten
abtrünniger Regierungen, er ließ die ſchwarz-roth-goldene Fahne auf
ſein Palais in der Eſchenheimergaſſe aufſtecken, er gab ſchließlich
Ferſengeld nach Augsburg, als das Gewitter näher zog; das waren die einzigen nennenswerthen Spuren ſeiner Thätigkeit.

Was aber am meiſten und am erſten in die Augen ſpringen
mußte, war das Ungeſchick, die Trägheit, die Verwirrung in mili-

tärifchen Dingen. Der ganze Feldzug der Prinzen Karl und Alexander war nichts als der Bundestag, in's Militärifche überfetzt. Daffelbe Zaudern, Protestiren, Retiriren, diefelben Ferien in den Hauptquartieren! Ueberall ähnliche militärifche Zustände, wie die, welche die Katastrophe in Hannover herbeigeführt hatten! Die Armeen waren blos das Spielzeug hochfahrender Souveräne und die Polizeitruppe reactionärer Regierungen gewefen und man verstand sie nun nicht zu gebrauchen, wo sich's um ernsten Angriff und Vertheidigung handelte. Die an sich trefflichen Bestandtheile des Bundesheeres bildeten in ihrer Zufammenfetzung eine nahezu hülflofe Mafchine, befonders das 8. Armee-Corps konnte vom technifchen Standpunkte aus nicht als ein zur Kriegführung in jetziger Zeit qualifizirtes Instrument bezeichnet werden. Selbstständigkeit, Geist und Génie im Militär hatte man nicht aufkommen laffen, jetzt zeigten die Gamafchenknöpfe, daß Kopf und Herz ihnen fehlte. Während die Zeitungen von den wunderbaren Kreuz- und Quermärfchen aller Bundestruppen erzählten, hatte das mächtige Bayern keine 10,000 Mann disponibel, um durch das Werra-Thal hindurch den bedrängten Hannoveranern die Hand zu reichen und die paar taufend Preußen, die damals dazwifchen standen, zu vertreiben; nein, der halbinvalide Prinz, der an der Spitze der bayerifchen Armee stand, brauchte fo lange Zeit, sich zu diefer Hülfeleistung zu entfchließen, bis sie durch die Capitulation der Hannoveraner gegenstandslos wurde. In der Festung Mainz herrfchte eine fo koloffale Verwirrung, daß ganze Regimenter dort einmarfchirten und auf eigene Faust Quartier nahmen; ohne daß der Festungs-Commandant Kunde davon hatte. Oft mußten tagelang neuernannte Aerzte, Offiziere oder Feldfpitäler ihre Regimenter fuchen, Niemand konnte ihnen deren Standquartier fagen. Truppenkörper fchlugen sich, ohne zu wiffen, daß einige Stunden davon andere Corps auch im Gefechte waren, ohne mit ihnen zu cooperiren. In Würzburg mußte ein preußifcher Parlamentär erst die Nachricht bringen, daß das bayerifche Hauptquartier einrücke, der Commandantfchaft war es etwas Neues. Nur bei den Preußen hätte man erfahren können, wo bayerifche Regimenter standen. Noch bis zuletzt währte diefe Kopflosigkeit; ein Uhlanenkorporal erhielt z. B. mehrere Tage nachdem Nürnberg fchon von den Preußen befetzt war, die Ordre, über diefe Stadt sich zu feinem Regimente zu begeben. Er wurde natürlich gefangen. Todtenfcheine wurden ausgestellt über Lebende, wie z. B. über einen Math. Hüner vom 15. Inf.-Reg., der sich noch am Leben befindet. In der Verpflegung herrfchte diefelbe Confusion. Oft herrfchte Mangel, während das Fleisch verscharrt werden mußte, weil es verdarb, bis es an die betreffenden Compagnien kam. Dem 8. Armee-Corps, das ganz verhungert von der Tauber an den Main kam, wurden sogar 88 Ochsen mit den Treibern gestohlen, wie in den Amts-blättern zu lesen. Der Prinz von Hessen hatte sich vergeblich be-müht, eine einheitliche Verpflegung seines Corps mit Hülfe eines Civilkommissärs in Frankfurt zu organisiren, der Wille des Gene-rals scheiterte an den partikularistischen und bureaukratischen Tra-ditionen der einzelnen Contingente und ihrer heterogenen General-stäbe und Intendanturen. Angeblich wollte sich jede Division sel-ber nach eigenem Modus verpflegen und alle litten den bittersten Hunger während der aufreibenden Märsche im Vogelsgebirg und links des Mains. Ein fester taktischer Zusammenhang zwischen den 3 Divisionen des 8. Armee-Corps bestand durchaus nicht. Das Corps hatte 24 Jahre lang keine vereinigte Uebung mehr gemacht und war in Commando, in der Uniform, Ausrüstung und Organisation ganz verschieden. Die kurhessischen Husaren waren in der Unifor-mirung (selbst der Schabrake) den Preußen so ähnlich, daß die Oester-reicher bei Aschaffenburg auf sie schossen. Es bestand keine Kaliber-Einheit der Handwaffen, die vier Feldbatterien der 3. Division waren nach vier verschiedenen Systemen ausgerüstet. Der Corps-verband war ein rein theoretischer, demnach konnten auch bei kei-nem Gefechte die Divisionen des 8. Armee-Corps unter sich oder das 8. Corps mit dem 7. als Glieder einer und derselben Armee zu regelrechtem Zusammenwirken gelangen. Es gab nichts als isolirte, wenn auch ehrenvolle Kämpfe, nirgends konnte die über-legene Gesammtkraft der Heere sich wirklich geltend machen. Daß man auf Grund des bestehenden Bundeskriegswesens keinen energi-schen Krieg führen könne, hatte übrigens nicht nur Preußen, son-dern fast Jedermann schon vorher gewußt, die bundestreuen Staa-ten hatten vor 7 Jahren (Dez: 1859) es offiziell am Bunde er-klärt. Aber über Art und Umfang der Reform bekämpften sich die Ansichten zwei Jahre lang erfolglos, bis das „schätzbare Ma-terial" in der Aktenstube vergraben und keine einzige der so drin-gend erklärten Maßregeln wirklich in Angriff genommen wurde.

Daß die enormen Diäten der Militärberathungskommissionen am Bunde bezahlt wurden, blieb am Ende die Hauptsache. Die Minister aller Staaten konnten inzwischen nicht genug für Wehr-haftmachung verlangen und die Bundesinspektoren fänden auf dem Papier alles in schönster Ordnung. Als aber wirklich der Krieg begann, welcher Jammer! Es fehlte an Allem und welche Zeit verging, bis das 8. Armee-Corps sich nach und nach gerüstet und gesammelt! Dann war man sich selbst über die nächsten Ziele nicht klar und folgte mehr dem Drange ungünstiger Verhältnisse und der Gewalt des Zufalls, als einem festen Plane. Man vereinigte sich nicht zu einer Zeit, als man noch durch keinerlei feindliches Vordringen bedroht war. Man versprach in die Aktion zu treten und verlegte das Hauptquartier nach Friedberg. Man begann den unglücklichen zehntägigen Marsch (30. Juni bis 10. Juli) in den unfruchtbarsten Theil Oberhessens, um, nachdem man ganz nahe bei den Bayern stand und die feindliche Armee in der Mitte hatte, die Bayern allein zu lassen und zurückzugeben. Der Prinz Ludwig von Baden erklärte, nicht mehr mitthun zu wollen und das soll lähmend gewirkt haben. Der Herzog von Nassau rief auch seine Truppen ab, da er mit ihnen vor Allem sein Land decken wollte, die Hessen wollten vielleicht das ihrige decken u. s. w. Die Würtemberger trieben sich dann um Gelnhausen herum, wo man durchaus den Feind haben wollte, während er durch den Spessart ging. Er wagte sich verwegen zwischen zwei Heere einzuschieben, deren jedes einzelne an Zahl ihm mindestens gleich war. Die Bayern ließen den Feind ruhig durch die Defiléen des Werragrundes ziehen, hatten keine Lust oder Zeit, mit der ihnen noch dienstbaren Eisenbahn nur einige Schützen oder Kanonen nach Gemünden, Karlstadt, Lohr zu werfen, welche Punkte von der Natur wie zur Vertheidigung geschaffen sind. Trotz des Anerbietens von Forstleuten wurden keine Verhaue im Spessart angelegt, die unzugänglichen Höhen dort nicht besetzt, der Feind nicht von beiden Seiten umfaßt. Durch die blutigen und höchst kläglich disponirten Gefechte der Hessen bei Laufach und der Oesterreicher bei Aschaffenburg erkaufte man nicht das Festhalten der unteren Mainlinie mit allen daran geknüpften politischen und militärischen Lebensbedingungen, sondern nur die Freiheit, sich aus dem armen Vogelsgebirge in den armen Odenwald zurückwerfen zu dürfen mit Preisgebung von Oberhessen, Nassau, Darmstadt und Frankfurt, welches man zu schützen versprochen hatte. Dieser Rückzug verursachte durch Hitze, Ueberanstrengung, Eilmärschen von 12 Stunden und schlechte Verpflegung mehr Marode und Kranke, als ein schweres Gefecht und mehr als die Millionen an baarem Gelde und Requisitionen, welche die Preußen aus Frankfurt erpreßt, hätte auch die zäheste Vertheidigung des untern Maingebietes in dieser Hinsicht nicht gekostet. Die Kasse des 8. Armee-Corps war leer, während die Preußen die ihrigen spickten. Prinz Alexander hatte sich vergeblich bemüht, das Guthaben einer der betheiligten Regierungen bei Rothschild auf Rechnung des Corps zu erheben, es waren Zweifel und Schwierigkeiten

4*

wegen der gemeinsamen Haftbarkeit der drei bei dem Armee-Corps engagirten Regierungen und wegen der späteren genauen Reparti-rung und gegenseitigen Verrechnung dieses Vorschusses entstanden. Die Preußen verstanden besser, Rothschild von seinen Zweifeln und seinem Gelde zu helfen! Zum Ueberfluß ließ das 8. Armee-Corps auch noch in Frankfurt und Darmstadt bei seinem fluchtartigen Ab-zug am 15. Juli die werthvollsten Vorräthe an Weißzeug, Schuhen, Montirung, Feldrequisiten, Bettwerk zurück, die sie so nöthig ge-habt hätten.

Doch wollen wir noch die Gefechte bei Laufach und Aschaffen-burg beschreiben, die dem Rückzuge vorangingen. Noch am 13. war das Commando der 8. Bundesarmee unentschlossen, ob Frank-furt vertheidigt werden sollte. Die Truppen des 8. Armee-Corps befanden sich in einer unbegreiflich zersplitterten und ausgedehnten Aufstellung. Man hatte nur geringe Streitkräfte auf der Aschaffen-burg-Lohrer Linie langsam vorgeschoben, statt auf alle Fälle östlich von Aschaffenburg eine größere und besser kombinirte Truppenmasse zur Disposition zu halten, um dem im eigenen Centrum vordrin-genden Gegner (also zunächst der bei Hain aus den Defiléen des Spessarts debouchirenden Brigade Wrangel) energisch entgegenzu-treten und Aschaffenburg wenigstens am 14. noch zu halten. Die hessische Division, die dem Feind in Eile bei Fronhofen entgegen-geworfen wurde, brachte von ihren 4 Feldbatterien nur eine dort in's Feuer; auch ihre Cavallerie (abgesehen von einer oder zwei Schwadronen) gelangte nicht zum Eingreifen. Die beiden Infan-terie-Brigaden aber wurden in Hast (ganz oder fast ganz ohne Ver-pflegung) herangezogen und successive, nicht im organischen Zusam-menhang in's Feuer geführt. Ein Obercommando war nicht da, jeder Brigade-Commandeur agirte für sich und führte seine Abthei-lung successive möglich direkt gegen den Feind und zwar mit hoher Bravour. Was half aber eine solche Offensive, da alle Vortheile der Disposition, der Führung und des Terrains auf preußischer Seite waren? Diese errangen den Erfolg spielend trotz ihrer Er-müdung und ohne nennenswerthe Verluste. Beim ersten Angriff von 2 Bataillonen der ersten hessischen Brigade längs des Eisen-bahndammes gegen Hain fand die Tête der preußischen Infanterie-Colonne (das Füfilierbataillon des 55. Regiments) noch Zeit, sich vor dem Defilé bei Hain in günstiger Stellung zu entwickeln und durch das Feuer ihrer Zündnadelgewehre den ersten Angriff abzu-schlagen. Als die zweite hessische Brigade ankam, waren alle guten Positionen einschließlich des in der Front liegenden Dorfes Frohn-hofen durch die drei Bataillone des 55. Regiments schon besetzt und

hatte man die Vertheidigung dieser Linie durch Artillerie- und Infan-
teriefeuer mit Benutzung aller lokalen Vortheile und Deckungen bereits so vollständig disponirt, daß all die ungestüme Tapferkeit
der Hessen kein anderes Resultat haben konnte, als die bittersten
Verluste, worunter ein Regiments-Commandeur, ein Major vom Generalstab (der unter den vordersten Kämpfern mit stürmender Hand
in Frohnhofen einbrang) und dreißig todte oder verwundete Com-
pagnie-Offiziere (der Militärschriftsteller Julius Königer und der Sohn
des Kriegsministers Hauptmann v. Wachter befanden sich auch dabei).

Die 2. Brigade war zu rasch und sorglos ohne taktische Verbindung mit der ersten (zum Theil in Marschkolonnen mit Doppel-
rotten) bis dicht vor Frohnhofen auf der Straße vorgerückt, um
dann im heftigen feindlichen Feuer einen Aufmarsch zu versuchen,
andere Bataillone marschirten neben der Straße in geschlossenen
Massen und ohne genügende Deckung durch Plänkler gleichfalls gegen Frohnhofen, bis ein heftiges Feuer aus dem Dorfe und seiner
nächsten Umgebung die taktische Ordnung löste, so daß regelmäßige
Bewegungen im Bataillon oder in den Compagnien wohl nicht
mehr stattfinden konnten. Ein kurz vor dem Dorfe herziehender
Hohlweg hemmte als unerwartetes Hinderniß den Angriff und
vermehrte die Verwirrung, auch die schon sehr vorgerückte Tageszeit
mag zum Rückzug der 2. Brigade beigetragen haben. Bei dem
ganzen Kampfe kam es gar nicht zum Gefecht mit der blanken
Waffe: die furchtbare Wirkung des Zündnadelgewehres in der Nähe
zeigte sich im Niederwerfen der Reihen der successive anstürmenden
Hessen, die trotzdem noch ziemlich zusammenhielten und in's Dorf
vordrangen, deren Rückzug auch sich keineswegs in regellose Flucht
auflöste. Der hessische Verlust mag an 500 Todten und Verwundeten (ohne die Gefangenen und Vermißten) betragen haben, der
der Preußen kaum 20 Mann. Wie mochte man gegen die schnell
feuernden Hinterlader anstürmen und gegen solche Positionen, da
verschaffte man dem Feinde einen leichten Sieg!

Nachdem die hessische Division auf unsinnige Weise so un-
schädlich gemacht worden war, daß sie am folgenden Tage an der
Vertheidigung Aschaffenburgs (abgesehen von dem wirksamen Eingreifen einer gezogenen Batterie) sich kaum noch betheiligen konnte,
blieb diese Aufgabe der österreichischen Brigade Hahn unter Gene-
rallieutenant v. Neipperg allein überlassen, denn einige kurhessische
Cavallerie, die ohne wirken zu können, sich dem Feuer aussetzte,
kommt nicht in Betracht. Diese Brigade (meist Italiener) hatte mit
ihren Gegnern jahrelang in derselben Kaserne zu Mainz gelebt, sie
waren zum Theil unter sich befreundet und sollten jetzt sich die Hälse

abschneiden. Die einzelne Brigade war natürlich den preußischen
Streitkräften nicht gewachsen, diese drangen am Morgen des 14.
Juni nach blutiger, aber kurzer Gegenwehr der Oesterreicher (namentlich am Bahnhofe) in Aschaffenburg ein. Nicht das ganze
italienische Regiment Wernhardt, sondern nur ein Theil desselben
streckte die Waffen, die andern begaben sich in keineswegs sehr ge-
ordnetem Rückzug unter vielen Verlusten über die Brücke auf's
linke Mainufer und retirirten in der Richtung auf Babenhausen
und Dieburg, als ihnen der mit dem Hauptquartier und den disponiblen Truppen über Darmstadt herbeigeeilte Corps-Commandeur
nicht weit vor Aschaffenburg entgegen kam. Nun blieb allerdings
nur der Rückzug nach dem Odenwalde übrig, und Dank der geringen Stärke und den vorausgegangenen großen Anstrengungen der
Preußen gelang es, dieses Manöver noch in genügender Ordnung
und mit Heranziehung aller verzettelten Abtheilungen (z. B. der
nach Nassau detachirten Nassauer) im Laufe des 15. zu Ende zu
bringen.

---

# Zehntes Capitel.

### Die Fürsten und Anführer der Bundesheere.

Deutschland ist von jeher eine an Fürsten aller Art reichge-
segnete Nation gewesen und ist es Gott sei Dank jetzt noch, wenn
auch ein paar weniger sind, Bayern besonders hat nicht allein drei
Könige, sondern auch zahlreiche Prinzen von und in Bayern. Letztere überkam anfangs ein förmliches Kriegsfieber, alle wollten zur
Armee, Manche vielleicht in der Ueberzeugung, daß es nicht allzu
gefährlich würde. Selbst Prinz Adalbert von Bayern, dessen Kör-
perumfang kaum sich mit den Strapazen des Krieges vertragen
hätte und der sich bisher nur den allerfriedlichsten Beschäftigungen
und der Sorgfalt für seine spanische Gemahlin gewidmet hatte
(aus denen ihn nur die abscheuliche Broschüre seines Adjutanten
Fallot-Gemeiner auf kurze Zeit aufgestört hatte), fühlte ein unge-
wohntes kriegerisches Feuer in sich lodern, und verlangte zur Armee
abzugehen. Glücklicherweise ließ er sich übrigens bald wieder beruhigen und zog vor, als Commandant der bayerischen Landwehr

seine Kraft dem engeren Vaterlande zu erhalten. Die übrigen Prinzen schaarten sich fast alle um den Großonkel, Onkel und Vetter Karl, selbst der einzige Bruder des Königs, der junge Prinz Otto, ein wirklich liebenswürdiger, feuriger Jüngling, der bei jeder Gelegenheit Muth zeigte und der Liebling der Armee wurde. Doch sprechen wir vor Allem vom Obercommandanten der deutschen Bundesarmeen. Prinz Carl Theodor Max August von Bayern, der zweite Sohn König Max I. und Bruder König Ludwig's I. ist am 7. Juli 1795 zu Mannheim geboren, mithin 71 Jahre alt. Schon in seinem 18. Jahre war er Generalmajor und Brigadier der Infanterie und machte an der Seite des Generals Wrede die Feldzüge gegen das bei Leipzig und dann bei Waterloo geschlagene Frankreich mit. Die Bayern hatten bekanntlich nicht viel Gelegenheit sich auszuzeichnen, die blutigste Schlacht, die sie schlugen, war die durch Wrede's Thorheiten verlorene Schlacht bei Hanau, die aber Prinz Karl nicht mitmachte. Bei dem zweiten Feldzuge nach der Rückkehr Napoleon's von Elba kam Prinz Carl als Commandant der 1. leichten Cavalleriedivision gar nicht in Aktion; denn die Preußen und Engländer hatten zuvor die Sache bei Waterloo abgemacht und unserm Prinzen blieb nichts übrig, als in Eilmärschen auf Paris nachzurücken. Nichts desto weniger muß sich doch Prinz Carl besonders ausgezeichnet haben; denn er erhielt den Max-Josephs-, den österreichischen Theresien- und den russischen St. Georgen-Orden, die man alle nur durch tapfere Heldenthaten vor dem Feinde verdient. Uebrigens fehlt es dem Prinzen Carl keineswegs an persönlichem Muth, er hat ihn auch in den Gefechten des letzten Feldzugs häufig bewährt.

Nach dem Frieden erhielt Prinz Carl das General-Commando in München und ward nach dem Tode Wrede's Feldmarschall und Generalinspector der Armee. Erbe von vielen Millionen seiner Mutter der verlebten Königin Caroline, im Besitz großer Gehalte als Feldmarschall und Comthur reicher Orden u. s. w. konnte er sich jedes Vergnügen, jeden Lebensgenuß gewähren, doch muß man zu seiner Ehre nachsagen, daß er auch sehr mildthätig war, gar manchem bedrängten Offizier seine Schulden zahlte, auch gar manchen unbemittelten Civilpersonen möglich machte, sein Bad Kreuth zu besuchen. Diesen sonst ganz achtungswerthen Fürsten erkor nun der deutsche Bund, weil er Prinz und bayerischer Prinz war, zum Obercommandanten der Bundesarmeen. Es war eine verfehlte Wahl, einen Mann von 71 Jahren zu einer Zeit an die Spitze von Armeen zu stellen, wo es galt, durch Schnelle, durch Entschlossenheit die Kraft zu verdoppeln. Gewöhnlich siegt die Armee, welche die jüngsten Generäle hat, hier war es auch der Fall. Das Alter ist vorsichtig, sparsam, verzagt, ergreift zu gern die passivste Defensive, statt der kecken Offensive, ist dann selbst zu sehr an Bequemlichkeit, an Ruhe gewöhnt. So kam es denn, daß das Hauptquartier des Prinzen Carl 168 Pferde, 8 Chaisen mit sich führte, eigene Wägen für Silberzeug, Porzellan, Federvieh. Ja, das bayerische Hauptquartier soll nur deßhalb einige Tage später zur Armee aufgebrochen sein, weil die bestellten Leibstühle noch nicht fertig waren. Köche, Friseure und ähnliche Individuen waren in reicher Anzahl vorhanden. Fürst Taris führte sogar nebst seinen Küchenwagen und vier brillanten Equipagen, Kammerdiener und Köchin im Cabriolet mit sich herum. Trotz der Schnelligkeit der Preußen soll der Herr Commandant der Bundesarmee vor 9 Uhr Morgens keinerlei Meldung angenommen, Offizi : nur in Gala vorgelassen haben. Gute Diners zu halten, war eine Hauptsorge des Tags. Während die Preußen das 8. Bundesarmeecorps verfolgten, wurden fünf Tage lang in der königlichen Residenz zu Würzburg splendide Essen gegeben. Fürst Taris hielt eben auch ein Gelage in Hammelburg, als die Nachricht vom Anrücken der Preußen kam, die er natürlich, da sie störend wirkte, nicht glaubte. Das Alter und die nicht mehr gewohnten Anstrengungen wirkten so, daß königliche Hoheit und ad latus von der Tann auf der Hin- und Herreise von Würzburg nach Tauberbischofsheim zu einem Kriegsrathe mit dem 8. Armeecorps im Wagen schliefen zur Verwunderung der guten Höchberger, die meinten, die bevorstehende Verhandlung, bei der es sich um Sein oder Nichtsein Süddeutschlands handle, müßte wichtig genug sein, jeden Schlaf zu verscheuchen. Aber ein gutes Gewissen ist ein sanftes Kissen. War das hohe Alter unserer Heerführer schon kein Segen, so noch weniger die hohe Stellung derselben. Als königlicher Prinz war es mißlich, unter dem bürgerlichen Doktorssohn Benedek zu stehen, es gab Rangstreitigkeiten mit dem erst später gefürsteten Prinzen Alexander; als königlicher Prinz konnte man keinen Mahner dulden, wie General v. Zoller, und mußte ihm Arrest diktiren. Diese Strenge traf selbst Offiziere im Dienst, die so unvorsichtig waren, dem prinzlichen Wagen vorzureiten.

Dem Publikum, welches zweifelte ob ein Greis von 71 Jahren noch ein geeigneter Führer zweier Armeen sei, wurde erwiedert, daß die Seele des bayerischen Generalstabs ja Freiherr von der Tann sei, jener romantische Freischaarenführer von 1848, dem es ja gewiß nicht an Entschlossenheit und Energie fehle! Aber die Wahl v. d. Tann's zum Generalstabschef war noch unglücklicher, als die des Prinzen Carl von Bayern zum Commandanten der Armee.

von der Tann, ein Glückskind, dem die Jugendfreundschaft König
Max II. nach und nach alle militärischen Ehrenstellen, Orden, Titel,
Aemter und Reichthümer in den Schoos geworfen, hatte nichts ge=
than, als (wie die allgemeine Zeitung sagte) einige glückliche Sprünge
mit verwegenen Freischaaren, die ohne allen Einfluß auf die Kriegs=
entscheidung blieben. Dann hatte er unter General Prittwitz Ge=
legenheit zu lernen, wie man Scheinkriege führt. Er ward auch
preußischer Ordensritter und als geschmeidiger Höfling zu allerlei
Hofsendungen gebraucht. 1850, als die armen Schleswig=Holsteiner,
nur auf sich angewiesen, kämpften, und von Oesterreich und Bayern
schon als Empörer angesehen wurden, denen von der Pfordten rieth,
sich den Dänen zu unterwerfen, weil Rußland es so wolle, ging
v. d. Tann zwar zum drittenmale hin, ließ aber den von ihm com=
mandirten Flügel in der Schlacht bei Idstedt schlagen und die Dä=
nen einen Sieg gewinnen, auf den sie nicht mehr gehofft hatten.
Ueber v. d. Tann urtheilt eine competente militärische Feder (Seite
620 in „Schilderungen denkwürdiger deutscher Zustände" 4. Aufl.
Hannover) also: „Willisen, der Oberfeldherr, war durch seinen Un=
terchef der Armee, Oberstlieutenant Wyneken, und durch den Herrn
v. d. Tann, welcher Chef des Generalstabs geworden, wozu ihm
die genügende Bildung fehlte, übel berathen". Trotzdem nahm
er im letzten Kriege wieder diese wichtige Stelle an, wozu er so
wenig befähigt war, angeblich auf Wunsch des Prinzen Carl. Wenn
es wahr ist, was der Volksbote erzählt, daß v. d. Tann nicht ein=
mal die nöthigen Landkarten hatte, ja sogar eine von dem Pfarrer
von Aidhausen borgte, dann ist alles begreiflich! v. d. Tann, der
die Fehler der Hannoveraner kritisirte, hat deren mehr begangen,
als diese! Er, der auch den letzten Düppelsturm der Preußen mit=
machte, hätte ihre Kriegsführung, die Gewalt ihrer Waffen und
Taktik kennen müssen, er, der sich beim Beginn der Verwicklungen
so anti=österreichisch in München aussprach, hätte dann sich nicht
hergeben sollen, den größten Alliirteneifer in Wien und Olmütz zu
entwickeln und die Oesterreicher mit dem Versprechen der Bundes=
hülfe so lange zurückhalten sollen, bis die Preußen vollständig ge=
rüstet an der böhmischen Grenze standen.

Alle andern Generäle der Bayern waren auch Höflinge, in
den Friedensjahren emporgeschossen, meistens durch Protektion, so
v. Feder, der den Pfarrer von G........n nach dem Laufe des
Mains fragte. Auch die Generäle v. Stephan und v. Hartmann, deren
Bravour über allen Zweifel steht, hatten keine Gelegenheit zu ler=
nen, wie man große Massen dirigirt und der Volksbote hat nicht
Unrecht, wenn er sagt, daß ganz Bayern keinen General hat, der

nur eine Division im Felde commandiren kann. v. Zoller war der fähigste und zeigte auch am meisten Ernst, den Hannoveranern Luft zu machen, was ihm einen Verweis, ja sogar Arrest von Obercommandanten zugezogen haben soll. Er suchte den Tod und fand ihn. Andere Offiziere erschossen sich: so Oberst v. Pechmann vom 5. Chevaurlegers-Reg. in Kissingen, weil er die Schmach seiner Reiterei, die bei Hünfeld und Gersfeld von Panik ergriffen, davon geritten, weil sie sich verrathen glaubten, nicht überleben wollte. Ueber einen andern Selbstmord berichteten die Blätter Folgendes: Rittmeister Strommer vom 3. Chev.-Reg. befahl der Prinz Ludwig in Bayern (ein ganz junger General), einen dichten, von den Preußen besetzten Wald mit seiner Schwadron zu säubern. Dieser erlaubt sich ehrfurchtsvoll die Bemerkung, daß ein solcher Auftrag mit Chevaurlegers sich nicht gut ausführen lasse. Der Befehl wird aber wiederholt und als nun Strommer mannhaft es mit seiner Pflicht als Offizier unvereinbar erklärte, seine Leute gegen alle Regel so nutzlos aufzuopfern, wurde ihm der gnädige Bescheid, daß er sein Commando niederzulegen habe, falls ihm zur Ausführung dieses Befehls der Muth fehle. Da ritt Strommer zu seinen Leuten zurück, sprach zu ihnen: „Kameraden, man hat uns befohlen, den Preußen den Wald zu nehmen, es ist mir unmöglich, euch so gewissenlos zur Schlachtbank zu führen, aber beweisen werde ich, daß ich den Tod nicht fürchte“ — und erschoß sich vor der Fronte. Dieser Prinz Ludwig hatte noch zwei Brüder in der Armee. Von dem einen, Prinzen Karl Theodor, las man bald in den Zeitungen, daß er wieder „zu Muttern“ nach Possenhofen zurückgekehrt sei; der andere, der den Namen des Kriegshelden Max Emanuel führt, erwies sich keineswegs seiner Ahnen würdig, denn er war unter den Ausreißern von Hünfeld und Gersfeld, ritt auf der Flucht wie besessen mit gespannter Pistole durch Gemünden und fragte, ob dieses eine bayerische Stadt sei, schwomm dann über den Main und allarmirte noch Nachts die Festung, so Furcht hatte der zarte Jüngling vor den Preußen. In Würzburg suchte er meistens in den Conditoreien sich das Kriegsleben zu versüßen. Ihm haben übrigens die andern Ausreißer zu danken, daß ihnen, trotzdem sie hunderte von theuern Pferden zu Schanden geritten, nichts geschehen ist. Es bleibt uns jetzt nur noch übrig, vom Prinzen Luitpold und seinem Sohne zu sprechen, von denen Letzterer sogar eine Kugel erhalten hat, die also jedenfalls sich den Gefahren des Kampfes preisgegeben haben. Weiteres weiß die Geschichte aber nichts von ihnen zu erzählen, als daß sie Comthurkreuze und sonstige Orden bekommen haben.

In dem 8. Bundes- oder Bunten-Armeecorps wimmelte es,

wa möglich, noch mehr von Prinzen und von Hauptquartieren, von denen jeder Prinz eines selbstständig hatte, wie eine selbstständige Verpflegung, bei der jeder Mann, die Prinzen ausgenommen, selbstständig Hunger litt. Bis eine Meldung von einem Hauptquartier zum andern kam, waren die Preußen schon da. Von gegenseitigem Beistand war keine Rede, Niemand kümmerte sich um den andern, trotz ihrer gemeinsam schwarz-roth-goldenen Armbinde. Subordination konnte bei Prinzen ja ohnedies nicht sein. Prinz Wilhelm von Baden zum Beispiel versagte auf einmal auf eigenen Antrieb die Mitwirkung seiner Truppen und brachte dadurch die anderen in große Gefahr. Trotzdem blieb er Commandant, den Bruder des Großherzogs konnte man doch nicht vor's Kriegsgericht stellen? Die Oesterreicher, (ohnedies Italiener), blieben dem Ganzen ohnedies fremd und ihr General beklagte sich in seinem Armeebefehl bitter, daß man sie in Aschaffenburg so allein hätte kämpfen lassen. Der Obercommandant dieses bunten Armeecorps hatte eigentlich nur 12,000 Mann Hessen zu seiner Verfügung und diese standen unter einem General Perglaß, der während der letzten 50 Jahre bei der Artillerie diente, nie eine combinirte Armeedivision in's Feuer geführt hatte, dem Gefechte bei Laufach nicht einmal beiwohnte, dem man (wie Zeitungen sagten) nicht einmal bleierne Soldaten anvertrauen konnte. Alexander selbst, der aber den Beinamen seines Vetters, des Großen, schwerlich verdient, hat das große Verdienst, Schwager des Czaren aller Reußen zu sein, trat deshalb 1840 in russischen Militärdienst und war fünf Jahre darnach schon zweiundzwanzigjähriger Generalmajor und Commandant der Cavallerie. Er soll sich im Kaukasus aber nicht besonders ausgezeichnet haben und ging in österreichische Dienste, wo er 1850 Feldmarschalllieutenant ward, bei Montebello gut gefochten haben soll, in den Fürstenstand erhoben und 1863 in Disponibilität versetzt wurde. Da er großen Muth haben soll, ist die Eile, in der er und der Herzog von Nassau beim ersten Schusse auf die Festung Marienberg die Stadt verließen, nur dem Wunsche zuzuschreiben, den Chef der Armee zu erhalten. Alexander hat auf sich selbst und seine Thaten in Italien in Darmstadt eine Medaille schlagen lassen, er kann sich selbst für seine jüngsten Thaten nun anschauen lassen. Noch ist eines andern hessischen Prinzen, Namens Ludwig, zu erwähnen, der ausnahmsweise einfach als Soldat, nicht als Fürst, lebte. Auch Nassau hatte das Glück, seinen Fürsten bei sich zu haben. Trotzdem er 300,000 seiner besten Flaschenweine nebst diversem andern Gut in Sicherheit brachte, hat man nicht vernommen, daß seine Verwundeten im Hospitale zu Würzburg davon erhalten haben, die, wie die andern. alle, auf die Wohlthätigkeit der Privaten angewiesen sind, weil sie Glieder und Leben ihren Fürsten geopfert. Auch die Würtemberger hatten ihren Prinzen Wilhelm und ihren Kriegsminister bei sich, der am Tage vor der Schlacht von Tauberbischofsheim nichts Nothwendigeres zu thun hatte, als einen Corpsbefehl Nr. 99 zu erlassen, der noch komischer war, als jener betüchtigte, das Grüßen von Hofequipagen betreffend; nämlich jeder Offizier mußte den Namen, die Gattung seines etwa mitgeführten Hundes einreichen, damit nicht durch den Feldzug die Hundesteuer benachtheiligt sei. Als Seitenstück lief am Tage des Bombardements Würzburgs, als Alles der Entschließungen von München ängstlich harrte, eine Depesche beim Festungs-Commando ein, die vorzüglich Sorgfalt auf die königlichen Weinberge im Leisten anempfahl. Unsere Heerführer sahen sich vor Allem nach guten Hauptquartieren und nach der Speisekarte statt der Landkarte um, während ihre Truppen Tage lang bei den angestrengtesten Märschen bittern Hunger leiden mußten, wie auch die Hessen, die förmlich um Brod betteln mußten, während 88 Ochsen des Armee-Corps gestohlen wurden. „Wären nur auch die Ochsen der diversen Hauptquartiere gestohlen“ war der allgemeine Wunsch.

Einen Train führte das 8. Armee-Corps mit sich, gleich einem asiatischen Hoflager, der alle Bewegungen hemmte. Jeder Secretär hatte einen Wagen. Man war förmlicher Sclave der Bagage und die Operationen richteten sich meist dahin, den Train vor Allem in Sicherheit zu bringen. 600 bis 700 Luxuspferde hatten die anspruchsvollen Persönlichkeiten, die das 8. Hauptquartier begleiteten und die arbeitenden und kämpfenden Offiziere hinderten. Ein Corps zankte auf's andere. Aehnlich wie die Befehlshaber waren die höheren Offiziere, die Anekdoten, die über sie zirkuliren, nachzuerzählen, würde viel Zeit erfordern, wie sie nach ihrem Daumen die Entfernungen auf der Karte maßen (die Manche erst in Landstädtchen zu kaufen suchten), wie sie nichts vom Standorte ihrer eigenen Truppen wußten u. s. w. Je länger der Krieg währte, je größer wurde die Kopflosigkeit, so die nutzlos veranlaßte Metzelei des Bataillons bei Weiden, die General Fuchs auf dem Gewissen hat, ein Mann, der als Kleinigkeitskrämer und Kasernenvisitator sich bekannt gemacht hat. Ein Glück war's, daß der Krieg ein Ende nahm, man hätte sich nur immer mehr blamirt und zuletzt wäre die bayerische Armee durch lauter Retiriren ebenso entmuthigt und desorganisirt geworden, wie es das 8. Armee-Corps schon war. Die Disziplin war schon bedeutend gelockert und selbst Rache gegen unfähige Führer, die sie preisgegeben, kochte in Manchen, das letzte

Attentat gegen Fürst Taxis hat wohl diesen Grund und mancher
ähnliche Anführer hätte bei einer kommenden Schlacht mehr die
Kugeln der eigenen Truppen, als die des Feindes zu fürchten ge=
habt. Glücklicherweise ist der Friede gesichert und die hohen Offi=
ziere werden decorirt, die nur zu tragische Comödie schloß, wie sie
anfing, mit einem Essen, das Prinz Carl seinen Offizieren in
Donauwörth gab. Das Hotel, wo es stattfand, heißt zum Krebs,
ein bezeichnenderer Name hätte sich nicht finden lassen und hätten
die Bundestagsgesandten nur auch eingeladen werden sollen.

# Eilftes Capitel.

## Die Kämpfe auf dem linken Mainufer.

Nachdem das Bundesheer sich jenseits des Mains zurück=
gezogen, hielt Niemand mehr den Marsch der Preußen nach Frank=
furt auf. Am 16. Juli rückten sie mit dem Uebermuth des Siegers
dort ein und dem Grafen v. Bismarck war volle Gelegenheit zur
Rache am stolzen Bürgerthum und der Demokratie gegeben, die er
auch auf eine Weise ausübte, die den Untergang der stolzen Stadt
in Aussicht stellte. Während dessen gerirten sich die Bayern, als
berührten sie die Vorgänge am Untermain so viel, als die „weit
hinten in der Türkei.“ Nachdem v. Falckenstein den Prinzen Carl
auf seinem bestens präparirten Schlachtfelde zu Schweinfurt ruhig
allein gelassen hatte, präparirte man sich ein zweites zu Kitzingen,
suchte auch mit 2 Mistwägen und 18 Mann das Städtchen Volkach
gegen die herannahenden (?) Preußen zu verbarrikadiren, während
doch Herr v. d. Tann mit General v. Manteuffel zwischen Kissingen
und Schweinfurt zusammengestoßen war und ihm versichert haben
soll, daß dessen Zug durch den Spessart unbelästigt von den Bayern
bleiben würde. Nachdem man die Wälder nach Preußen durch=
gesucht und sonderbarerweise keine gefunden, (weil sie 40 Stunden
weiter unten standen,) zog man in Würzburg ein. Dort hielt das
Hauptquartier fast eine Woche lang in der k. Residenz Diners, so
daß man glaubte, es käme gar nie mehr zu einem Gefechte mit
den Preußen Und das wäre auch das einzig Vernünftige gewesen;

denn was wollte der Bund jetzt machen, nachdem Oesterreich vollständig geschlagen war und um Frieden nachsuchte? Jetzt war
kein Resultat mehr zu erzielen; denn wenn man auch wirklich die
Preußen schlug, konnten sie aus Böhmen und von überall her neue
Streitkräfte beziehen; viel früher, als die Armee von Falckenstein
nur aus verhältnißmäßig wenigen eilig zusammengerafften Truppen
ohne viel Artillerie und Cavallerie bestand, damals als das 8.
Armeecorps noch kampflustig war, hätte man sie mit Ernst vereint
bekämpfen sollen, jetzt aber war jeder Tropfen Blut, den man noch
vergoß, vollständig unnütz. Kurz nach der Schlacht von Königgrätz
hatte der preußische Gesandte in Paris Bayern den Frieden angeboten, v. d. Pforbten war aber erst noch auf einer Waffenthat bestanden. So erzählen die Blätter; allerdings war eine Waffenthat
für die bayerische Regierung in so fern nöthig, als ihre Truppen
durch die erbärmliche Anführung auf dem Wege waren, vollständig
demoralisirt zu werden und man Unruhen fürchten mußte, wenn
z. B. die Cürassiere, ohne Gelegenheit gehabt zu haben, ihre Scharte
auszuwetzen, nach München zurück mußten. Als einer Truppenabtheilung in Höchberg der Sold in neuen preußischen Thalern ausgezahlt wrb, schrien alle: „das sei das Blutgeld, um welches man
sie verkauft habe, das ihnen in der Hand brenne." Sie behielten
es um keinen Preis, gaben es entweder gleich aus oder wechselten
es um. Die ganze Division Feder war bis jetzt noch nicht in's
Feuer gekommen, die andern Truppen weder in Thüringen, noch
an der Saale besiegt worden, man entschloß sich demnach, der
militärischen Ehre zu lieb noch nicht heimzugehen, wollte vielleicht auch aus zu großer Rücksicht auf das „falsche" Oesterreich
keinen einseitigen Frieden schließen. Da aber am 22. Juli schon
Waffenruhe zwischen Preußen und Oesterreich abgeschlossen war,
sich Tags darauf Herr v. d. Pforbten in's preußische Hauptquartier
begeben, auch General v. d. Tann in Rechtenbach eine Zusammenkunft mit einem preußischen General gehabt hatte, konnte der beginnende Kampf noch weniger ernstlich gemeint sein, als die bisherigen. „Der Erfolg mag sein, wie er will, man hat
sich zurückzuziehen." Das war die Parole. Man ließ die Artillerie, die Schützen schießen, die Cavallerien auf einander platzen,
aber zur rechten Zeit für die Preußen erfolgte stets der Rückzug
der Bayern. Als die Polen bei Uettingen sich geweigert hatten,
weiter zu kämpfen, als selbst die übrigen preußischen Truppen
bedenklich wurden und man an Rückzug dachte, ermunterten die
preußischen Generäle ihre Mannschaften, nur noch ein wenig auszuharren, sie wüßten bestimmt, daß auch jetzt, wie immer bisher,

die Bayern retiriren würden. Und wirklich war es auch so. Mangel
an Infanterie war nicht die Ursache; denn warum hat man am
Tage der Schlacht von Roßbrunn ein Bataillon, welches man in
einer Stunde auf den Kampfplatz hätte dirigiren können, nach der
Pfalz per Eisenbahn geschickt? Man hatte nur zu viele Truppen,
aber man wollte sie nicht zusammenziehen. — Der Verlauf der
Vorgänge auf dem linken Mainufer ist folgender.

Das bayerische Hauptquartier, nachdem es sich zuvor in Tauberbischofsheim mit Prinzen Alexander über die Kriegsoperationen
verständigt, verließ am 24. Juli Würzburg. Dieses Hauptquartier
bestand aus ungefähr 500 Mann, welche allein in den 8 Tagen
ihres Aufenthalts dort die ansehnliche Einquartierung von 4000
Mann repräsentirten. Die bayerische Armee war am linken Mainufer an der bayerischen Grenze bei Homburg, Marktheidenfeld und
Umgegend aufgestellt und man übte bei ersterem Städtchen ein
Manöver gegen einen scheinbaren Feind am selben Tage, an dem
der wirkliche Feind am 23. Juli bei Hundheim die Badenser über-
fiel. Die Preußen waren, nachdem sie in Frankfurt von ihren Anstrengungen sich erholt, durch den Odenwald marschirt und hatten
bei Miltenberg und Heubach über den Main gesetzt.

Es war zu wundern, daß die Badenser (die 2. Division des
8. Corps), die von Prinz Wilhelm commandirt waren und jeden
Tag auf Waffenstillstand (den auch ihre Landtagsabgeordneten be-
antragt) hofften, sich überhaupt schlugen. Sie thaten es aber mit
Muth. Uebrigens waren diese Kämpfe an der Tauber, wie auch
die spätern am Main, meist Artillerie- und Jägergefechte. Tags
darauf, am 24. Juli, hatten die Badenser noch ein Gefecht bei
Werbach zu bestehen. Die Terrainverhältnisse waren nicht günstig,
so daß die badische Artillerie sich zurückziehen mußte und die Feld-
division das Plateau bei Ober- und Unteraltertheim mit starker
Nachhut bei Steinbach einnahm. Dort wußte sie nicht, was sie
thun sollte vor widersprechenden Befehlen. Als die Bayern bei
Helmstadt kämpften, glaubte der Commandirende der Division deren
Stellung in der Flanke bedroht und ließ sie nach Oberaltertheim
zurückgehen. Dort nahm die badische Artillerie Theil am Artillerie-
kampfe, der sich von Gerchsheim auf die Höhe zog. Die Badenser
zogen dann nach Kist und von da nach Würzburg, um bald darauf,
nach abgeschlossenem Frieden, vergnügt in die Heimath zurückzukeh-
ren. Ihr Verlust war sehr unbedeutend. Größere Verluste hatten
die Würtemberger bei Bischofsheim an der Tauber, wohin der
Hauptstoß der über Amorbach angerückten Preußen gerichtet war,
welche am 24. die bei Hardheim postirte hessische Infanterie zurück-

gedrängt hatten. Die Preußen zogen sich theils über die Berge,
theils auf der Straße von Königheim nach Bischofsheim, wo sie
von dem 3. und 8. würtemb. Infanterie-Regimente und dem 2.
und 3. Jägerbataillone empfangen wurden, trotz eines starken Gewehrfeuers aber in die Stadt einzogen. Ueber die Tauberbrücke
wurden sie von der würtemb. Infanterie zweimal zurückgeschlagen
und der hartnäckige Kampf währte dort zwei Stunden. Die Preußen hatten ihre Hauptstellung eben an dieser Brücke, im Tauberbett
und im Verhau der städtischen Anlagen genommen. Die Wasser-
gräben abwärts gegen Hochhausen boten ihnen eine gedeckte Stellung. Unterdessen war es der würtemb. Artillerie gelungen, die
Höhen des Edelbergs, sowie des Hambergs zu erreichen, von wo
aus sie auf die Tauberbrücke, die Stadt und auf die auf dem Wölf-
lisberge aufgefahrenen preußischen Batterien ein so wohlgezieltes
Feuer eröffnete, daß 2 Batterien zum Rückzuge gebracht und die
Reserve-Artillerie (Oldenburger) beigezogen werden mußte. So günstig
aber die Artillerie postirt war, so ungünstig war es die Infanterie,
die den Zündnadelgewehren ohne Deckung preisgegeben war. Diese
Stellung hätte leicht mit einer günstigeren vertauscht werden können.
Gegen 6 Uhr zogen sich die Würtemberger in der Richtung gegen
Würzburg zurück. Die beiderseitigen Verluste waren bedeutend.
Tags darauf hatten die Bundestruppen noch ein Artilleriegefecht
bei Gerchsheim und Großrinderfeld, worauf sie, ohne (wie verab-
redet war) gemeinsam mit dem 7. Armeecorps die Offensive gegen
die Preußen am 26. zu ergreifen, nach Würzburg zogen, die Bayern
ihrem Schicksale überlassend, ja sie besetzten nicht einmal die Höhen
in unmittelbarer Nähe der Stadt, vor Allem den Niklausberg. Mit
ihrem endlosen Train drängten sie sich über die Brücke, es schwamm
die Cavallerie über den Main und boten diese sonst so prächtigen,
zahlreichen Truppen mit dem herrlichsten Material an Kanonen und
Pferden ein hülfloses Bild des Hungers, der Uneinigkeit und Rathlosigkeit, die sich selbst gegenseitig mehr hinderten, sich mehr lästig
und unangenehm wurden, als daß sie sich zu einem großen Ziele
unterstützten. Die Bayern, nun die letzten auf dem Kampfplatze,
waren am 25. bei Helmstadt in den Kampf gezogen worden. Durch
Verrath (wie man sagte, mehr aber durch eigene Sorglosigkeit)
waren ein paar Regimenter (das 6. und das Leibregiment) überfallen
worden und das Gefecht stand im ersten Augenblicke nicht günstig
für die Bayern. Als aber die 1. und 3. Armeedivisionen den
Kampf aufgenommen hatten, gelang es schließlich (namentlich durch
das wirksame Feuer von fünf gezogenen Batterien) den Feind zurückzuweisen. Abends nahm die bayerische Armee eine concentrirte

Stellung bei Roßbrunn und Waldbrunn. In aller Frühe (4 Uhr) begann der Kampf wieder mit einem Angriff zu gleicher Zeit von beiden Truppenkörpern. Die in Uettingen lagernden Preußen wurden durch zugesandte bayerische Granaten erweckt, wie die bei Roßbrunn lagernden durch preußische. Während den 5 Gefechtsstunden standen der etwa 10,000 Mann starken Division Fließ und dem noch rechtzeitig in den Kampf eingreifenden stärkeren Corps Bayer zwei bayerische Divisionen (die 2. und 4. und die Reserveinfanterie-Brigade Seckendorf) gegenüber, etwa 18,000 Mann. Die beiden andern Divisionen hatte man am Abend des 25. — die eine nach Waldbrunn, die andere nach Waldbüttelbrunn — dirigirt, um die Verbindung mit dem zu Kist bivouakirenden 8. Armeekorps aufrecht zu halten und gemeinsam mit ihm des andern Morgens die Offensive zu ergreifen. Aber troß dieser Verabredung zog sich das 8. Corps hinter den Main zurück. Man dirigirte nun aber die 1. u. 3. Divisionen doch nicht zur Verstärkung nach Roßbrunn, sondern ließ die dort stehenden Truppen wieder in der Minderzahl gegen den Feind kämpfen (der wenigstens an Infanterie überlegen war) und concentrirte sich dann auf dem Plateau zwischen Waldbüttelbrunn und den Hettstadter Höfen, um wieder — wie bei Schweinfurt — eine Schlacht zu erwarten, die aber die Preußen abermals keine Veranlassung fanden, anzunehmen, da ja doch gegen 3 Uhr Nachmittags auch alle bayerischen Truppen (angeblich das Göben'sche Corps nahe den Main-Defiléen wähnend) über den Main gingen und den Zugang nach Würzburg somit den Preußen offen ließen, ja nicht einmal Vorposten auf Zell zu am 26. und 27. ausstellten, so daß die Thorwache und die Stadt zu überrumpeln gewesen wären. Die Waffenehre der bayerischen Artillerie ward übrigens bei Roßbrunn und die der Cavallerie bei den Hettstadter Höfen gewahrt.

Das Gefecht bei Uettingen war sehr blutig, die Bayern hatten sehr günstige Positionen auf den Höhen Kirchberg, Heiligenberg und Osnert. Letzterer Berg wurde nach fast fünfstündigem blutigem Kampfe vom 36. Infanterieregimente genommen, welches dabei 26 Offiziere und 650 Mann verlor (auf das 1. Bataillon kamen allein 273) und ersterer vom 2. Bataillon des 59. und 1. Bataillon des 11. Inf.-Regiments mit einem Opfer von 380 Mann. Die Bayern zogen sich hierauf (nachdem preußische Reserven, aber keine bayerischen eingetroffen waren) gegen Roßbrunn und Mädelhofen zurück, am südlichen Abhange des Osnert noch ein heftiges Gewehr- und vom Heiligenberge Artilleriefeuer abgebend. Nördlich von Roßbrunn, bei den Hettstädter Höhen, fand hierauf ein Zu-

5

sammenstoß der beiderseitigen Cavallerien statt, die durch eine An=
höhe sich gegenseitig verborgen, einander ziemlich nahe gekommen
waren. Die Attake war eine kurze, aber um so heftigere. Die 6
Schwadronen der 5. und 6. Dragoner und 2 Schwadronen der 8.
Husaren wurden mit bedeutendem Verluste durch die bayerische
Reservecavallerie (1. und 2. Kürassierregiment, welchen das 3. Che=
vauxlegers= und 3. Uhlanenregiment folgten) geworfen. Am 27.
Juli hatte sich das Hauptquartier schon nach Kitzingen zurückge=
zogen. Die Höhen am rechten Mainufer waren besetzt. „Die bei=
den Armeecorps lehnten sich an die Festung Marienberg“ hieß es
und damit war es klar, daß es um Würzburg zum Gefecht kom=
men mußte. Auch hier wäre wieder eine sehr günstige Position
möglich gewesen, aber man verlegte die meisten Truppen zu weit
östlich nach Rottendorf, gab die Höhen westlich von Würzburg, den
überaus wichtigen Guttenberger Wald, ja selbst die begonnene künstliche
Schanze wie die natürliche Schanze auf dem Nikolausberg und da=
mit die ganze Stadt ohne weiteres preis. Vorposten hatten die
Bayern links des Mains keine ausgestellt, preußische Patrouillen
kamen bis vor die Stadt, (man wollte selbst in militärischen Krei=
sen nicht glauben, daß Preußen in Höchberg seien). Diese, als sie
alles unbesetzt fanden, fuhren eine Batterie von 8 gezogenen Ge=
schützen auf den Nikolausberg und 2 oder 2$\frac{1}{2}$ Batterien postirten
sie am Herenbruch. Von der Festung aus ließ man ihre Batterie=
bauten ungestört, um 10$\frac{1}{2}$ Uhr waren sie damit fertig und eröff=
neten das Feuer. Es glückte ihnen aber diesmal nicht. Die Fest=
ung war in letzterer Zeit mit einer großen Zahl 24=Pfünder tref=
flich armirt worden, und an Kaliber und Treffweite den preußischen
Batterien überlegen. Dann hatte der Feind die Batterien des 8.
Bundesarmeecorps auf den östlichen Höhen (bei der Käsburg) nicht
gewürdigt oder bemerkt, von denen namentlich die badischen so aus=
gezeichnet schossen, daß bald die Geschütze der Oldenburger demontirt
waren und diese dem deckenden Walde zu eilten. Auf der West=
seite dauerte es länger, bis die Batterien der Preußen durch die
auf dem Steinberge postirten bayerischen 6=Pfünder und die 24=
Pfünder der Festung zum Schweigen gebracht waren; aber bis 4
Uhr war auch hier der Angriff vollständig abgeschlagen; außer den
7 am Nikolausberg demontirten Kanonen verloren die Preußen am
Herenbruch noch 9 Geschütze. Die Preußen hatten demnach einen
großen Theil ihrer Artillerie verloren, sie litten auch Mangel an
Munition und Lebensmittel. Aber der Erfolg der Bayern wurde
nicht benützt. Aus dem bayerischen Hauptquartier kam Befehl, das
Feuer einzustellen wegen einer bis zum 2. August laufenden, von

v. b. Pforbten zu Nikolsburg abgeschlossenen Waffenruhe. Die Preußen erhielten nun balb durch Convention den Einzug in die für ihre Verpflegung sehr wichtige Stadt Würzburg. Diese hatte, trotzdem auch sie etwa mit anderthalbhundert Kugeln beschossen warb, nicht viel gelitten, da man die Würzburger nur einschüchtern und dadurch auf die Uebergabe der Festung einen heilsamen Einfluß üben wollte. Der Festung wurde das Zeughaus in Brand geschossen, dagegen an den Geschützen und Werken nicht das mindeste verletzt. Der Brand hätte auch nicht diese Ausdehnung gewonnen, wenn man nicht Strohmatratzen, Zelte und andere leicht brennbare Stoffe unter das Dach gelegt hätte, während man den Civilisten streng gebot, nichts Brennbares auf dem Boden zu lassen und Wasser dahin zu schaffen! Es verbrannten werthvolle Waffen.

Das war die letzte Waffenthat in Unterfranken. Zwar schien Prinz Karl sich noch einmal schlagen zu wollen und es warb wieder ein Schlachtfeld bei Effelborf (nach Absuchung der Wälder nach Preußen!) dazu bestimmt und präparirt, während dieser kriegerischen Vorkehrungen aber war die bayerische Armee nahe dran, eingeschlossen zu werden, da die Reservearmee unter dem Herzog von Mecklenburg inzwischen in Hof, Bayreuth und nach der Zersprengung eines unglücklichen von General v. Fuchs bei Seybottenreuth preisgegebenen Bataillons trotz aller Pforbten'schen Waffenruhe bis Nürnberg, Erlangen und so weiter maschirt war, auch dem weiteren Vordringen gegen München nichts im Wege stand, wo man schon an das Einpacken dachte. Jetzt brannte es Allen an den Fingern, auch unserem Hauptquartier, das sonst wahrscheinlich bis nach Thyrol fortretirirt und vielleicht dann dem Garibaldi, statt dem Manteuffel in die Hände gefallen wäre. Man fürchtete auch einen Einmarsch der Preußen durch den bayerischen Wald und suchte durch 30 sage dreißig Mann Reservisten die Donaubrücke in Straubing zu decken. Kurz die Confusion herrschte in den militärischen Kreisen Altbayerns noch mehr, als in denen Unterfrankens. Da warb freilich ein Friede à tout prix erwünscht und Herrn v. d. Pforbten, der ihn brachte, noch der Dank der Reichskammer votirt. Man hatte wenigstens jetzt seine Ruhe in München.

# Schlußbetrachtungen.

Außer der Schmach, welche die beschriebenen Retiraden auf Bayern gehäuft, hat dieser Krieg vielen Jammer, viel Elend über

Unterfranken und Aschaffenburg gebracht. Die schönsten Städte sind beschossen worden, die herrlichen Getreidefelder, Weinberge und Wälder verheert, Bürger und Bauern durch Einquartirungen und Requisitiönen an den Bettelstab gebracht, und, um das Ganze zu krönen, auch die furchtbare Geißel, die Cholera, in das sonst so glückliche Ländchen gebracht worden, wohin sie sonst nie vorgedrungen war. Tausend brave, ehrliche Herzen deckt die kühle Erde, tausende von Zähren, von Eltern und Bräuten, befeuchten die schmucklosen Grabhügel, wo der arme Soldat ruht. Hunderte liegen noch schmerzlich in den Lazarethen darnieder, oder werden als Krüppel (da leider auch kein Invalidenhaus in Bayern besteht) hülflos und von Sorgen verzehrt in die weite Welt gestoßen. Der Staat, dem sie ihr Blut geopfert, den sie nach v. d. Pforbten's Aussage gerettet, thut wenig für sie, viel aber hat schon die Privatwohlthätigkeit gethan.' Allen sei brüderlicher Dank dafür. Von höchsten Stellen ist allerdings wenig eingegangen: von Sr. Maj. dem Könige von Bayern 10,000 fl. (für die Oper Lohengrin waren 80,000 fl. bestimmt, Tristan und Isolde kostete noch mehr und Wagner am meisten (250,000!), von König Ludwig I. gar nichts. Dieser Fürst, der durch die großartige Vernachläßigung des Militärs während seiner Regierung (zu Gunsten seiner Bau- und sonstigen Liebhabereien) so viel zu den geringen Erfolgen dieses Krieges beigetragen, thäte unserer Meinung nach allerdings besser daran, statt Siegeslieder für Oesterreich an die Allgemeine Zeitung zu schicken, den in der Heilung begriffenen Kriegern, die ihr Blut für seine Dynastie geopfert, an seinem Namensfeste einige Flaschen Rothwein aus dem Hofkeller von seinen eingesackten „Erübrigungen" zu zahlen. Doch mag er alles behalten! Zweierlei Gewinne hat aber jedenfalls Bayern aus diesem Kriege gezogen. Nie mehr wird es hoffentlich eine Allianz mit Oesterreich schließen, welches auch diesmal wie immer bisher Bayern verrathen, trotz besiegelter Verträge einen einseitigen Frieden geschlossen hat. „Falsch ist Haus Oesterreich", das waren die Worte des guten Königs Max auf dem Todenbette, wohin ihn wohl die Sorge um den von Oesterreich schon damals verrathenen deutschen Bund gebracht. Den zweiten Vortheil wird dieser Krieg dadurch uns verschaffen, daß Bayern die nutzlosen, von v. d. Pforbten gestützten, Großmachts- und Triasideen für immer fahren lassen wird, die ihm so theuer zu stehen kamen.

------

# Unsere Lage und unsere Pflicht.

## Ein deutsches Wort

### an's bayerische Volk.

Nördlingen.

Druck und Verlag der C. H. Beck'schen Buchhandlung.

1867.

Wenn ein schlichter, der öffentlichen Rede nicht gewohnter Mann es wagt, seine Stimme auf offenem Markte zu erheben und vor Euch, theure Mitbürger, auszusprechen, was Kopf und Herz in dieser ernsten, für das weitere und engere Vaterland entscheidenden Zeit bewegt, so drängen ihn hiezu heiße patriotische Wünsche. Er fühlt sich getrieben, sie laut auszusprechen, weil ihm da und dort eine Trägheit und Gleichgültigkeit entgegentritt, mit denen er sich in schneidendem Contraste befindet, eine Stimmung, nicht kalt, nicht warm, gegenüber einer Lage, welche ganze Männer und ganze Entschlüsse erheischt.

Freilich hat das Gefühl in unsern politischen Bestrebungen seit dem Jahre 1848 eine oft nur zu große Rolle gespielt, und hätten wir dem Kopfe ein wenig mehr Rechte eingeräumt, die verschlungenen deutschen Verhältnisse kälter erwogen, das Mögliche ruhiger geprüft, so wäre uns der gewaltige Sturm des vorigen Jahres vielleicht erspart geblieben. Jetzt scheint es aber, als wäre das Gefühl überhaupt bei uns eingeschlafen, nicht nur das unklare, leicht erregbare gefühlige Wesen, welches uns manchmal schon mit dem Kopfe durchging und um das es gerade kein Schade wäre, nein! das ehrliche, kräftige, deutsche Gemüth, welchem die Integrität und die Wohlfahrt, die Einheit und die Freiheit des geliebten deutschen Vaterlandes über Alles geht, jene tiefe, pietätsvolle Liebe, welche der gemeinsamen Mutter Germania nicht nur mit begeisterten Worten huldigt, sondern welche bereit ist, ihr mit entsagender, selbstvergessender Treue Opfer darzubringen.

Oder ist es nicht so? Niemand würde sich mehr freuen, wenn es anders wäre, aber es will uns scheinen, als ob Viele aus den Gefühlen der Kränkung, der Verbissenheit, der verletzten

Eigenliebe, welche durch die Ereignisse des vorigen Sommers, durch unsern Bruderzwist hervorgerufen wurden, nicht herauskommen können oder wollen, als ob Viele vergäßen, daß nach ausgetragenem Streite die Pflichten gegen das gemeinsame Vaterland in ihrer ganzen Heiligkeit und Stärke die getrennt gewesenen Söhne mit um so lauterer Stimme rufen. Wäre es denn sonst möglich, daß da und dort Gedanken an's Tageslicht sich wagen, die sonst vielleicht gehegt, aber nicht ausgesprochen wurden, Discussionen in Brochüren und Zeitungen geführt werden, worin mit schamloser Stirne erörtert wird, ob die Anlehnung an Frankreich oder die engste Verbindung mit unsern deutschen Brüdern das Vorzuziehende, das Rentablere wäre?

Wenn das am hellen Tage geschieht, liebe Mitbürger, so ist es hohe Zeit, daß wir uns aufraffen, damit wir uns selbst nicht verlieren, Zeit, die Lampen zu füllen mit dem Oele der heiligen Vaterlandsliebe, denn die Stunde ist nicht ferne, wo sich an den Thörichten wie an den Klugen das Geschick erfüllen wird. Brü-dern ziemt es nicht, nach ausgetragenen Zwistigkeiten Haß und Grimm fort und fort zu nähren, nein! in einer Familie, wo es recht zugeht, sollen Liebe und Treue sie auf's neue nur um so inniger verbinden.

Ihr werdet sagen: Ja, das kann nicht so schnell gehen, das tiefe Rechtsgefühl, auf welches das deutsche Volk stolz ist, wurde in den Stürmen des verwichenen Jahres zu schwer gekränkt! Wir ehren und anerkennen dieses Gefühl, wir freuen uns desselben, ja es wäre nimmer ein Verlaß auf die Zukunft, wo es nicht vorhanden gewesen wäre. Finden sich aber unter uns Leute, welche vermei-nen, den Rechtsboden der Vergangenheit, welcher zum größten Theile schon verwest war, ehe er begraben wurde, wieder in's Leben rufen zu wollen? So thöricht werden verschwindend Wenige sein. Ist dem aber so, dann ziemt es sich für Männer, aus un-fertigen Zuständen einen neuen nationalen Rechtsboden sobald als möglich wieder begründen zu helfen.

Zu den Opfern, welche zu bringen sind, gehört eben auch einige Selbstverläugnung. Wohl hat sich manche liebgewordene, vorgefaßte Meinung als trügerisch erwiesen, und Alle hätten gewiß lieber die Einheit des Vaterlandes ohne Bruderkrieg begründet gesehen. Viele unter uns wollten der Selbstständigkeit der Einzelstaaten mehr gehuldigt wissen, als der Kraft des Ganzen, und ebenso wünschten Viele eine auch nur vorübergehende Trennung von Deutsch=Oesterreich vermieden.

Aber sagt doch selbst: Haben wir seit dem Jahre 1848 uns nicht vergeblich abgerungen nach dem hohen Ziele, hat nicht die eine Partei niederzureißen sich bestrebt, was die andere im Begriff war aufzubauen? Hatte nicht der Dualismus der beiden Großstaaten unser mühseliges Gewebe, so oft es feste Gestalt zu gewinnen schien, wieder in seine Bestandtheile zertrennt? Haben wir uns nicht in die Gefahr begeben, unsere besten Kräfte in dem Enthusiasmus allzu gehäufter Feste und in Verbrüderungsphrasen ohne reellen Werth zu verpuffen, haben wir nicht die ernste politische Arbeit, — gewiß die schwierigste, die es überhaupt gibt — zu oft verwechselt mit geräuschvollen Versammlungen und mit hochtönenden Resolutionen ohne das energische Wollen oder die Möglichkeit, sie praktisch durchzuführen? Hat Eine unserer Regierungen je anders als in schönen Worten die Willigkeit gezeigt, der Einigung des Vaterlandes ein nennenswerthes Opfer zu bringen? War es — besonders bei uns in Süddeutschland — nicht so weit gekommen, daß, wenn eine Anzahl Männer beisammen war, fast jeder eine andere Meinung über die Constituirung seines „Vaterlandes" hatte? Waren wir nicht auf dem Punkte angelangt, wo das deutsche Volk an seiner Fähigkeit, sich neu auf dauernden Grundlagen aufzubauen, zu verzweifeln anfing? Wenige werden diese Fragen zu verneinen wagen und den Schluß, der sich daraus folgerichtig ergibt, daß ein großer Theil der Schuld an den Ereignissen des verwichenen Jahres auf uns selbst zurückfällt, wenn gleich durch unsere Vergangenheit die Arbeit der Wiedergeburt schwerer für uns war, als für jedes andere Volk.

Zwei fast gleich große Staaten — Oesterreich und Preußen — stritten sich um die erste Stelle, um die Oberherrschaft im Vaterlande, und so lange der Streit währte, waren sie gewissermaßen die Garanten deutscher Zerrissenheit und deutscher Unmacht, die Garanten mittel= und kleinstaatlicher „Souveränetäten", welche denn auch für Beide, je nach dem drohenden Uebergewicht des Einen oder des Andern schöne Worte genug zu finden wußten.

Oesterreich, wenn gleich im Laufe der Zeit zu zwei Drittheilen slavisch und außerdeutsch geworden, erschien uns geweiht durch theure Erinnerungen an die längst entschwundene Herrlichkeit des deutschen Kaiserthum's, durch das Imposante eines stolzen, alten Staatswesens; es war begünstigt durch unsere Unkenntniß der Zustände seines halb mittelalterlichen, an so vielen Stellen faulen und kranken Staatslebens, von dem erst wiederholte ernste Proben den Beweis führen mußten, daß es in unlöslichen Widerspruch mit dem Geiste der neuen Zeit gerathen war. Es war begünstigt durch die von seinen Staatsmännern herbeigeführte, durch seine starke fremde Beimischung vielleicht auch bedingte, Abtrennung von dem geistigen und materiellen Leben des deutschen Volkes, durch die Entfernung, welche das sympathische Stammesgefühl zu den von uns getrennten Brüdern in Deutsch=Oesterreich zu steigern geeignet war, und welche uns Vieles in einer Beleuchtung sehen ließ, die sich nun als ein trügerisches Nebelbild erwiesen hat.

Preußen, allmählig sich bildend aus unserem eigensten Fleisch und Blute, aus den Ruinen des deutschen Reiches sich aufbauend, war durch große und willensstarke Fürsten und durch eine zähe, nachhaltige Volkskraft auf einen Grad gehoben, der es befähigte und sagen wir wegen seiner fast rein deutschen Bestandtheile, berechtigte, mit dem Nebenbuhler zu rechnen. Es hatte dazu auch die sittliche Weihe erhalten durch große Leistungen, welche es nach und nach an die Spitze des deutschen Volkes gestellt hatten: durch die vollständige Säuberung und Germanisirung des deutschen Nordens, durch die unvergeßlichen Befreiungskriege, durch die große geistige Bewegung, welche von dort aus mit und neben denselben einherging, ihnen folgte und befruchtend über das ganze Deutschland sich ergoß, durch die Entwicklung der einzigen nationalen Errungenschaft von höchster Bedeutung, den Zollverein. Viele erblickten deßhalb in Preußen den Hort der deutschen Zukunft, Viele aber stießen sich an den rauhen Seiten des preußischen Staates, an seinen geschichtlich gewordenen und vielfach abstoßenden Bestandtheilen, an großen und schweren Mißgriffen Preußens

auf politischem Gebiete, die nothwendig auf alle kleineren Staaten
drücken mußten; noch Mehrere litten an einer leidenschaftlichen
Voreingenommenheit, die, wie alle Leidenschaft blind, nicht nur
Haß, sondern auch Verachtung vor den angeblichen preußischen
„Windbeuteleien" zu nähren sich befliß.

Es kann hier nicht die Absicht sein, alte Wunden aufzureißen, nicht die Absicht, hier die Geschichte aufzurollen, und
zwischen den beiden Großstaaten Recht und Unrecht abzuwägen;
nur das sollte angedeutet werden: Dieser Zustand konnte nicht
dauern. Jedermann fühlte, daß einmal der Streit zwischen diesen
Beiden ausgetragen werden müsse, wenn aus Deutschland Etwas
werden sollte.

Dieser Streit ist ausgetragen; große Thatsachen haben die
politische Selbsterkenntniß unter uns geweckt, viele Illusionen hat
der Krieg, der unerbittliche Prüfstein staatlicher Kraft, zerstört;
ein neuer Boden ist geschaffen, auf dem, wenn wir nicht ganz un-
fähig uns erweisen, der deutsche Staat, jenes kräftige Staatswesen erstehen muß, von dem unsere Väter geträumt, den wir
selbst in wiederholten Versuchen erstrebt haben, der endlich unsere
reichen zerstreuten Kräfte in Einen Brennpunkt sammeln und uns
vor dem so oft uns höhnisch prophezeiten Schicksale bewahren soll,
die Juden oder die Griechen der modernen Welt zu werden. Schon
jetzt, nachdem 30 Millionen Deutsche unter der kräftigen Leitung
Preußens vereinigt sind, nachdem die kriegerische Tüchtigkeit der
deutschen Stämme sich auf's neue glänzend bewährt hat, wendet
sich Europa mit dem so lange und so schmerzvoll von uns ent-
behrten Respekte dem aufgehenden Gestirne zu; schon jetzt tragen
unsere Landsleute in Amerika und an allen überseeischen Stationen,
ja in allen außerdeutschen Ländern den Kopf höher und stolzer.

Also der Grund ist gelegt; auch der Mann hat sich gefunden, nach dem so Viele unter uns in den letzten Jahrzehnten
gerufen und geseufzt haben, der Mann, welcher mit starkem Geiste
und rücksichtsloser Entschiedenheit die Neugestaltung des Vaterlandes unternommen hat. Ich brauche ihn nicht zu nennen, den
Namen, der in Liebe und Haß Tausenden auf den Lippen schwebt.
Nun der Mann und die Sache da sind, sind sie für Viele zu

einem Stein des Anstoßes geworden. Freilich hat er mit rauher und rücksichtsloser Kraft eingegriffen in den Gang unserer Entwicklung, und Viele sind in ihrem Ideale bitter getäuscht worden. Aber war es nicht vielleicht nothwendig, daß die Vorsehung gerade uns einen solchen Mann geschickt hat, uns, die wir gewohnt waren, vor lauter Rücksichten unsere Absichten, unsere Ziele nicht zu erreichen, vor lauter Bäumen den Wald nicht zu sehen?

Man braucht den Erfolg nicht anzubeten, aber große, unabänderliche Thatsachen müssen im politischen Leben anerkannt und mit ihnen muß gerechnet werden. Sie werden auch von Solchen anerkannt, welche bisher entschiedene Gegner Preußens waren und auf der sogenannten großdeutschen Seite stunden, wenn bei ihnen nur überhaupt das Gefühl für die Wohlfahrt und die Ehre des Vaterlandes über die Eigenliebe und die Selbstsucht geht, wie es neuestens von Bischof von Ketteler in männlicher Weise geschehen ist.

Wie stellen wir uns nun zu diesen großen Thatsachen und ihren Folgen, von denen die wichtigste und erfreulichste der eben versammelte norddeutsche Reichstag ist, von welchem man bereits so viel weiß, daß die in ihm versammelten deutschen Männer aller Parteifarben von dem ernstesten Willen beseelt sind, den Bundesstaat diesmal auch wirklich und wahrhaftig aufzurichten, und daß man bereit ist, uns mit entgegenkommender Liebe in den nationalen Bau aufzunehmen, wenn wir nur wollen.

Es ist wohl der Mühe werth, diese Frage aufzuwerfen und nach der richtigen Antwort zu suchen.

Zu den für uns wesentlichsten und wichtigsten Folgen der Ereignisse des vergangenen Jahres gehört die Entlassung des Ministers v. d. Pfordten, und die Ernennung des Fürsten Hohenlohe zum Ministerpräsidenten. Wenige unter uns werden nicht tief aufgeathmet haben, als endlich, endlich der Mann vom Staatsruder entfernt wurde, der Bayern in seiner innern wie in seiner deutschen Politik stets verderblich war, der Mann, welcher die ihm von Preußen nach der Schlacht von Königgrätz zum Frieden dargereichte Hand zu ergreifen weder Selbstverläugnung noch Voraussicht genug besaß, aber es nicht für unwürdig hielt, die Unterstützung des Kaisers der Franzosen für die Friedensverhandlungen zu erbitten, derselbe Mann, der in beispielloser Selbstgenügsamkeit seine schwere Niederlage mit Phrasen auszuschmücken sich nicht entblödete, welche den Dank Bayerns herausforderten!

Der Fürst v. Hohenlohe, als ein redlicher, deutsch gesinnter und konsequenter politischer Charakter bekannt, begann seine Ministerlaufbahn damit, daß er bündig und mit männlicher Offenheit seine Ansicht über die einzig mögliche Stellung Bayerns aussprach. Kein süddeutscher Bund, kein Bund mit dem kranken Oesterreich, keine Anlehnung an Frankreich, keine Isolirung Bayerns, sondern Allianz mit Preußen und freisinnige Reformen im Innern. — So lautete in Kürze das Programm des Fürsten. So unbestimmt noch in positiver Beziehung, war es doch ganz offen und klar in dem, was sich für Bayern nicht ziemt, und ließ deßhalb die günstigsten Schlüsse auf seine deutsche Politik folgern. Das waren deutsche Worte ohne Phrase, wie man sie kaum je an diesem Orte vernommen, und weil sie das waren, fanden sie in ganz Europa Widerhall. In Rußland, England, Frankreich, Italien fühlte man von diesem Augenblick an, daß keine Macht der Welt die werdende Einheit der Deutschen aufzuhalten vermöge. Hat doch der weitsichtige und in der Kenntniß seiner Zeit so bewährte Kaiser der Franzosen in seiner Thronrede selbst es ausgesprochen, daß Deutschland „im Begriffe sei, seine zerstreuten Glieder zu sammeln."

Traurig genug, daß unser eigener vaterlandsloser hoher und niedriger Haufe nichts eifriger zu thun hatte, als Staub aufzuwerfen, den Fürsten zu verdächtigen und dem jungen, für sein Volk wohlgesinnten König Mißtrauen einzuflößen. Freilich fand man es schwer begreiflich, wie der Fürst Collegen übernehmen konnte oder mußte, deren deutsche Gesinnung hinter der seinigen mindestens weit zurücksteht, deren Bekehrung von neuestem Datum sein muß, ja von welchen Einer sogar das bereits erwähnte traurige Bittgesuch an den Kaiser der Franzosen mitgestellt hatte.

Der Fürst ließ es nicht bei Worten bewenden. Seine erste That war, die süddeutschen Staaten einzuladen, in gemeinschaftlichen Conferenzen die Grundzüge einer neuen Wehrverfassung festzustellen. Gleichartige Bewaffnung, Annahme der Grundzüge der preußischen Wehrverfassung, das wurde bekanntlich von Preußen als unerläßliche Vorbedingung künftiger Unterhandlungen über das Verhältniß der süddeutschen Staaten zum norddeutschen Bund gestellt.

Die Stuttgarter Conferenzen führten zu einem befriedigenden Resultate: Eine neue Wehrverfassung ist unserm Landtag zur Berathung und zur Bewilligung vorgelegt.

Das will sagen: Die Frage, über welche mit Redensarten nicht hinüberzukommen ist, welche für unsere Familien, für unsern Staat, für unser geliebtes großes Vaterland Segen oder Fluch bringen kann, naht sich der Entscheidung! Oft haben wir in Adressen, in Resolutionen die Worte: „Gut und Blut" gebraucht; heute handelt es sich wirklich um Gut und Blut, heute handelt es sich darum, ob Ihr Gut und Blut, ob Ihr Eure Söhne und große Opfer an Geld um Etwas Anderes darbringen wollt, als um einen großen Zweck zu erreichen, um Etwas Anderes, als um die einzelnen Glieder in einem großen deutschen Staatswesen zu einigen, dessen reiche Entwicklungsfähigkeit und dessen gewaltige Stärke uns die gebrachten Opfer in Zukunft lohnen wird.

Es ist Zeit aufzuwachen, liebe Mitbürger, Zeit, Euch aufzuraffen aus trostloser Gleichgiltigkeit gegenüber den heiligsten Interessen, Zeit, Eure Stimmen in gesetzlicher Weise vor dem Throne und vor der Landesvertretung laut werden zu lassen.

Es ist ein offenes Geheimniß, daß Fürst Hohenlohe von Ministerkollegen umgeben ist, die ihn heute lieber als morgen aus ihrer Mitte scheiden sähen, daß seine Stellung durch Einflüsterungen aller Art bei dem Könige erschüttert wird, daß die ganze Meute der Vaterlandslosen, der Stockpartikularisten und der Ultramontanen nur eine günstige Gelegenheit erwartet, um den Wankenden zum Sturze zu bringen. Wer bürgt Euch, daß, einmal die Wehrverfassung und die Mittel zu ihr bewilligt, dieselben nicht dem entgegengesetzten Zwecke dienen werden?

Ihr Alle und jeder Einzelne habt die Pflicht, Euch über die ungeheure Tragweite der vorliegenden großen Frage klar zu

werden. Es ist insbesondere Pflicht gegenüber der offenbar un=
sicher herumtastenden Landesvertretung Euch deutlich auszusprechen,
einer schwankenden Mehrheit zu zeigen, daß Ihr deutsch fühlt
und deutsch denkt. Es muß die Anschlußfrage offen er=
örtert, ausgesprochen werden, welche Opfer durch und von Euch
im Interesse der Gesammtheit freudig gebracht werden wollen.

Glaubt nicht, daß die Ereignisse Alles von selbst bringen wer=
den. Viele unter Euch beruhigen sich mit dem jetzt oft gehörten
unmännlichen, banalen Wort: „die Dinge gehen ja doch
ihren gewiesenen Weg!"

Freilich wohl! gehen sie ihren Weg und Niemand ist mehr
überzeugt als wir, daß Nichts die Gründung des deutschen
Staats mehr aufhalten kann, aber der Weg kann für uns durch
Blut und Trümmer führen. Er kann Euch nach einer zweiten
schweren Katastrophe, die nach den Opfern des letzten Krieges
Euren Wohlstand vernichten müßte, als gezwungene Glieder
dem Bunde Eurer Vaterlandsgenossen zuführen, und auf lange
in tiefe, drückende Abhängigkeit versetzen; während Ihr jetzt in
eigener freier Entschließung die Euch noch jüngst in so herz=
licher und versöhnender Weise durch den König von Preußen in
seiner Thronrede bei Eröffnung des norddeutschen Reichstages dar=
gebotene Bruderhand ergreifen könnt.

Oder glaubt Ihr etwa, 30 Millionen Deutscher hätten nicht
ebenso wohl das Recht als die Pflicht, ihren verlorenen Söhnen
nachzugehen? Für Deutsche gibt es keine Mainlinie, „die Main=
linie bedeutet, wie im norddeutschen Reichstage von einem war=
men Patrioten gesagt wurde, nichts anderes, als einen vorüber=
gehenden für beide Theile heilsamen Ruhe= und Haltpunkt." Von
Euch hängt es jetzt ab, die Einigung der deutschen Stämme von
den „Alpen bis zum Meere", welche jüngst in einem feierlichen
Augenblicke mit ebenso großer Mäßigung als Entschlossenheit und
Zuversicht verkündet wurde, in freier Entschließung vollziehen zu
helfen und in edlem Wetteifer mit den norddeutschen Brüdern
Euch als würdige Glieder des neuen Bundes zu erweisen, und
so der großen Vergangenheit Süddeutschlands durch neue Leist=
ungen für das Vaterland Euch ebenbürtig zu erweisen.

In **Bayern**, dem größten süddeutschen Staate, muß die große Frage entschieden werden, und muß, wenn wir nur unsere Schuldigkeit thun, in einer Weise gelöst werden, welche gleichmäßig zum Wohle Deutschland's wie Bayern's dient.

Dazu ist es aber nothwendig — wir wiederholen es — daß Ihr Euch laut und entschieden ausprecht.

Erklärt der Landesvertretung und durch sie dem Throne, daß Ihr die schweren Opfer, welche Euch die neue Wehrverfassung auferlegt, mit Freuden bringet werdet, wenn ihr die Bürgschaft erhaltet, daß sie dem hohen Zwecke der Einigung Deutschlands zu gute kommen, erklärt, daß Ihr ein inniges Verfassungsbündniß mit dem norddeutschen Bunde wollt. Daß das letztere möglich ist, wenn der norddeutsche Bundesstaat erst feststeht, beweisen die feierlichen Zusagen des Königs von Preußen und seines ersten Ministers vor dem versammelten Parlamente, beweisen die eben gehörten Reden unserer Brüder im Reichstage. Erklärt, daß Ihr der einheitlichen Centralgewalt eines großen und mächtigen Deutschlands diejenigen Opfer bringen wollt, welche ein enges Verfassungsbündniß erheischt. Auf daß aber diese Eure berechtigten Verlangen wirklich erreicht werden, so erklärt, wie es in Wahrheit ist, daß die Mehrzahl der Kollegen des Ministerpräsidenten das Vertrauen des Landes nicht besitzen; daß ein deutschgesinntes freisinniges Gesammtministerium die Bürgschaft gewähren müsse, daß beide Theile des Hohenlohe'schen Programms, nationale Politik gegenüber unsern Stammesgenossen, freisinnige Politik im Innern, auch wirklich zur Ausführung gelangen.

Wie unerläßlich eine kräftige, organisatorische, freisinnige Politik im Innern ist, hat der Krieg bewiesen, welcher nicht nur gezeigt hat, daß in unserer Zeit isolirte kleinere Staaten dem Staatszwecke nicht voll genügen können, sondern der auch viele faule Stellen aufgedeckt hat, welche in dem kleinsten Staate nicht vorkommen sollten. Seht auf den trägen Gang unserer Staatsmaschine seit den letzten Monaten, einschließlich des Landtages, und Ihr werdet die folgende Bemerkung nicht zu hart finden, welche in dem Referate des Abg. v. Stauffenberg über den Heeresverfassungsentwurf niedergelegt ist:

„Täuschen wir uns nicht! Mit der Erhöhung des stehenden Heeres und mit dem Ausexerziren einer großen Anzahl Mannschaft ist es allein nicht gethan. Wenn wir nicht wollen, daß eine eiserne Faust von Außen uns aus unsern stagnirenden Verhältnissen aufrüttelt, müssen wir das Werk der Reform, und nicht allein der Militärreform, selbst ohne jede Verzögerung in die Hand nehmen. Die Lebensfähigkeit eines Staates wird nicht allein durch die Menge der von ihm aufgestellten Soldaten bewiesen. Steuern wir noch eine Zeit lang in der gleich prinziplosen Unklarheit und Willkür weiter, so kann es keinem Zweifel unterliegen, daß wir bald am Anfange des Endes stehen. Ich halte es für patriotische Pflicht, dieß rücksichtslos auszusprechen."

Erklärt auch offen, daß die unverantwortlichen Einflüsse des Cabinets-Sekretärs und seiner Genossen, welche sich so oft schon zum bittersten Nachtheil zwischen Krone und Minister gestellt, gegenüber so hochwichtigen Entscheidungen ein Ende nehmen müssen. Verlangt, daß Eure Landesvertretung die Mittel der neuen Heerverfassung nicht bewillige, ohne daß in solcher Weise Klarheit in die Lage gebracht ist.

Wenn Ihr dieses thut, ehrlich und wahr, so werdet Ihr damit eine große Pflicht gegen Euch Selbst, gegen Bayern, gegen Euren jungen König, gegen Deutschland erfüllen.

Zuerst gegen Euch Selbst. Was wird die Folge sein, wenn wir in dem Zustande der Isolirtheit verharren? Der schwere Druck, welcher nun seit Monaten auf der Arbeit, auf den Combinationen der Industrie und des Handels lastet, muß er nicht unsere Kraft erlahmen, an unserm Marke zehren? Womit wollen wir den großen nie gekannten Anforderungen an unsere Steuerkraft genügen, welche die Vereinzelung gewiß nicht mindern, sondern noch erhöhen würde. Befinden wir uns nicht in volkswirthschaftlicher Beziehung auf einer Insel, und ist eine Kündigung des Zollvereins nicht gleich einer Blokade, die uns vollständig aushungern kann? Oder glaubt Ihr, daß die vereinten 30 Millionen Deutschen, mit ihren Seehäfen, ihrem Welthandel, durch unser kleines Süddeutschland sich Bedingungen vorschreiben lassen? Also auch Euer materielles Wohl ist mit der Erreichung der höchsten nationalen Güter innigst verbunden. Wollt Ihr da noch zaudern?

Die großen Lasten, welche die Ausdehnung der Wehrpflicht auferlegt, werden nur dann eine Erleichterung erfahren können, wenn der deutsche Staat fest begründet ist, wenn Einer für Alle und Alle für Einen stehen, wenn Jeder fürchten muß, niedergeworfen zu werden, der unsere Grenzen anzutasten sich erfrechen wollte. Dann wird auch die Frage über die Präsenzzeit eine günstige Lösung finden.

Zum andern gegen Bayern, gegen den aus Bayern, Franken und Schwaben zusammengesetzten bayerischen Staat, der, obgleich zur guten Hälfte aus „Annexionen" bestehend, in seinen drei sich ergänzenden Stämmen vielfach ein frisches und kräftiges Staatsleben entwickelt hat, welches uns lieb und theuer, und dessen Verfassung nach schweren Kämpfen durch versöhnliches Entgegenkommen von Krone und Volk befestigt uns heilig geworden ist. Ein Staatsleben, welches noch reifere Früchte bringen wird, wenn der Kreislauf des Blutes in alle Glieder eines großen deutschen Staatskörpers bringt, ohne welchen, wie die Ereignisse des vorigen Jahres bewiesen haben, auch unser Sonder-Leben sich nicht kräftig und voll entfalten kann.

Oder ist es etwa an dem, was kurzsichtige oder schlechte Leute sich selbst und Euch weiß machen wollen, daß Bayern vorerst sich selbst genüge und bei neuen Verwicklungen mit Frankreich oder Oesterreich seine Rechnung besser finden könnte, als durch Aufopferung seiner „Souveränetät" an Preußen und den norddeutschen Bund, was ja in kurzem gleichbedeutend sein wird mit Deutschland?!

Bayern war am wenigsten „souverän" in der traurigen, unseligen Zeit des Rheinbundes, als es dem französischen

Kaiser Heeresfolge gegen seine deutschen Brüder leistete. Habt Ihr vergessen, auf wie vielen Schlachtfeldern unsere Landsleute von Napoleon geopfert wurden, welche Hekatomben der russische Feldzug allein verschlang? Wie war es denn damals mit der bayerischen „Selbständigkeit" bestellt? Hatte damals die bayerische Diplomatie Anderes zu thun, als die Befehle des Gewaltigen unterthänigst auszuführen? Es ist höchst traurig und tief beschämend, die Erinnerung an die Zeit der Knechtschaft und des Abfalles heraufbeschwören zu müssen, noch dazu in dem Augenblicke, wo Thiers und seine Freunde vor Neid und Haß bersten möchten über die Kräftigung Deutschlands, welche sie die „Schwächung Frankreichs" nennen.

Und Oesterreich! Das tief kranke Oesterreich! Soll von diesem Gutes, Hilfe für Eure partikularistischen Strebungen kommen? Wissen denn unsere Partikularisten nicht, daß Oesterreich und Bayern stets Todfeinde waren, wenn sie nicht ein schützendes deutsches Band umfaßte? Sind denn die Lehren der Geschichte ganz vergessen?

Zum Dritten ist es Pflicht gegen unsern für sein Volk so wohlgesinnten König.

Es gibt Zeiten, wo es ein Verbrechen ist, Fürsten zu verschweigen, was die Ziegel auf den Dächern predigen und die Steine in den Straßen reden. Sagt Eurem Könige, daß ein großherziger deutscher Entschluß, welcher zum Heile des ganzen Vaterlandes Opfer an einzelnen Souveränetätsrechten bringt, deren Werth in gefahrvollen Zeiten für einen kleineren Staat ohnedieß höchst zweifelhaft ist, die besten Bürgschaften für die Krone und die innere Selbständigkeit des Landes bietet. Sagt offen, was allen einsichtigen Männern klar ist, was in der Presse täglich besprochen wird, daß, so gewiß Gott Deutschland zu einem zweiten verjüngten Leben berufen hat, der Einheitsstaat über die Krone und über uns hinwegschreiten wird, wenn wir durch abermalige hartnäckige Verweigerung der Opfer, welche das Wohl des Vaterlandes erheischt, den Bundesstaat unmöglich machen.

Endlich und nicht zum mindesten gegen Deutschland.

Es ist keine Zeit zum Zaudern. Ganz Europa wird von dem dunklen Gefühle bewegt, daß der Weltfriede von keiner langen Dauer sein werde. Mag die Gefahr von Frankreich drohen, oder von Rußland kommen, welches eifrig schürt, die im ganzen Orient gährende Bewegung zum Ausbruche zu bringen, genug, der Instinkt der kommenden Gefahr ist allenthalben in der Luft verbreitet. Der schützende Bau, die feste Burg, welche alle deutschen Volksgenossen vereinigen sollen, müssen rasch vollendet werden. In dem Augenblick, wo er gefördert wird, „in der einen Hand die Kelle, in der andern die Waffe", kann Bayern durch redliche Pflichterfüllung Deutschland einen großen Dienst leisten. Eine ehrenvolle und seiner Bedeutung würdige Stellung wird ihm dann sicher nicht verweigert werden. Aber säume es nicht, was geschehen soll, muß bald geschehen.

„An's Vaterland, an's theure, schließ Dich an". So haben wir oft gesungen und geschworen, laßt es uns zur vollen, herrlichen Wahrheit machen! Trage Jeder nach seiner Fähigkeit in selbstverläugnender Liebe dazu bei, ein neues starkes Band schlingen zu helfen um die deutschen Stämme und dadurch Deutschland zu dem zu machen, wozu es durch seine Lage im Herzen Europa's, durch seine geistige Größe und durch seinen maßvollen Charakter berufen ist, zu einer Macht ersten Ranges unter den großen Culturvölkern der Erde, zu einem Wächter des Rechts und einem Horte der Freiheit.

Mitbürger, überlegt, was ich Euch auf wenigen Seiten, schlicht, aber aus warmem deutschen Herzen gesagt habe, und wenn Ihr überlegt habt, so handelt, handelt, ehe es zu spät sein wird, thut, was Ehre und Pflicht gebieten, thut's in großherziger, wahrhaft deutscher Gesinnung aus freiem Entschlusse, bevor die Ereignisse — ich wiederhole es — Euch unter neuen schweren Opfern dazu zwingen. Verlangt von Euren Vertretern, von Eurer Regierung, daß aus den allgemeinen Redensarten endlich herausgetreten, daß die Bedingungen gestellt und erörtert werden, unter welchen Bayern geneigt sei, dem norddeutschen Bunde, dem Anfange und Kern eines gemeinsamen deutschen Bundesstaates beizutreten, Bayern und damit auch die übrigen

südbeutſchen Staaten. Antwortet mir nicht mit dem Bedenken der
Freiheitsfrage. Ich habe ſie in meiner Anſprache an Euch nicht
überſehen. Sie liegt mir nahe, wie nur irgend einem unter Euch.
Ich habe ſie abſichtlich nicht erörtert. Ich will Euch ſagen, warum.
So lange die Welt ſteht und es eine Geſchichte gibt, ſind Völker
aufgeſtiegen und niedergegangen, aber noch nie hat Gott einem
Volke Alles, was es nur wünſchen mochte, Alles, was es heiß
und mit vollem Rechte verlangte, auf einmal gewährt. Warum
ſollten wir Deutſche eine Ausnahme machen? Wie konnten, wie
können wir allein unter allen Völkern erwarten und verlangen,
daß uns Einheit und Macht und Freiheit alle auf einen Schlag
zu Theil werden? Die Macht, die haben wir bereits in den
feſt organiſirten 30 Millionen unſerer Stammesgenoſſen des nord=
beutſchen Bundes — das bekennt uns die öffentliche Meinung
Frankreichs alle Tage, die ſie nicht nur als ihm gewachſen aner=
kennt, ſondern bereits und mit vollem Rechte für ſeine bisher in
Europa behauptete Stellung fürchtet; die Einheit werden wir
haben, ſobald wir ſelber wollen, ſobald die ſübbeutſchen Staaten
bem norbbeutſchen Bunde beigetreten ſein werden; die Freiheit
ober richtiger geſagt, der Freiheiten viele, deren ein großes
und ebles Volk werth iſt und deren es auf die Dauer gar nicht
entbehren kann, werden wir bagegen uns erſt noch erkämpfen
müſſen, aber, ſo Gott will, werden wir ſie uns auch erkämpfen.
Das iſt die Aufgabe der Zukunft und die Zukunft wird uns auch
bie Erfüllung bringen, nachdem der jetzt verſammelte Reichstag
bes norbbeutſchen Bundes uns, woran bereits nicht mehr zu zwei=
ſeln iſt, die Bahn bazu frei gemacht haben wird. Was ſind einige
Jahre im Leben einer großen Nation? Auch Rom iſt nicht an
Einem Tage erbaut worden.

Ihr aber, die Ihr Euch thöricht bem Laufe der Geſchichte,
bem beutlich ausgeſprochenen Willen der Vorſehung entgegenſtemmt,
bedenkt, ehe es zu ſpät iſt, daß das ernſte Schriftwort, wie auf
ben Einzelnen ſo in großen Kriſen auch auf Staaten ſeine An=
wendung findet:

„Wer ſein Leben lieb hat, der wird es verlieren!“

# Was wollen wir?

## Armee - Reorganisation

### oder

## Armee - Desorganisation?

### Bayerische Existenzfragen,

beantwortet von einem deutschen Patrioten.

Wehrhaft und ehrenhaft
oder
wehrlos und ehrlos?

Dritte Auflage.

München, 1867.
Cäsar Fritsch.

Gedruckt bei J. Gotteswinter & Mößl, Theatinerstr. 18.

# I.

## Armeezustände in Deutschland vor und nach dem Kriege von 1866.

Seit dem vorigen Sommer ist die Militärfrage, das heißt die Frage der Umgestaltung der bisherigen unzulänglichen Militärverfassungen und die Einführung der allgemeinen Wehrpflicht auf der Tagesordnung geblieben, und die Cardinalfrage in allen Ländern und Staaten geworden. Alle anderen Fragen treten momentan vor dieser zurück, und nach dem Urtheile aller Besonnenen muß diese vor allen anderen Fragen erledigt und zur Entscheidung gebracht werden.

Die großartigen Erfolge der preußischen Armeen in dem siebentägigen Kriege in Böhmen, die totale Niederlage der bis dorthin von oberflächlichen Leuten als unüberwindlich gehaltenen östreichischen Armee, das rapide Vordringen der preußischen Armeen bis vor die Thore Wiens und Preßburgs, und die Mißerfolge, welche leider die süddeutschen Truppen trotz der selbst vom Gegner anerkannten Tapferkeit unserer Soldaten aufzuzählen hatten, haben die Völker aus ihrer Ruhe und Lethargie aufgerüttelt und die Ueberzeugung Allen ohne Ausnahme aufgedrängt, daß es so nicht bleiben könne, daß Etwas geschehen müsse, ja daß Viel und bald geschehen müsse, wenn die Existenz der süddeutschen Staaten nicht in Frage gestellt, wenn diese nicht der Spielball jeder eroberungslustigen Macht, die Beute des Auslandes werden sollten. Auf die aus widerlich streifende Verachtung und Unterschätzung des preußischen Staates und seiner Armee, welche im Sommer vorigen Jahres ihren Höhepunkt erreicht hatte, folgte nach den großen Enttäuschungen der Juni- und Julitage eine gänzlich deprimirte Stimmung. Die Ueberraschung war noch viel größer als die Entrüstung und Trauer. Hie und da fing man auch an in das ebenso widerliche Gegentheil umzuschlagen und alle Schuld einzig und allein der Führung, den Befehlshabern, dem Generalstabschef unserer Armee ⁊c. beizulegen. Bald gab man

1*

Oeſtreich und ſeinem „inneren Syſteme" die Schuld bald wieder Baden und deſſen hohen Führer\*) (als ob der kleinſte Staat und das kleinſte Contigent hätte den Ausſchlag geben können) allenthalben witterte man Unfähigkeit und Verrath. Eine Fluth von Schmähartikeln und Pamphleten erſchien worin theils milchbartige Jungen ſich zu großen Strategen aufwarfen und die Heerführung zu kritiſiren wagten, theils Leute zur Feder griffen, die beſſer den Säbel zu führen verſtehen und ihren Privatgefühlen, ihrem Aerger über angebliche Zurückſetzung, Ungerechtigkeiten, in bedauerlicher Weiſe Luft machten. Man benützte die traurige Lage, die durch das Unglück unſerer Waffen geſchaffen wurde zu Akten niedriger Privatrache und hämiſchen Angriffen gegen hochgeſtellte Perſonen

---

\*) Die niedrigen Verläumbungen gegen den Prinzen Wilhelm gingen von Wien, von hoher Seite aus. Die perfiden Oeſtreicher, deren Truppen ſich bei Aſchaffenburg gänzlich unzuverläſſig gezeigt haben — (von dem italieniſchen Infanterieregimente „Baron Wernhardt" deſertirte faſt die Hälfte zum Feinde) — ſuchten überall die Schuld von ſich abzuwälzen und auf Andere zu laden. Das iſt einmal ſo ächt öſtreichiſch-habsburgiſche Taktik! Der öſtreichiſche General Graf Huyn, welcher durch ſein prätenſives, unkameradſchaftliches und für einen Cavalier höchſt rohes Weſen im bayeriſchen Hauptquartier allgemein verhaßt war, und ein höherer Offizier der ſo ſchmählich beſtandenen öſtreichiſchen Brigade Hahn ſind die Urheber der ſchändlichen Verläumbungen gegen den Prinzen. Wer den Prinzen Wilhelm von Baden näher zu kennen die Ehre hat wird von ſeiner Leutſeligkeit, ſeinen liebenswürdigen perſönlichen Eigenſchaften entzückt ſein und die ſoldatiſchen Eigenſchaften desſelben bewundern. Prinz Wilhelm iſt eine ächt deutſche, biedere Natur und ein Soldat von ächtem Schrott und Korn. Daß er ſtets preußenfreundlich geſinnt war, den unheilvollen Bundesbeſchluß vom 14. Juni beklagte, es tief bedauerte, daß die deutſchen Südſtaaten ſich nochmals in die Netze des perfiden Kaiſerſtaates locken ließen und die nichtswürdige volksfeindliche Politik Oeſtreichs unterſtützten iſt bekannt und daraus machte der edle Prinz auch niemals ein Geheimniß. Daß er ſich von dem Kriege keinen Erfolg ja nur Schmach und Schande verſprach iſt ebenfalls bekannt. Der Prinz kannte die Wehrkräfte Preußens zu genau, ſowie ihm andrerſeits die Mängel und Gebrechen der öſtreichiſchen Armee nicht unbekannt waren, und er genau wußte, daß die Hunderttauſende dort nur auf dem Papiere ſtehen u. ſ. w. — Sowie General von der Tann in München hielt Prinz Wilhelm in Carlsruhe es für Pflicht eines ehrlichen Soldaten auf dieſe Umſtände aufmerkſam zu machen. Nachdem jedoch Se. K. H. der Großherzog (der im Herzen eben ſo wenig den Krieg wünſchte wie unſer edler hochherziger König Ludwig II.) durch die Intriguenpolitik Oeſtreichs und deſſen Helfershelfer die v. d. Pfordtens, Edelsheims ꝛc. zum Krieg gezwungen worden war, da gab es für den Prinzen Wilhelm keine Privatneigung, keinen andern Geſichtspunkt mehr als die Befehle ſeines Herrn und Bruders treu und ehrlich als ächter Soldat auszuführen. Er hat es gethan, nur die Lüge und Verläumbung bezahlter öſtreichiſcher Scribenten kann es in Abrede ſtellen. An der Tauber, am Main, bei Werbach (am 24. Juli) ſchlugen ſich die Badenſer mit Muth und Bravour — zehnmal beſſer — als die öſtreichiſchen Panduren und Italiener, die lieben „deutſchen Brüder!" Mehr Ehre hat Prinz Wilhelm mit ſeinen Braven ſeinem Lande jedenfalls gemacht als die Huyns und andere Protektionsgeneräle dem ihrigen!

vor welchen man sich noch einige Wochen zuvor mit Bedienten=
Servilität gebückt hatte. Unter der heuchlerischen Maske des
Patriotismus prostituirte man Heer und Führer des eigenen
Landes — eine Gemeinheit die zwar vor dem Richterstuhle des
Gesetzes straflos ausging, nichts desto weniger jedoch von jedem
honetten Menschen entschieden mißbilligt wurde. So wie um
St. Simon und Judä der See rast und seine Opfer haben will
so gelüstete es den Massen die kurz zuvor laut nach Krieg schrien
und nun den ganzen Krieg verwünschten nach Opfern. Man
war ungerecht genug gerade die anerkannt tüchtigsten und geach=
testen Führer willkührlich herauszugreifen und an diesen — we=
nigstens auf dem Papiere — Lynchjustiz zu üben. Wie leidenschaft=
lich aufgeregte Massen stets ungerecht sind gab man einzelnen Per=
sonen die Schuld und wollte selbst frühere, unbestrittene der Ge=
schichte angehörende Verdienste derselben nicht mehr gelten lassen.
Der Feind selbst war gerechter als die eigenen Landeskinder! Man
vergaß, daß man jahrelang nichts Besseres zu thun wußte als
auf die Herabminderung des Armeestandes zu bringen, über die
Lasten des großen Militärbudgets zu klagen und über das „immer
und ewig Exerciren" zu spötteln. Man betrachtete die Armeen als
einen kostspieligen Luxus — nun hatte man die Folgen davon! —
Die Broschürenfluth und die gegenseitigen „Anklageakte" und
Brandschriften standen noch in schönster Blüthe als die Stimmung
der Bevölkerung bereits eine merkliche Wandlung erfahren hatte.
Der blinde Haß gegen Preußen, die angeborenen und leider nur
allzu eifrig genährten Vorurtheile gegen die „Norddeutschen" hatten
bald bei Vielen einem richtigeren Urtheile Platz gemacht. Sehr bald
hörte man die „Kriegstüchtigkeit", die „Schlagfertigkeit", die „hel=
denmüthige Tapferkeit der preußischen Soldaten", und die Ge=
nialität ihrer Führer rühmen leider zu häufig auf Kosten
der eigenen Landeskinder. Es wäre übrigens ungerecht hier von
einem „Anbeten des Erfolges" kurzweg zu sprechen, denn nicht
die Erfolge waren es, welche man bewunderte; diese konnten
kein anderes Gefühl als das der Trauer und Wehmuth hervor=
rufen. Indem man vielmehr nach den Ursachen dieser Erfolge
forschte, konnte man sich der betrübenden Wahrnehmung nicht ver=
schließen, daß in der Ueberlegenheit des Gegners der Haupt=
grund seiner überraschenden Erfolge zu suchen sei.

Man haßte jetzt noch die Preußen, aber Niemanden
fiel es mehr ein sie zu verachten. Und selbst der Haß der
aus allerlei Motiven entsprang und mehr künstlich genährt wurde
als aus der Tiefe des Herzens kam wich bald anderen Gefühlen.

Ein Wunsch wurde aber allenthalben laut: „es möge bei
uns doch auch die Armee auf solche Weise herangebildet

werden wie in Preußen; an Material und an Tapfer=
keit und Tüchtigkeit der Leute fehle es gewiß nicht.

So brach sich eine bessere Meinung schon damals die Bahn
als gewisse Leute daran dachten den unglückseligen Krieg noch
weiter fortzuführen, als man sich nicht gescheut hätte noch mehr
unnützes Blut zu vergießen und „justament" nicht nachzugeben;
ja als Einzelne selbst pflicht= und ehrvergessen genug waren auf
die Hilfe des Erbfeindes Deutschlands, des ländergierigen lauernden
Franzosen zu rechnen und diese sehnlichst herbeizuwünschen! (Im
bayerischen Volke fand sich eine solche schändliche, landesver=
rätherische Gesinnung Gottlob nirgends vor, aber daß sie in ge=
wissen Bureaus und Hotels — aus welchen man nun glücklicher=
weise die bösen Geister ausgetrieben und die Luft gereinigt hat —
gespuckt hat, das ist heute wohl evident erwiesen).

Man lernte die Preußen auch im persönlichen Verkehr näher
kennen, und so gerne unsere Bevölkerung auf die nähere Bekannt=
schaft unter solchen Umständen verzichtet hätte und fast überall
eine sehr reservirte würdige Haltung zeigte, konnte man doch nicht
umhin die ausgezeichnete Disciplin und das tadellose Verhalten
derselben anzuerkennen. — Die einfachsten Leute kamen zur Ein=
sicht, daß in gewissen den Gelüsten des Tages fröhnenden Jour=
nalen grell übertrieben und die Feinde als Schreckbilder und Unge=
heuer hingestellt worden waren — eine Schilderung die mit der
Wirklichkeit stark kontrastirte. Man fand vielmehr, daß die Mehr=
zahl der preußischen Soldaten aus höchst gebildeten, artigen und
gesitteten Leuten bestehe, die sich bescheiden und anständig benehmen
und wenn man auch terrorisirt von gewissen Tonangebern an=
fänglich selbst den Concerten ihrer vortrefflichen Musikchöre ferne
blieb, und sich nicht auf den Straßen mit Soldaten zeigen wollte,
so hegte und pflegte man sie im Hause um desto mehr. Heute
noch erzählen die Preußen ihren Frauen und Verwandten wie
gut es ihnen in Bayern gegangen sei, wie sie dort wider alles
Erwarten freundlich bewirthet und liebevoll aufgenommen worden
seien u. s. w. Ausnahmen gab und gibt es freilich allenthalben,
und so mögen auch hier vereinzelte weniger freundliche Begeg=
nungen vorgekommen sein — da ja — Dank der unglückseligen
Politik des Herrn von der Pfordten und seiner Hartnäckigkeit
selbst nach der Schlacht von Königgrätz — die Preußen als
„Feinde" zu uns ins Land gekommen waren. Aber die täp=
pischen Erfindungen und blöden Mährchen welche der „Volksbote"
längere Zeit hindurch in Ermanglung anderen Stoffes seinen an
derbe Kost gewohnten Lesern auftischen zu müssen glaubte wird
Jeder als Erfindungen eines verfehlt organisirten Gehirnes er=
kennen, der wie wir Gelegenheit hatte die verschiedenen bayerischen

Städte zur Zeit der preußischen Okkupation zu besuchen. Nirgends kam auch nur ein so greller Fall vor wie die angebliche Verhöhnung eines Kruzifixes durch preußische Soldaten, wovon der „Volksbote" vor Monaten zu erzählen wußte um den fast erloschenen Preußenhaß zu schüren. Dagegen war man vielmehr in Aschaffenburg und Würzburg nicht wenig über den frommen Eifer, die tiefe ungeheuchelte Religiosität der rheinischen und westphälischen Soldaten erbaut, wenn diese stundenlang die Beichtstühle belagerten, wenn Offiziere und Mannschaft gemeinschaftlich zum Tische des Herrn gingen und sich überhaupt bei jeder Gelegenheit als getreue und entschiedene Katholiken bekannten. Dergleichen war man bei uns — obwohl wir uns auf unsere Katholicität sonst so viel zu Gute thun — nicht gewöhnt, und die Vergleiche die gar häufig zwischen der Seelsorge in der preußischen und in unserer Armee angestellt wurden fielen ganz entschieden zum Vortheile der ersteren aus.

Die Ueberzeugung, daß man „vom Feinde lernen müsse" drängte sich selbst den „nativistischesten Kreisen" auf. Man hielt es nicht mehr für Schande dies zu bekennen, man hielt es vielmehr für eine Schande, daß man unvorbereitet mit einem solchen überlegenen und mächtigen Gegner den Kampf aufnahm und wieder einmal dem lieben Oestreich zu Gefallen aufs Eis ging, das in seiner gewohnten ächt habsburgischen Weise seine Bundesgenossen im Stich ließ; und uns noch die Schuld für das Mißlingen des Ganzen in die Schuhe schob. Der Nothwendigkeit einer Reorganisirung der süddeutschen Armeen verschloß sich Niemand mehr, und da die preußische Heeresorganisation sich so glänzend bewährt hatte, da selbst die Gegner Preußens die Vorzüge derselben anerkannten und ihr allein die Erfolge des letzten Sommers zuschrieben, so wurde im Volke allerorts der Wunsch nach Einführung dieser bewährten Institutionen und somit der allgemeinen Wehrpflicht auf welcher die preußische Armeeverfassung beruht laut.

Wenn nach der Schlacht von Königgrätz ein östreichisches Journal äußerte: „Bei Königgrätz habe eigentlich nicht das Zündnadelgewehr gesiegt, sondern der preußische Schulmeister habe den östreichischen Schulmeister geschlagen", so enthält dieses geflügelte Wort für Oestreich sehr viel Wahrheit.

Der 3. Juli 1866 war allerdings ein glänzender Sieg des deutschen Geistes über die halbbarbarische Wildheit der Kroaten und Pandurenschaaren! Ein Sieg der Intelligenz über die Stupidität und Indolenz. Ein Sieg der Genialität und wissenschaftlichen Taktik über das Prinzip des ungeregelten blinden Dreinschlagens! Ein Sieg des modernen Culturstaates, über den auf

mittelalterlichen Prinzipien fußenden Bureaukraten= und Polizei=
staat, ein Sieg des Fortschrittes über die Stagnation! Was schon
zu Friedrich des Großen Zeiten zum Sprüchwort geworden war,
das galt auch heute noch: In Preußen alles straff, in Oestreich
alles schlaff! —

Wenn übrigens obiges Gleichniß von dem Siege der
Schullehrer, d. h. der Bildung in Bezug auf Oestreich ganz
treffend ist, so paßt es doch auf Bayern und den deutschen Süden
keineswegs und wir müssen dagegen protestiren, wenn Wiener
Journale so freundlich gewesen sind uns mit den Oestreichern in
einen Topf zusammen zu werfen. Unsere Soldaten haben helle
offene Köpfe, klaren gesunden Verstand vom Hause aus und haben
wenig Aehnlichkeit mit den Panduren, Croaten und Czechen des
Kaiserstaates, die man so lange als unsere „deutschen Brüder“ zu
bezeichnen beliebte. An Intelligenz fehlt es unserer Armee durch=
aus nicht, weder ihren Führern noch der Mannschaft! Und da
ferner Tapferkeit, Muth, Vaterlandsliebe, körperliche Kraft auch
Niemand unserer Armee absprechen wird — Eigenschaften die
auch in dem letzten unglückseligen Feldzuge sich glänzend bewährt
haben — so müssen bei uns die Unfälle ganz anderswo zu suchen
sein als in den nach einer Schlacht total besiegten in wilde Flucht
aufgelösten und nur durch die Ermüdung des Feindes vor völliger
Vernichtung verschonten östreichischen Armee.

Will man wissen, was unserer Armee gefehlt hat, dann lese
man die Aussagen des Hrn. Generalstabsobersten Graf Bothmer,
welcher als Vertreter des Kriegsministeriums in dem „Prozesse
Zander“ fungirte, nach. Graf Bothmer zählt bekanntlich zu den
intelligentesten und ausgezeichnetsten Officieren unserer Armee.
Wir lassen hier mehrere seiner Aussagen wörtlich folgen. Bezüg=
lich der Stärke der beiderseitigen Armeen und die Wirkungen des
Zündnadelgewehres sprach sich derselbe dahin aus:

Die bayerische Armee hatte, wie sie bei Meiningen stand, bei einer
Stärke von 40,000 Mann höchstens 30,000 Mann Infanterie; die preußische
Armee die uns gegenüber sich konzentrirte, bestand aus 42 preußischen
Bataillons, 2 koburgischen und einem lippe=detmoldischen; das macht 45
Bataillone; man hält in Preußen etwas darauf, die Bataillone vollzählig
auf 1000 Mann zu haben, macht 45,000 Mann Infanterie, und wir
hatten 30,000. Ich erlaube mir auch zu bemerken, daß es doch nicht
gleichgültig war, daß die Preußen mit Zündnadelgewehren bewaffnet waren
und wir nicht. Ich will nicht sagen, daß mit den Zündnadelgewehren jeder
strategischer Fehler zugedeckt werden könne; daß aber die Bewaffnung einen
bedeutenden Einfluß übt, das geht aus der Kriegsgeschichte deutlich hervor.
Ich bitte, nur die militärischen Zeitschriften nachzulesen, wie die östreichische
Armee schon vor Königgrätz durch die bittere Erfahrung, welche gegenüber
dem Zündnadelgewehre gemacht wurde, bedeutend im Vertrauen herunterge=
kommen war. Also mit diesen 30,000 Mann Infanterie gegen 45,000 Mann
mit Zündnadelgewehren bewaffnet, hatten wir ohnedieß einen sehr schweren Stand.

Eines will ich noch bemerken; General v. d. Tann war früher ein großer Anhänger jener Taktik, welche man die Stoßtaktik nennen könnte; er ließ unsere Truppen daher einüben auf Bajonettangriffe u. dgl., aber seitdem er die preußische Armee im Gefechte gesehen hatte, hatte er den Glauben verloren, daß man gegen das Zündnadelgewehr die Offensive verfolgen könne, sondern er hielt es, so lange die Waffen so ungleich waren, für angemessen, sich in der Defensive zu halten. Die Ereignisse von Gitschin, Nachod, Trautenau haben, wie es scheint, seine Ansicht bestätigt. —

Später äußerte Graf Bothmer in Bezug auf das Gefecht von Dermbach:

Daß wir sie nicht angegriffen haben, ich wiederhole es, hatte seinen Grund darin, daß die Preußen an Infanterie stärker, mit Zündnadelgewehren bewaffnet waren, und daß das Gefühl der preußischen Armee durch die Art und Weise, wie sie im Frieden herangezogen, durch die Achtung, die sie im ganzen Lande genoß, so vortrefflich war, daß wir mit unsern jungen Truppen zum Theil mit sehr geringer Präsenzzeit Bedenken trugen, unter diesen Umständen anzugreifen.

Die bemerkenswerthe und treffendste Aeußerung des Grafen scheint uns folgende zu sein:

„Eine Armee ist ein unendlich complicirter Organismus. Nicht blos die Divisionäre müssen vollständig den Krieg verstehen, sondern auch die Brigadiers, auch die Bataillonskommandanten, Compagniekommandanten, ja bei der jetzigen Art der Kriegführung muß sogar der Unterofficier, der gemeine Soldat eine gewisse selbstständige Einsicht des Krieges haben, wenn die Sache gut gehen soll. Ist eine Armee jung, ist sie im Frieden nicht genug geübt worden, so hat der Generalstab mit einer ungeheuren Friktion zu kämpfen, so daß diese Friktion ihn verhindert, irgendwie eine künstlerische Idee in den Krieg hineinzulegen. M. H. ein geistreiches Mitglied des Generalstabs hat sich nach dem Kriege zu uns geäußert: Was habt Ihr eigentlich jetzt von dem 50jährigen Frieden, Ihr habt keine einzige Idee zur Ausführung gebracht, die nicht in der Ausführungsmaschine stecken geblieben wäre." Ich will unserer Armee hiemit keinen Vorwurf machen, wir haben ausgezeichnete Elemente, aber betrachten Sie die preußische Armee entgegen. In der preußischen Armee sind alle Stände schon in den Gemeinen vertreten. Unsere Soldaten sind tapfer, sie sind gut zu haben, allein ich halte die Legirung für besser, wenn alle Stände auch in den gemeinen Soldaten vertreten sind. Seit Einführung der Zündnadelgewehre ist schon das Gefecht der einzelnen Gruppen von unberechenbarer Wichtigkeit. In Preußen wurde dieses sorgfältig eingeübt, nicht nur jeder Officier, jeder Unterofficier wird methodisch darauf abgerichtet. Die Preußen haben immer einen solchen Präsenzstand, daß die Officiere auch wirklich an ihren eigenen Leuten etwas lernen können. Bei uns, bei diesem Widerwillen gegen lange Präsenzzeit, wo der Officier nur wenige Wochen überhaupt die Truppe vor sich sieht, die er kommandiren soll, die übrige Zeit aber durch ein Minimum getäuscht wird, da kann und wird es nicht so sein, wie in Preußen. Es hat diese Legirung der Stände schon in den Soldaten noch etwas für sich, sie nöthigt den Officier, sich selbst zu einem höhern Grade von Bildung zu schwingen. Das macht sich in Preußen fühlbar, der Officier wird seinen eigenen Leuten gegenüber hinaufgeschraubt. weil es unter diesen auch gebildete Leute gibt.

Glauben Sie mir, wir haben vor dem Kriege über diese Verhältnisse viel nachgedacht; die einen glaubten, es komme im Wesentlichen darauf an, eine kleine aber kernhafte Armee zu haben, andere waren aber der Meinung, man solle soviel als möglich unter die Waffen rufen. Wir theilten uns in diese Ansichten. Wir haben in diesem Kriege gelernt, daß beide Theile Recht haben. Man bedarf einer zahlreichen und einer guten Armee. Das war bei den Preußen so, wir hatten keinen einzigen Mann uns gegenüber, der nicht wenigstens ein Jahr bei der Fahne gewesen wäre. Man sucht überhaupt in Preußen mehr Intelligenz, mehr Spannkraft zu entwickeln. Das ist es, was wir von Preußen lernen sollen. Wollen wir diesen Krieg nicht dazu benützen, um die einzelnen Führer anzuklagen!

Ferner äußerte Graf Bothmer:

Ich erlaube mir nur eine Bemerkung bezüglich des Vorwurfes, daß die bayerischen Truppen im Gefechte nicht abgelöst worden seien. Nun, meine Herren, ich gebe zu, daß auf preußischer Seite mehr Ablösung stattgefunden hat, als auf unserer. Dieß liegt eben in der Ueberlegenheit des Zündnabeln gewehres. Ueber das unsrige, über die Wirkung unserer Gewehre ist Fabelhaftes gesagt worden. Wenn man die Zahlen zusammenrechnet, welche erschossen worden seyn sollen von so und so vielen einzelnen Soldaten, so wäre von der preußischen Armee kein Mann mehr übrig. Es ist eine Ausnahme, daß im Tirailleurgefecht auf den Mann gezielt wird. Es gehört ein kaltblütiger Mann dazu und günstige Umstände. Durchschnittlich entscheidet im Tirailleurgefecht mehr die Masse der Kugeln als das richtige Zielen. Nun, meine Herren, die Preußen konnten dreimal schießen, bis wir einmal schießen konnten. Dieses Uebergewicht des Zündnadelgewehres wurde dadurch ausgeglichen, daß wir unsere Tirailleurlinien im Verhältniß zu den preußischen verstärkten. Die Offiziere, welche den Gefechten beiwohnten, wissen, mit welcher Oekonomie der Kräfte die Preußen zu Werke gingen, wie sorgfältig sie sparten. Wir waren genöthigt, um das Mißverhältniß der Waffen auszugleichen, ihnen eine verhältnißmäßig größere Anzahl entgegen zu stellen. Dadurch consumirten sich unsere Truppen schneller als die preußischen. Es ist richtig, unsere Truppen haben das Uebergewicht der Zündnadelgewehre nicht gescheut; aber die Führer haben dieses Uebergewicht an diesen Anstrengungen bemerkt, daß wir mehr Kraft consumiren mußten, als die Preußen; und daß wir dadurch auch nicht im Stande waren, die Truppen im Gefechte so abzulösen, wie diese, versteht sich von selbst. —

Hören wir nun auch das Urtheil eines preußischen Generals über unsere Armee:

Das Urtheil des General-Lieutenants Vogel v. Falkenstein, des heldenmüthigen Führers der Main-Armee über die Bayern, lautete:

„Wenn diese Jungens besser organisirt wären, und unter unserer Führung ständen, ich getraute mich mit ihnen gegen die halbe Welt zu Felde zu ziehen! Diese Worte eines preußischen Generals wiegen die zahllosen Stylübungen von unberufenen und unverständigen Layen auf, die heute über eine Fachwissenschaft, die ein jahrelanges Studium, theoretische und praktische Kenntnisse und gereifte Erfahrung erfordert, über die Kriegswissenschaft und Strategie sich das große Wort anmaßen.

Eins steht heute fest: Nur die preußische Wehrver=

faffung, die befte und einzig-bewährte in Europa, nur die Einführung der allgemeinen Wehrpflicht in allen deutschen Staaten kann uns von einer Wiederkehr ähnlicher trauriger Erlebnisse, wie wir fie im vorigen Sommer erlebten und vor der Gefahr aus der Reihe der felbftftändigen Staaten zu verfchwinden bewahren!

Wer diefer Wahrheit die Augen und Ohren verfchließen kann, der ift ein Thor oder ein — Verräther, und wenn er hundertmal die Maske des Patriotismus heuchlerifch vorftecken würde!

Man follte eigentlich nicht glauben, daß es nothwendig fei, hierüber ein Wort zu verlieren. Ein Blick auf die gegenwärtige politifche Lage, auf die Unfertigkeit und Unficherheit unferer Zuftände, auf die tückifchen, kaum mehr verhüllten Beftrebungen der Feinde Deutfchlands im Weften und Often, auf die Haft und Eile mit welcher alle Staaten fich beeilen, die Wehrkräfte des Volkes zu verwerthen und nach rationellen gefunden und bewährten Grundfätzen zu organifiren, müßte den Verftockteften zur Einficht, den Verbiffenften zur Raifon, den Kurzfichtigften zum klaren Schauen bringen. Und doch gibt es leider noch Manche, die die Nothwendigkeit der von unferer Regierung in lobenswerther Fürforge angebahnten Schritte zur Wehrhaftmachung Süddeutfchlands bezweifeln und beftreiten. Es gibt Leute, welche wenn es in ihrer Macht gelegen wäre, die fo dringend nothwendige und unaufschiebliche militärifche Einigung der füddeutfchen Staaten vereiteln und unmöglich machen würden, die allen Scharffinn und Verftand, alle glänzenden Fähigkeiten des Geiftes darauf verwenden, dem ausgezeichneten Staatsmanne, den die Weisheit unferes Königs und eine höhere Fügung zum Heile Bayerns noch in der vorletzten Stunde mit der Leitung unferes Staates betraut hat, und der in diefer Richtung eine glänzende — wills Gott, bereits vom Erfolg gekrönte Initiative — ergriffen hat, Hinderniffe in den Weg zu legen und feine hochherzigen Abfichten zu verdächtigen!

Während unfere natürlichen Feinde im Weften und Often, durch diefe unerwartete Wendung der Dinge verdutzt und überrafcht dreinfchauen, während Frankreich dem bereits die Erfolge der preußifchen Waffen in Schleswig imponirten, vor der in Deutfchland entftehenden gewaltigen Macht zittert und der Kaifer zu Scheinreformen greift, um die Blicke der Franzofen von Deutfchland abzuwenden, deffen Macht er fich nicht mehr gewachfen fühlt, während die franzöfifchen Blätter einen Chorus anftimmen, aus deffen wilder Disharmonie deutlich Aerger, Neid und die Eiferfucht über das Wachfen des germanifchen Selbftbewußtfeins und die Fortfchritte in unferem Einigungswerke fprechen

während Franz Joseph erschreckt durch den unerwarteten kräftigen
und nationalen Aufschwung der bayerischen Politik seinen czechen-
freundlichen Premierminister entläßt, mit Ungarn Friede macht
und durch das Slaventhum seinen deutschen Unterthanen eine
mit erweiterten Rechten ausgestattete Volksvertretung in Aussicht
stellt, während selbst Preußens Regierung in Verlegenheit geräth
über die Energie mit welcher der unter sich geeinigte Süden die
Wiedervereinigung mit dem Norden, die Ueberschreitung der
vom Auslande aufgedrungenen Mainlinie begehrt, während Graf
Bismark verlegen sich auf die Verträge und diplomatische Ab-
machungen beruft um unsern Ungestüm abzuwehren mit welchem
wir ungeduldig um Einlaß an die noch nicht geöffneten Pforten
des norddeutschen Parlaments pochen, gibt es bei uns Leute, die
für all diese Stimmen unserer Feinde kein Ohr, für die Sache
unseres gemeinsamen Vaterlandes kein Herz, für die hohe Bedeutung der militärischen Einigung des Südens kein Verständniß
haben. Die kleinlichen Parthei-Interessen, der unnatürliche Stammes-
haß, kindische Vorurtheile und Principienreiterei geht leider noch
heute über das Wohl, die Ehre und Größe Deutschlands!

Man lese tagtäglich eine gewisse Sorte von Zeitungen, wie
z. B. den „Beobachter" (in Stuttgart), die „Pfälzer Ztg.",
die „neue badische Landesztg." (wie sich das Inseratenblatt
des geldgierigen Hauptverbreiters alles pamphletistischen Unrathes
in Mannheim seit einiger Zeit nennt) und noch manche andere
Journale — und man wird sich überzeugen, wie bei gewissen
Coterien persönlicher Haß, schmutzige Gewinnsucht und Privat-
Interesse die alleinigen Triebfedern ihrer Handlungsweise sind.*)

In Bayern hat sich die „Kreuzerblätter-Literatur" dieser
ernsten wichtigen Frage bemächtigt. Individuen, die in ihren von
jedem Gebildeten verachteten und gemiedenen Bajazzo- und Kreuzer-
blättern seit zwei Jahren mit bübischer Dreistigkeit die persönlichen Handlungen und Neigungen unseres edlen Königs zu
kritisiren und zu bespotten wagten, die sich erfrechten, dem Landes-
herrn vorschreiben zu wollen, welche Personen er um sich haben,

---

*) Einer dieser sauberen Herren hatte einmal in seinem Blatte einen würdigen Geistlichen der Stadt in niedrigster, infamster Weise beleidigt. Das Gericht verurtheilte ihn zu einer kurzen Freiheitsstrafe. Doch was thut der charaktervolle freisinnige Mann. Bevor er sich seinem genußsüchtigen Leben 48 Stunden entzieht und seine wohlverdiente Strafe absitzt, verlegt er sich auf's Bitten und Betteln. Er fügt sich den entehrenden Bedingungen des Beleidigten nicht nur diesen sondern jedes einzelne Mitglied des Presbyteriums gleich einem Schuljungen um Verzeihung zu bitten und überall sich das Prädikat Ehrabschneider in's Gesicht schleudern zu lassen, und geht auf Alles ein, um nur ja nicht seinem wohlgenährten Wamst dem weichen Lager entziehen zu müssen und zwei Tage seinem Pamphletendruckergeschäft entzogen zu sein.

welche Künstler er begünstigen, für welche Kunstrichtung er sich begeistern solle, die unverschämt genug waren, die Ausgaben und Gnadenakte des Königs zu kontroliren und roh genug waren, die schönen Empfindungen und hochherzigen Ideen, welche sie selbst, natürlich in ihrer Verkommenheit und bodenlosen Gemeinheit nicht fassen und begreifen konnten, zu verhöhnen, diese Individuen nehmen heute den Mund voll — bayerischen Patriotismus und ereifern sich für die Souveränität des Königs und die unveräußerlichen Rechte der Krone! Es ist noch nicht lange her, daß eines der verächtlichsten Subjecte dieser Sorte allwöchentlich in seinem Schmierblatt Gefühle verspottete, die jedem Bayer heilig und theuer sind, Bayern „vaterlos" nannte, heuchlerisch die erhabene Mutter unseres Fürsten auf dessen Kosten besang und apostrophirte, ganz unverblümt zu verstehen gab, daß er es vorziehen würde, wenn Bayern schon preußisch wäre und dergleichen Nichtswürdigkeiten mehr, welche niederzuschreiben sich die Feder eines honetten Bayers sträubt — und heute hüllt dieser Hanswurst sich in das blau-weiße Gewand des Patriotismus, geberdet sich wie toll und begeifert das Programm und die Politik des Fürsten Hohenlohe, in welcher er ein „Preisgeben der Souveränitätsrechte, eine Schmälerung der Selbstständigkeit Bayerns" u. s. w. erblickt. Es gleicht zwar einem gewissen schmutzigen und übelriechenden Geschäfte, Leute dieses Gelichters anzugreifen und ihnen die Schalksnarren-Larve von den Gesichtern zu reißen, aber es scheint nothwendig, von Zeit zu Zeit die Erbärmlichkeit dieser literarischen Spießgesellen zu züchtigen, besonders wenn sie es wagen, sich als Anwälte der Krone aufzuwerfen. Glücklicherweise kennt und durchschaut die Weisheit und Geistesschärfe unseres edlen Herrn und Königs diese Sorte von Scribenten, und weiß was er von ihrer heuchlerischen Loyalität zu halten hat. (Se. Maj. hat sich über diese Art Journalistik bereits einmal ziemlich klar und deutlich ausgesprochen). Wahrlich es wäre traurig um die Krone in Bayern bestellt, wenn sie solcher Defensoren und Apologeten bedürfte.

Aber ganz abgesehen von dieser Sorte verächtlicher Winkelblätter, ist es eine betrübende Erscheinung, daß nur wenige süddeutsche Blätter in der Militärfrage wirklich belehrend auf die Bevölkerung gewirkt haben, wie dies gerade jetzt vor Allem nothwendig gewesen sein würde. Denn täuschen wir uns nicht, gerade über die Wehrfrage und das Wesen der preußischen Heeres-Organisation herrschen unter der süddeutschen Bevölkerung noch gänzlich unklare Vorstellungen und Begriffe. Wir nehmen nicht Anstand zu behaupten, daß unter Fünfhunderten kaum Einer im Stande wäre, eine nur annähernd richtige Definition der preußischen Militär-Institutionen zu geben. Freilich, wenn es gilt auf der Bierbank das preußische Wehrsystem zu verkleinern und zu bemängeln, da glaubt man ein Collegium von „Professoren der Kriegswissenschaft" vor sich zu haben. Denn die Doktrinen der Berliner „Volkszeitung", die stets auf süddeutsche Gemüthlichkeit spekulirte, und die phrasenreichen Deklamationen einiger preußischer Abgeordneten sind den süddeutschen politischen Kannegießern sehr geläufig. Wo es gilt, Preußen Eins zu versetzen, da weiß man gar bald Bescheid, da fehlt es nicht an Kenntnissen — allerdings sehr oberflächlicher Natur. Wenn Gervinus in seiner Geschichte des 19. Jahrhunderts sagt: Die ganze bayerische Staatskunst schien sich in die Sätze zu versammeln: Das nicht zu thun, was Preußen that, dagegen zu thun, was Preußen nicht that, so hat er vollkommen Recht und hätte dasselbe auch von der bayerischen Volksstimmung sagen können.

Was in Preußen eingeführt wurde, galt bei uns als schlecht. Warum? Eben weil es in Preußen eingeführt wurde.

Keine Zündnadelgewehre! schrie man seiner Zeit allenthalben!

Warum? Zweifelte man etwa an den Vorzügen derselben von den alten längst überholten Schießwaffen?

Gewiß nicht, aber Preußen hat sie eingeführt und wir dürfen diesem nichts nachmachen!

Keine allgemeine Wehrpflicht!

Warum nicht? Ist denn das Loosungs- und Stellvertretungs-System zweckmäßiger, hat sich dasselbe so glänzend bewährt?

Nein, das nicht, aber die allgemeine Wehrpflicht ist eine ächt preußische Institution und von Preußen wollen wir nichts wissen!

Beileibe keine Verpreußungen!

Darum auch keine Pickelhauben, wenn sie auch schöner kleiden als unsere Helme, keine Käppis, wie die Preußen tragen, wenn sie auch leichter und im Felde viel tauglicher sind!

Das war mehrere Decennien hindurch der leitende Grundsatz nicht nur in einzelnen Volksschichten, von welchen man freilich keine militärischen Fachkenntnisse voraussetzen darf, sondern auch in höheren militärischen und staatsmännischen Kreisen.

In Oestreich fehlte es niemals an warnenden Stimmen, die auf die Schäden der Armee, auf das Sinken derselben seit Radetzkys und Schönhals Tode und auf die Nothwendigkeit zeitgemäßer Reformen hinwiesen.

Aber woran scheiterten die intelligenteren Hierarchen der Militäraristokratie die Degenfelds, Franks, Schmerlings, Gablenz, Möring, Weigelsperg, Johns?

An der Abneigung der Grünnes und Crennevilles gegen „alles Preußische." An dem Starrsinn und ächt habsburgischen

Antagonismus Franz Josefs gegen den Staat Friedrich des Großen!

Man bequemte sich lieber französische Institutionen einzubürgern, und zwang gemüthliche steyerische Jäger die katzenartigen Zuaven im Springen und Schreien nachäffen zu lassen, als daß man bewährte preußische Einrichtungen adoptirt hätte.

Die östreichischen Truppen lagen mit den Preußen jahrelang in Mainz, Rastatt und Frankfurt in Garnison, beide Armeen kämpften als „Alliirte" in Schleswig-Holstein, auf allerhöchsten Befehl mußten die beiden Armeen sogar Verbrüderungsfeste feiern; es ist also schlechterdings unmöglich anzunehmen, daß man im östreich. Kriegsministerium und in der Generaladjutantur die preuß. Institutionen nicht genau gekannt hätte, und nicht ihrer Vorzüge bewußt gewesen wäre. Es fehlte auch niemals an intelligenten Offizieren im östreichischen Heere, und wozu hatte man die kostspieligen Militärattachés und Bevollmächtigten an größeren Höfen?

Verfasser dieser Schrift vernahm aus allersicherster Quelle, daß im Jahre 1865 dem Kaiser von einem der tüchtigsten Generäle eine Art Memorandum unterbreitet wurde, worin auf gewisse Vorzüge und Ueberlegenheiten der preußischen Waffen und Einrichtungen aufmerksam gemacht und die Erfahrungen des gemeinschaftlichen Feldzuges niedergelegt worden waren.

Was war die Folge davon? Keine Antwort von Seite des Kaisers und ein sehr ungnädiger mündlicher Bescheid des hochfahrenden bei der Armee wie im Volke tief verhaßten ersten Generaladjutanten Graf Crenneville. „Man danke — hieß es in demselben — für die gute Meinung, aber der Kaiser wisse schon selbst, was er zu thun habe, und es sei in der östreichischen Armee niemals Praxis gewesen, daß ein General Vorschläge unterbreite ohne hierzu den allerhöchsten Befehl erlangt zu haben." Bei einer anderen Gelegenheit warnte Graf Crenneville einen hochgestellten Offizier: „nicht gar zu preußenfreundlich zu sein was sich mit einem ächten östreichischen Offizier nicht vereinen lasse, man dürfe niemals das Fremde, das Ausländische selbst wenn es wirklich gut sei auf Kosten des Vaterländischen herausstreichen, oder man möge lieber gleich in jener Armee Dienste nehmen, deren Institutionen so vorzüglich seien."

Das war die Stimmung am Hofe zu Wien, selbst in der Zeit der innigsten Allianz mit Preußen, so wurden ehrliche treue Soldaten „abgeschnauzt" welche es wagten im Interesse des Kaisers und des Heeres Vorstellungen zu machen. Nur die Duckmäuser und Frömmler, die Jasager und Kopfnicker und personificirten Corporalnaturen fanden Gnade bei dem Kaiser und seinem Militärkabinet.

Aeußerte doch der bekannte vom ersten Generaladjutanten zum Stallmeister degradirte Graf Grünne, der sich durch seine „geheimen Dienstleistungen" die Zuneigung Franz Josefs in ganz besonderem Grade erworben hat, dagegen von der Kaiserin Elisabeth tief verabscheut wird, noch im Juni v. Js. in seiner bekannten Suffisance: diese „Praißen", werden wir mit „nassen Fetzen" davon jagen, wenn sie sich in Böhmen blicken lassen. Einer seiner Adjutanten, der Oberst von Friedl eine aus dem edlen Croatenland in die Generaladjutantur verpflanzte und dort trefflich gediehene Reglementspflanze war taktlos genug, diesen famosen Witz seines „gnädigsten Herrn" im Militärcafé (Daum am Kohlmarkt) öffentlich nachzuerzählen. Ein alter pensionirter General, der sich kein Blatt vor den Mund zu nehmen pflegt und das Privilegium eines losen Maules genießt, äußerte den Kopf schüttelnd: Nun, nun, was die „nassen Fetzen" (Waschlappen) anbetrifft bin ich doch anderer Meinung als der Herr Oberststallmeister; ohne Kanonen und tüchtige Führer dürften wir die Preußen halt doch nicht sogleich aus Böhmen hinaustreiben. — Die nächsten Wochen haben gezeigt, daß solche Anschauungen in höheren Kreisen nach Sadowa führen müssen!

Bei uns fehlt es leider auch nicht an Leuten, bei welchen der Antagonismus gegen Preußen auch heute noch höher ist als die Erkenntniß dessen was Noth thut, und welche noch unverbesserlicher sind als selbst ihr besiegtes Ideal: Oestreich *). Dort hat

---

*) Ueber die östreichischen Sympathien gewisser Leute in Bayern, die, man mag sagen was man will, zum größten Theile einen sehr wenig idealen Grund haben und vorwiegend bei jenen Couponsabschneidern und Geldseelen zu finden sind, die mit östreichischen Staatspapieren Spekulation treiben und daher gewissermaßen für die Schicksale dieses halb bankerotten Staates interessirt, sind, äußerte sich jüngst die Kemptener Zeitung — eines der besten bayerischen Provinzialjournale — ganz treffend: Was hat Preußen an Bayern verschuldet (fragt sie), daß man es uns als gar so fürchterlichen Bauwau, als gar so schrecklichen Menschen- und Länderfresser darstellt. Niemals, so lange es eine deutsche Geschichte gibt, hat Preußen der Regierung oder dem Volke von Bayern etwas zu Leibe gethan oder etwas Schlimmes zugedacht. Oestreich können wir bekanntlich kein so gutes Zeugniß ausstellen; öfter als einmal hat es seine habsburgischen Adlerkrallen begehrlich nach dem Nachbarstaate ausgestreckt, und daß es auf nichts weniger als moralische Eroberungen dabei ausging, beweist das bekannte Bild von der Sendlinger Schlacht und der ebenso bekannte Wahlspruch der damaligen bayerischen Kämpfer. Und doch muthet man uns zu, wiederholt „östreichisch" und mit Oestreich „zu verderben"! — Es ist ein Zeichen von schlimmer Beeinflussung unseres Volkes, daß es die östreichischen Sünden gegen Bayern so bald vergessen lernte. Noch seltsamer und befremdender aber kommt es uns vor, daß man von dem wiederholten Schutze, der wiederholten Hilfe Preußens für Bayern bei uns fast gar nichts mehr zu wissen scheint oder nicht mehr wissen will. Schlagt doch das nächste beste Geschichtsbuch auf

wenigstens der fürchterliche Schlag den der Staat und das Heer erlitten haben selbst den starrköpfigsten und borniertesten Persönlichkeiten die Nothwendigkeit der Einführung der allgemeinen Wehrpflicht plausible gemacht. Der von dem Kriegsminister John dem Kaiser unterbreitete Heeresgesetzentwurf fußt im Wesentlichen auf den preußischen Wehrinstitutionen. Franz Josef, der seiner Zeit das Wort Constitution nicht hören konnte ohne mit dem Fuße zu stampfen, der wenn die Rede auf die Mög-

und ihr werdet, vielleicht zu eurer eigenen Ueberraschung, finden, daß z. B. Friedrich II. von Preußen den bayerischen Fürsten nicht nur die deutsche Kaiserwürde und eine bedeutende Gebietsvergrößerung gönnen, sondern auch zu diesen Erwerbungen behilflich sein wollte. Ferner rettete dieser preußische König noch, am Abend seines Lebens zweimal, erst durch einen Krieg, dann durch Stiftung eines deutschen Fürstenbundes die Existenz des bayerischen Staates vor habsburgischen Begierden. Auf dem Wiener Congreß 1813 hatte Preußen mit keinem Worte etwas einzuwenden gegen die reichliche Vergrößerung Bayerns; 1849 wollte König Friedrich Wilhelm von Preußen niemals die deutsche Kaiserkrone und die Reichsverfassung der Paulskirche annehmen ohne Einwilligung unseres Königs Max, und er gab dem Letzteren wahrhaftig keinen Anlaß zu dem 1850er Bregenzer Bündniß mit Oestreich. Von einer Absicht Preußens, sich irgend welche Rechte der bayerischen Krone ungefragt oder mit Gewalt anzueignen, trat keine Spur zu Tage. Ja selbst im letzten Conflikt hat Preußen noch vor Ausbruch des Krieges in den Grundzügen der Bundesreform vom 16. Juli v. J. Bayern eine hervorragende Stellung im künftigen Deutschland angeboten. Bayern oder vielmehr Herr von der Pfordten hat nicht gewollt, er hat sich lieber der Wiener Hofburg in die Arme geworfen und das Geschick unseres Landes der bekannten Ehrlichkeit und dem Schutze der 800,000 „papiernen" Soldaten Oesterreichs anvertraut. Wie konnten wir, wie kann noch immer die Leichtgläubigkeit eines Theiles unseres Volkes unsere Freunde in Oesterreich suchen?! Wie ist es möglich, immer wieder hoffnungsvoll die Augen dahin zu richten, wo sie nichts weiter sehen können, als Bayerns Feinde von jeher?! Schlagen wir die Geschichtsbücher von 1700 oder 1800 auf — immer Fehde zwischen Oesterreich und Bayern. Seit dem Ende des dreißigjährigen Krieges, in welchem gemeinsame Religions- (?) Interessen die Fürsten der beiden Länder verbunden hatte, bestanden unaufhörlich die Beziehungen des Kaiserstaates zu Bayern im Wesentlichen darin, daß der große Nachbar den kleinen zu berauben und dieser sich dagegen zu wehren und dafür zu rächen suchte. Es ist gar nichts Seltenes, daß die Höfe von Wien und München sich gegenseitig „treulosen Verrath" vorwarfen, und der letzere weiß von den beständigen Gelüsten und allen möglichen versuchten Mitteln von Seite des ersteren, sich eines möglichst großen Stückes von Bayern zu bemächtigen, viel zu erzählen und zu klagen. Trotzdem hat sich die bayerische Regierung im letzten Kriege abermals ins österreichische Garn locken lassen — wie unser Land dabei weggekommen, darüber wollen wir lieber schweigen, um nicht zu viel zu sagen und kaum vernarbte Wunden wieder aufzureißen. Und abgesehen von allem Andern — wie müßte man den heißen, der uns den guten Rath gäbe, auf einen in vollem Laufe dem Abgrunde zurasenden Wagen noch schnell hintenaufzuspringen?! Die Broschüre „Der Bundesfeldzug in Bayern" (Wenigen, Jena Hochhausen) schließt mit folgenden trefflichen Worten: Den Gewinn hat jedenfalls Bayern aus diesem Kriege gezogen, daß es hoffentlich niemehr eine Allianz mit Oesterreich lichkeit einer Cessſion Venedigs kam einen Paroxismus bekam, vor dem man über preußiſche Heeresinſtitutionen und deren Vorzüge nicht ſprechen durfte ohne Penſionirung oder „allerhöchſte Hinauswerfung" zu riskiren, hörte geduldig den Vortrag ſeines neuen Kriegsminiſters an, der die meiſten preußiſchen Inſtitutionen importirte, und genehmigte ihn — ohne mit dem Fuß zu ſtampfen oder einen Paroxismus zu bekommen \*).

So ſteht es in Oeſterreich, dem alten todtmüden, der Auflöſung nahen Staate, wo das „Nur langſam voran" bisher das alleinige Prinzip und der Stillſtand die einzige feſte Norm war. Dort nimmt man über Hals und Kopf die bewährten preußiſchen Wehr=Inſtitutionen an. Franz Joſeph überwindet ſeinen angeborenen Preußenhaß und widerruft die in einem Moment der Leidenſchaft und Nichtüberwachung verfügte Löſchung der Namen preußiſcher Prinzen als öſterreichiſche Regimentsinhaber.

---

ſchließen wird, welches auch diesmal, wie immer bisher Bayern verrathen hat, trotz beſiegelter Verträge, einen einſeitigen Frieden geſchloſſen hat. „Falſch iſt das Haus Oeſterreich" das waren die Worte unſeres guten unvergeßlichen Königs Mar auf ſein Todtenbette, wohin ihn wohl die Sorge um den von Oeſterreich ſchon damals verrathenen deutſchen Bund gebracht hat. Seither haben ſelbſt Großdeutſche wie Pötzl Graf Hegnenberg und die Mehrzahl unſerer Reichsräthe es ausgeſprochen, daß an eine Allianz mit Oeſterreich kein Vernünftiger in Bayern mehr denken kann. Dem der ſchmutzige Intereſſe-Gewinn höher ſteht als das Intereſſe für das Vaterland der wird vielleicht noch ein Wort für Oeſterreich wagen, für den echten und rechten Bayer gilt auch heute noch das Wort aus dem Succeſſionskrieg:
Lieber bayeriſch ſterben, als öſterreichiſch verderben!

\*) Dem Vortrag des öſterreichiſchen Kriegsminiſters entnehmen wir folgende Stellen: „Eine der weſentlichſten Urſachen an dem für Oeſterreich unglücklichen Ausgange des letzten Krieges im Norden war nebſt der mangelhaften Bewaffnung die numeriſche Schwäche der Armee, mehr aber noch die verfehlte Organiſation der Wehrkräfte. Die traurigen Erfahrungen Oeſterreichs haben bereits die äußerſte Rührigkeit und Energie anderer europäiſcher Mächte zu tiefgreifenden Reformen in allen Zweigen des Heerweſens geweckt; um wie viel mehr und dringender iſt daher an uns die Pflicht herangetreten, den langjährigen, nicht als richtig erwieſenen Weg zu verlaſſen und Syſteme zu ändern, deren Mangelhaftigkeit ſich ſo ſchwer gerächt hat. Die Bevölkerung und die Armee fühlen, daß weitgehende und wichtige Reformen raſch in's Werk geſetzt werden müſſen. Die Bevölkerung erkennt es, daß nur ein Wehrſyſtem, welches alle Elemente des Volkes unter den Fahnen vereinigt, den Forderungen der Zeit entſpricht . . . Von dieſer Ueberzeugung geleitet, ſchien es mir als bringendſtes Bedürfniß, das jetzt beſtehende Heeres=Ergänzungsweſen nach einer doppelten Richtung zu ändern; nämlich nicht allein dem ſtehenden Heere nebſt der numeriſchen Vermehrung die bis jetzt ihm größtentheils durch geſetzliche Befreiungen entzogene Intelligenz zuzuführen, ſondern im Anſchluſſe an das Heer auch durch das Aufgebot aller wehrfähigen Männer die Wehrkraft des Reiches auf die größtmögliche Höhe zu ſteigern, ſomit die allgemeine Wehrpflicht zur Wahrheit zu machen . . . .

Selbst Beust, dieser geschworene Feind Preußens, findet es nothwendig, in andere Bahnen einzulenken und freundlichere Beziehungen zu Preußen herzustellen — nur in Bayern möchten Einzelne gar zu gerne mit dem Kopf durch die Wand rennen und Alles, — die Existenz des Staates, die Krone — auf's Spiel setzen, um nur Privatgelüste und Lieblingsneigungen nicht opfern zu müssen. Ob man mit solchen Faktoren noch rechnen kann, überlasse ich der Beurtheilung aller Vernünftigdenkenden. Ich glaube kaum.

Zu bedauern ist nur, daß, wie schon früher erwähnt, selbst Journale von Bedeutung, wie z. B. die „Augsburger Allgemeine Zeitung" zur Verwirrung der Begriffe noch beitragen und auch heute noch den Samen der Zwietracht säen.*)

Im aufrichtig und ehrlich belehrenden und klärenden Sinne haben bis jetzt nur vorzugsweise drei süddeutsche Journale gewirkt: Die „Augsburger Abendzeitung", der „Bayerische Staatsbürger" und der „Schwäbische Merkur". In den meisten anderen Journalen vermißten wir leider ein näheres Eingehen auf diese so wichtige Frage, eine vom Partheistandpunkte unabhängige objektive Darstellung der Militärfrage.

Es kann nicht Zweck dieser kurzen Schrift sein, alle Einwürfe und Bedenken, die man gegen die Einführung der preußischen Wehr-Institutionen in Bayern und im Süden Deutschlands erhoben hat und geltend zu machen sucht, zu widerlegen. Dies würde unserer Broschüre den Umfang von Folianten verleihen und uns nöthigen, einen Kampf mit einer Sorte von Leuten einzugehen, der so ziemlich dem Windmühlenkampfe gleich käme, den der sinnreiche Junker de la Mancha in dem unvergleichlichen Buche von Cervantes seinerzeit — in Ermangelung von besseren Kampf-Objekten führte. Da wir die Rolle des Don Quixote Anderen überlassen, werden wir uns darauf beschränken, solche Einwände, welche am öftesten erhoben werden und weniger Unterrichteten als gerechtfertigt erscheinen könnten, in kurzen Strichen zu widerlegen. Um jedoch eine feste Basis zu gewinnen und das Objekt genau zu kennen, gegen welches die Angriffe gerichtet sind, wollen wir die preußischen Heeres-Institutionen, die preußische Wehrverfassung hier näher in's Auge fassen.

---

*) Man vergleiche die Artikel: Die Minister- und Militär-Conferenz in Stuttgart in Nro. 36 und 37 des Hauptblattes der genannten Zeitung.

# II.

## Die preußische Wehrverfassung*).

Die Heeresverfassung in Preußen beruht auf dem Gesetze vom 3. September 1814 über die Verpflichtung zum Kriegsdienste und auf der Landwehrordnung vom 21. November 1815. Das erstere führte die allgemeine Wehrpflicht ein, setzte die Dienstzeit in der Linie, einschließlich der Reserve, vom zwanzigsten Lebensjahre beginnend, auf fünf Jahre, im ersten Aufgebote der Landwehr auf sieben Jahre und im zweiten Aufgebote derselben auf weitere sieben Jahre, so daß die eigentliche Militärpflichtig= keit mit dem 39. Lebensjahre endet. Doch bleiben die nicht im Heere oder in der Landwehr Dienenden noch bis einschließlich zum 49. Lebensjahre zum Landsturme verpflichtet, der in der Regel nur bei feindlichem Anfalle auf Königlichen Befehl zu= sammentritt.

Diese Organisation der Wehrkraft ist in Preußen vollständig durchgeführt worden.

Nachdem im Verlaufe der Jahre aber die Bevölkerung des preußischen Staates sehr bedeutend zugenommen hatte und des= wegen längst nicht mehr die volle Zahl der jährlich zuwachsenden und auch zum Dienste Brauchbaren in dem nach der früheren Bevölkerungszahl bemessenen stehenden Heere aufgenommen und eingeübt werden konnte; nachdem ferner bei wiederholten Mobil= machungen das Bedürfniß sich dargelegt hatte, die eigentliche stehende Armee so zu vermehren, daß die Landwehr nicht mehr in erster Linie gleich der stehenden Armee aufgestellt werden muß, sondern in der Regel mehr nur als Reserve verwendet werden kann, so trat in den jüngsten Jahren eine Reorganisation des Heerwesens in der Art ein, daß die stehende Armee ent= sprechend dem jährlichen Zuwachse an Dienstbrauchbaren vermehrt und die Dienstzeit in der Reserve verlängert wurde.

Hiernach soll künftig die Dienstzeit im stehenden Heere im Ganzen sieben Jahre und zwar, wie bisher, drei Jahre in der Linie, in der Reserve aber vier Jahre betragen, dagegen die Dienst= zeit in der Landwehr des ersten Aufgebotes auf vier Jahre, in jener des zweiten Aufgebotes auf fünf Jahre beschränkt werden, so daß die eigentliche Militärpflichtigkeit mit dem zurückgelegten

---

*) Wir entnehmen diese gedrängte Schilderung der preußischen Wehr= institutionen zum Theile einem Artikel des „deutschen Staatsbürgers" (Bayrische Volkszeitung in Augsburg Nro. 10) zum Theil dem Werke: „Die innere Politik der preußischen Regierung von 1862 bis 1866". Berlin 1866, Decker'sche Hofbuchdruckerei.

36. Lebensjahre endet und nur die Verpflichtung zum Landwehr=
sturme, wie früher, bis zum 49. Jahre fortdauert.

Im Wesentlichen unterscheidet sich nun die preußische Wehr=
verfassung von der bayerischen dadurch, daß

1) in Preußen die allgemeine Dienstpflicht mit Aus=
schluß der Stellvertretung eingeführt ist;

2) die Conscriptionspflichtigkeit mit dem zwanzigsten statt mit
dem einundzwanzigsten Lebensjahre eintritt;

3) der in das stehende Heer Eingereihte nach vollendeter drei=
jähriger Dienstzeit bei den Fahnen in seinen bürgerlichen
Verhältnissen, unbeschadet seiner noch vierjährigen Reserve=
pflicht, im Frieden nicht behindert ist, insbesondere auch sich
verehelichen darf;

4) die Dienstverpflichtung zur Landwehr ersten und zweiten
Aufgebotes nur bis zum zurückgelegten 36. Lebensjahre
dauert, während sie in Bayern schon bei den Reserve=
bataillons, die der preußischen Landwehr ersten Aufgebots
gleichstehen, bis zum vierzigsten Lebensjahre sich erstreckte.
Freilich bleiben in Preußen dagegen auch die Verheiratheten
landwehrpflichtig, während in Bayern die Verheirathung
von der Verpflichtung zu den Reservebataillons befreit;

5) die Dienstverpflichtung zum Landsturme erstreckt sich in
Preußen nur bis zum zurückgelegten 49. Lebensjahre,
während in Bayern die Verpflichtung zur Landwehr bis
zum 55. Lebensjahre fortdauert.

Die Vortheile des preußischen Wehrsystems dürften
in folgenden Momenten liegen:

1) Durch Einführung der allgemeinen Dienstpflicht im Heere
mit Aufhebung der Stellvertretung und Beseitigung der
Zurückstellungen wird dem Grundsatze der Gleichheit der
Staatsbürger mehr entsprochen, die militärische Ausbil=
dung der ganzen männlichen Bevölkerung besser und gleich=
mäßiger gefördert, und dem Heere ein wichtiger Zuwachs
an Kräften und Intelligenz zugeführt;

2) eben durch diese allgemeine Dienstpflicht kann eine Erleich=
terung der im Heere Eingereihten insoferne herbeigeführt
werden, als sie abgesehen von dem Institute der einjährigen
Freiwilligen nach vollendeter dreijähriger Dienstzeit in die
Reserve des stehenden Heeres eintreten und daher im Frie=
den in ihren bürgerlichen Verhältnissen nicht wesentlich be=
hindert sind, insbesondere sich verehelichen können;

3) der Pflichtige wird um ein Lebensjahr früher von sei=
ner Pflichtigkeit frei, da die Landwehrpflichtigkeit nur bis

zum 36. Lebensjahr, die Pflichtigkeit zum Landsturm nur
bis zum 49. Jahr dauert;

4) die Landwehr wird auf allgemeine Staatskosten eingekleidet, und
ausgerüstet, während bei uns der Einzelne die Last selbst
tragen muß.

Betrachten wir nun die Vorschläge für die künftige Einrich=
tung des bayerischen Wehrsystems nach dem bekannt gewor=
denen Entwurfe:

## III.

### Grundzüge des künftigen bayerischen Wehrsystems.

1) Fast in allen Staaten beginnt die Militärpflichtigkeit um
ein Jahr früher, als das Heerergänzungsgesetz vom 25. August
1828 sie in Bayern festgesetzt hat. Das frühere Conscriptions=
gesetz vom 29. März 1812 hatte die Militärpflichtigkeit vom
vollendeten 19. Jahre, also zwei Jahre früher als jetzt, bestimmt.
Es dürfte nach dem Beispiele der meisten ändern Staaten und
bei unserer im Allgemeinen kräftigen Bevölkerung keinem Be=
denken unterliegen, die Pflichtigkeit wieder um ein Jahr vorzu=
rücken, wodurch der wesentliche Vortheil für die Pflichtigen herbei=
geführt wird, ein Jahr früher, als bisher, von der Dienstpflicht
im Heere befreit zu werden. Dagegen scheint es angezeigt, Die=
jenigen, welche wegen noch nicht erreichter körperlicher Befähigung
zurückgestellt werden müssen, statt, wie bisher, nur auf Ein Jahr,
künftig auf zwei Jahre der Nachkonskription zu unterwerfen.

2) Eine Berücksichtigung Derer, die bisher das Recht auf
Zurückstellung hatten, kann dadurch erzielt werden, daß sie als
Ersatzmannschaft zur Infanterie eingetheilt und im Frieden nur
einer einmonatlichen Uebungszeit unterworfen werden, ihre weitere
Ausbildung also dem eintretenden Falle bedrohender Ereignisse
vorbehalten bleibt. Dies ist ohne Beeinträchtigung der Schlag=
fertigkeit des Heeres deswegen thunlich, weil nach der für das
neue Wehrsystem in Aussicht genommenen Formation jeder In=
fanterie=Compagnie 25 Mann Ersatzmannschaft zugewiesen werden,
welche nicht sofort mit auszumarschiren haben, für deren völlige
Ausbildung also noch Zeit bleibt. Zu dieser Ersatzmannschaft
sollen auch jene Pflichtige eingetheilt werden, welche wegen be=
sonderer häuslicher Verhältnisse eine Berücksichtigung verdienen.

3) Der freiwillige Eintritt in das Heer wird zur Beför=
derung des freiwilligen Zuganges und um auch dadurch den
Pflichtigen die Möglichkeit zu bieten, ihre Dienstzeit früher zu

vollenden, um zwei Jahre früher, als bisher, zugelassen. Es erscheint dies deswegen als ganz unbedenklich, weil die Zulassung
zum freiwilligen Eintritt ohnehin von der erlangten körperlichen
Reife abhängig ist. Mit diesem freiwilligen Eintritt ist das Recht
der Wahl der Waffengattung verbunden.

Solche junge Leute, welche eine höhere Schulbildung nach-
weisen und sich selbst verpflegen und kleiden können, werden in
der Art begünstigt, daß sie im Frieden nach Ablauf einer einjährigen Dienstzeit auf Verlangen beurlaubt, nach dreijähriger
Einreihung im Heere aber zu den Reservebataillons versetzt werden
und dort nach Maßgabe ihrer Fähigkeiten und Verhältnisse die
ersten Ansprüche auf die Offiziersstellen erlangen. Diese Begünstigung ist dem Systeme der preußischen sogenannten einjährigen
Freiwilligen entsprechend, und um so mehr zu empfehlen, als dadurch diese jungen Leute in ihren Studien am Wenigsten behindert, für die Reservebatailkons aber ohne Kosten des Staates
Offiziere von entsprechendem Bildungsgrade gewonnen werden.

4) Daß Zöglingen oder Schülern der Militärbildungsan-
stalten, welche auf Staatskosten herangebildet werden, dafür eine
erhöhte Militärdienstpflicht auferlegt wird, ist in der Billigkeit
begründet und auch in Preußen ganz in analoger Weise gesetzlich
vorgeschrieben.

5) Der Umstand, daß bei der allgemeinen Wehrpflicht alle
Diensttauglichen zum Heeresdienste beigezogen werden, wodurch
das Heer eine bedeutend größere Stärke erhält, macht es möglich,
in gesetzlicher Weise auszusprechen, daß im Frieden jeder Pflichtige nach Umlauf der ersten drei Jahre zur Reserve des stehenden
Heeres übertritt und dann nur noch jährlich zu einer einmonatlichen Uebung einberufen werden kann.

Diese Kriegsreservisten werden dadurch künftig in ihren
bürgerlichen Verhältnissen ungleich weniger, als bisher, behindert
sein; insbesondere sollen sie ihren Wohnsitz nach Belieben ver-
ändern und sich nach bürgerlichen Normen verehelichen können,
auch mit Ausnahme militärischer Vergehen und Verbrechen während
ihrer Urlaubszeit nur der bürgerlichen Gerichtsbarkeit unterworfen sein.

Diese Bestimmungen sind analog den betreffenden preußischen
Vorschriften. Nach dem vorbereiteten Gesetzentwurfe sollen aber
die Kriegsreservisten noch weiter dadurch begünstigt werden,
daß sie im Falle der Verehelichung gegen Erlag eines
Betrages von zwei Gulden für jeden noch fehlenden
Monat ihrer Dienstpflicht aus dem stehenden Heere
entlassen werden können und sofort zur Landwehr
übertreten.

Daß diese Befreiung nicht auch für die bloße Ansässigmachung oh n e Verehelichung zugestanden werden kann, dürfte schon wegen des leicht möglichen Mißbrauches einer derartigen Begünstigung und wegen des zu großen Ausfalles, welchen das Heer erleiden würde, begründet erscheinen, während die Verehelichung in der Periode vom 24. bis 26. Lebensjahre, wo sie künftig mit dem Rechte des Austritts aus dem stehenden Heere gestattet sein soll, doch wohl nicht so zahlreich vorkommen wird, um auf die Stärke des Heeres von allzu bedeutendem Einflusse sein zu können.

Die Bestimmung, daß bei Wohnsitzveränderungen eine An- und Abmeldung erfolgen müsse und deren Unterlassung polizei- licher Strafe unterliege, ist im Interesse der Evidenthaltung des Standes nothwendig.

6) Die Aufnahme von Kapitulanten, d. h. nach dreijähriger Präsent-Pflichtigkeit freiwillig Fortdienenden ist insbesondere zur Heranziehung tüchtiger Unteroffiziere für das Heer von großer Wichtigkeit. Man wird die Gewinnung solcher Kapitulanten, nachdem künftig die Gelegenheit, ein Einstandskapital zu ver- dienen, wegfallen wird, durch Versorgungsansprüche mittels hiezu geeigneter Civilstellen nach einem speziellen Reglement und Ge- währung von Kapitulations-Zulagen, für welche im Budget Vor- sorge zu treffen sein wird, begünstigen müssen. Um übrigens nicht Leute, welche nicht genügend entsprechen sollten, auf längere Kapitulationszeit beibehalten zu müssen, und um anderseits auch die Kapitulanten selbst nicht auf größere Zeitperioden zu binden, wurde analog der in Preußen bestehenden Vorschrift eine alljähr- liche Erneuerung der Kapitulation vorgeschrieben. Es wurde aber dabei solchen Kapitulanten, welche bereits zwölf Jahre gut gedient und sich dadurch Versorgungs-Ansprüche erworben haben, zugesichert, daß sie gegen ihren Willen bei gutem Verhalten nicht mehr entlassen werden können.

Preußen verdankt seinen Einrichtungen bezüglich der Ka- pitulanten ein ausgezeichnetes, intelligentes und tüchtiges Unter- offizierskorps, dessen Glieder bei der späteren Civilanstellung in den verschiedensten Zweigen des öffentlichen Dienstes vermöge ihres vom Heeresdienste mitgebrachten Sinnes für Ordnung und Disciplin sowohl als vermöge ihrer allgemeinen Brauchbarkeit die trefflichsten Dienste leisten.

7) In der bisherigen Gesetzgebung fehlte eine positive Be- stimmung, nach welcher der Ungehorsam und die Widerspenstigkeit der zu den Reserve-Bataillons Pflichtigen zu bestrafen ist. Um diese Lücke auszufüllen, scheint es nothwendig, auszusprechen, daß der im Heere geleistete Eid auch für die Dienstpflicht in den Reservebataillons fortdauere, daß ferner die gesetzlichen Bestimm-

ungen über Widerspenstigkeit und Desertion, wie überhaupt die nach Art. 3 Satz 5 des Gesetzes vom 10. November 1861 zu Recht bestehenden Gesetze und Verordnungen über Bestrafung militärischer Reate auch für die in den Reservebataillons Pflichtigen Anwendung finden, endlich daß dieselben so lange, als sie zum Dienste aufgeboten sind, der militärischen Gerichtsbarkeit unterstehen.

Daß sie während der übrigen Zeit in ihrer Heimat, frei von militärischem Zwange, blos der bürgerlichen Gerichtsbarkeit und den bürgerlichen Gesetzen unterworfen sind, ist durch die Verfassungsurkunde ausgesprochen und soll in keiner Weise geändert werden. Die Anzeige über Wohnsitzveränderungen ist aber wie bei den Kriegsreservisten zur Evidenthaltung des Standes erforderlich.

Was die Dauer der Dienstpflicht in den Reservebataillons betrifft, welche sich nach der bisherigen Gesetzgebung bis zum 40. Lebensjahre erstreckt, so wird dieselbe nach dem Entwurfe des neuen Gesetzes auf 5 Jahre, nämlich vom 27. bis zum 31. Lebensjahre, beschränkt und ausgesprochen, daß bei eintretender Verehelichung der Austritt auch schon vorher und zwar ohne andere Bedingung zulässig sei, als daß der Betreffende zur Landwehr übertrete.

8) Dem preußischen Systeme entsprechend wird zum Zwecke der wirklichen Ausführung der Waffenübungen und besserer Formation das Land in Reservebataillonsbezirke eingetheilt und jeder dieser Bezirke in Compagniebezirke unterabgetheilt werden.

9) Ebenso wird, ähnlich einer in Preußen bestehenden Einrichtung, den Gemeinden der Versammlungsorte die Beistellung der erforderlichen militärischen Magazine und Schießplätze zur Pflicht gemacht werden, während die etwa nothwendigen Einrichtungskosten das Aerar trägt.

10) Die Durchführung des neuen Wehrsystems im stehenden Heere und in den Reservebataillons wird wegen Beschaffung der vorbereitenden Einrichtungen so wie auch wegen Heranziehung der Chargen immerhin nur successive geschehen können und mit mannigfachen Schwierigkeiten verknüpft sein. Um diese Schwierigkeiten nicht noch zu vergrößern und um die Durchführung des neuen Systemes in finanzieller Beziehung zu erleichtern, ist es im Plane, die Verhältnisse der Landwehr für jetzt noch unverändert zu lassen und zu deren Reorganisation erst zu schreiten, wenn die neue Formation des Heeres und der Reservebataillons vollendet sein wird.

Einstweilen können die Grundzüge der künftigen neuen Organisation der Landwehr festgestellt werden. Hienach würde, der

Verfassungsurkunde entsprechend, eine Ausscheidung der Landwehr in zwei Abtheilungen stattzufinden haben, deren erste die Männer bis zum zurückgelegten 36. Lebensjahre, die zweite alle übrigen Wehrkräfte bis zum zurückgelegten 49. Lebensjahre in sich faßt.

Die erste Abtheilung würde der Landwehr zweiten Aufgebots nach preußischem Systeme entsprechen und es würde die Dienstpflicht in dieser Abtheilung um vier Jahre kürzer sein, als bisher, wo sie bis zum 40. Lebensjahre dauert.

Der Sold, die Verpflegung, Ausrüstung und Bekleidung dieser ersten Abtheilung würde, ähnlich wie in Preußen, für die Dauer eines Aufgebotes künftig auf Staatskosten zu übernehmen sein, den Pflichtigen also eine bedeutende Erleichterung erwachsen.

Die zweite Abtheilung der Landwehr würde dem Landsturme nach preußischem System entsprechen und die Dienstpflicht in solcher wie in Preußen mit dem 49. Lebensjahre enden, während sie jetzt bis zum 55. Lebensjahre dauert. Es ist diese Abtheilung nicht mehr zu den regulären militärischen Streitkräften zu rechnen.

11) Da bei Einführung der allgemeinen Wehrpflicht die Stellung von Ersatzmännern für Unwürdige, Widerspenstige, Deserteurs und Auswanderer nicht mehr zulässig ist, wird an Stelle dieser bisherigen Verpflichtung eine Geldleistung, beziehungsweise Geldstrafe von 100 fl. für jedes der drei ersten Dienstjahre im stehenden Heere und von 50 fl. für jedes der weiteren Dienstjahre als Reservist und Legionist gesetzt werden.

Die bisher noch für die Desertion gesetzlich bestimmte, in keinem andern Straffalle mehr in Anwendung kommende Vermögens-Consiskation wird aufgehoben und dafür eine bestimmte Geldstrafe von 300 fl. gesetzlich verfügt werden. Den Militärpflichtigen würde hienach, wenn er sofort bei Beginne der Militärdienstzeit der Desertion sich schuldig macht, im Ganzen die höchste Geldstrafe von Eintausend Gulden treffen, welche das Strafgesetzbuch zuläßt, während der Widerspenstige nach §70 des Heerergänzungsgesetzes künftig einer Geldstrafe von im Ganzen acht- bis neunhundert Gulden verfallen würde. Alle Strafen dieser Art werden dem Militär-Invalidenfonde zugewiesen werden.

Eine sehr gediegene Kritik des neuen bayerischen Wehrverfassungs-Entwurfes finden wir in No. 12 der Augsb. Abend-Ztg. (Beilage). Wir entnehmen dem Artikel aus der Feder eines hiesigen Publicisten Folgendes:

Was nun die neue bayerische Wehr-Verfassung betrifft, so fällt es auf, daß sie sich mit der Dienstpflicht vom 21. bis 36. Jahr begnügt, während man in allen andern Staaten viel weiter greifen will (in Oesterreich sogar vom 18. bis zum 45. Jahr). Der Nachtheil unserer kleinen Bevölkerungszahl wird

also nicht durch längere Dauer der Dienstzeit ausgeglichen, son=
dern im Gegentheil durch kürzere Dauer potenzirt, ohne daß je=
doch in erhöhter militärischer Ausbildung ein Gegengewicht ge=
boten würde. Auch sollen alle Verheiratheten von der Reserve=
oder Landwehr=Pflicht befreit sein, während gleichzeitig aus den
bürgerlichen Kreisen nach einer Erleichterung der Verehelichung
verlangt wird. Die Gründung der Familie ist ein für das Ge=
deihen des Staats zu wichtiges Moment, als daß nicht dieser
Wunsch in der neuen Sozial=Gesetzgebung seine Erhörung finden
müßte; allein man muß diese Richtung nicht künstlich in ein an=
deres Extrem lenken, indem man dem Feigling die Aussicht eröff=
net, sich durch leichtsinnige Verheirathung von der Pflicht der
Vaterlandsvertheidigung los machen zu können. Nach einigen län=
ger dauernden oder blutigen Feldzügen hätte man dann den mu=
thigsten und gesündesten, also für die Fortpflanzung werthvollsten
Theil der Bevölkerung in den Tod oder in die Invalidenhäuser
oder gar an den Bettelstab geliefert, und dafür ein aus furcht=
samen Eltern entsprossenes, mit Nahrungssorgen gesäugtes, und
in niedriger Selbstsucht erzogenes Geschlecht, kurz um eine neue
Art gemeinschädlichen und in alle Gesellschaftsschichten hinaufreich=
enden Proletariats herangebildet. Warum schlugen sich die preu=
ßischen Landwehren in der Regel gut? Eben weil sie für ihre
Heimath, ihren Herd, ihre Familie fochten, und wohl wußten,
daß ihre Niederlage den Ruin ihrer Angehörigen noch viel
sicherer im Gefolge haben müsse, als wenn sie in siegreichem
Kampfe fielen. Die preußischen Offiziere sind der großen Mehr=
zahl nach verheirathet, die österreichischen überwiegend ledig, und
doch wird Niemand behaupten wollen, daß erstere weniger Bra=
vour und Ausdauer bewiesen haben, als letztere. Gerade die Be=
stimmung, daß auch der Verheirathete landwehr= und kriegspflich=
tig sei, hätte dem von manchen Seiten befürchteten Ueberwuchern des
Pauperismus bei Erleichterung der Verehelichung eine Schranke
gezogen. Man hat auch hier die preußische Einrichtung, die schon
in den Freiheitskriegen, in den Jahren 1848 und 1849, in Dä=
nemark und jüngst in Böhmen und Franken ihre Feuerprobe be=
standen, und bereits manchen Läuterungsprozeß durchgemacht hat,
nicht, so wie sie ist, annehmen wollen, ob aus politischen oder
Humanitäts= oder andern Rücksichten mag dahin gestellt bleiben.
Nachdem man aber für gut findet, hierin seine eigenen Wege zu
gehen, sollte man jene Bestimmung vermeiden, die von Preußen
selbst als militärische Schattenseite ihres Systems eingestanden
wird, und das ist die Vereinigung der alten ausgedienten Leute
in eigene Bataillone. Die Exzesse der einberufenen Landwehrleute
vor Beginn des Feldzugs und der entlassenen Reservisten in Mainz

stammen aus denselben, jedem Militär bekannten Ursachen, wie
die mehrfältigen Exzesse unserer bayerischen Legionäre, und wä=
ren wahrscheinlich vermieden worden, wenn man diese Leute in
die bereits bestehenden strafferen Rahmen der Linie vertheilt, und
auch die neugebildeten Abtheilungen aus beiden Elementen gemischt
hätte. Dies ist zum Beispiel bei den technischen Truppengattungen
der preußischen Armee der Fall, und dort hört man nie von ähn=
lichen Ausbrüchen der Unbotmäßigkeit, wiewohl im Verhältniß
ebenso viele Landwehrleute eingereiht werden. Der soldatische
Werth der Linie mag durch eine solche Vermischung allerdings
etwas sinken, aber jener der Landwehr wird unstreitig um Vieles
erhöht, und im Ganzen genommen, muß das Heer durch eine
gleichartigere Beschaffenheit seiner Glieder eher gewinnen als ver=
lieren, denn im Felde wird man die Landwehr=Bataillone doch im=
mer zwischen die Linienbataillone eintheilen müssen, wenn sie das
leisten sollen, was man von ihnen erwartet. Dieselben Gründe,
welche für Eintheilung der Landwehr in den bereits disziplinirten
Rahmen des stehenden Heeres sprechen, sprechen auch gegen die
im bayerischen Entwurf vorgesehenen Lokalexerzitien unter ambu=
lanten Anweisern oder Exerzirmeistern. Es mögen dieß vielleicht
sehr ehrenvolle Posten werden, aber sie werden schwerlich das
leisten können, was man hofft. Wenn die Landwehr zu ihrer
militärischen Nach= und Fortbildung nur auf geringe Zeit ihrem
bürgerlichem Beruf entzogen werden darf, so muß die kurze Zeit
um so gründlicher militärisch ausgenützt werden, und das
ist wohl in den größern Truppenzusammenzügen stehender oder
marschirender Lager aller Waffengattungen, und großer Garnisonen
mit ausreichenden Uebungsplätzen, aber keinesfalls in kleinen Di=
striktsversammlungen möglich, wo höchstens ein einziges Bataillon
zu einer militärischen Turnfahrt oder Kirchweih zusammengezogen
wird. Wie wenig dieser Modus beim besten Willen geeignet ist,
tüchtige Feldtruppen zu erziehen, sieht man an der schweizerischen
Miliz, den englischen Freiwilligen, der belgischen National=Garde,
und bei der bekannten süddeutschen Gemüthlichkeit liegt die Be=
fürchtung nahe, daß derartige Reserve= oder Legionsbataillone bald
auf derselben militärischen Stufe stehen würden, wie unsere bis=
herige Landwehr. Der Kitt und Nerv einer Armee ist die Dis=
ziplin und diese lernt sich nur in größern Körpern und Uebungen,
wo die vielen Reibungen unablässig auch dem blödesten Auge das
Bedürfniß absoluter Unterordnung unter strenge aber gerechte
und für Alle giltige Normen offenbaren. So lange in unserer
Bevölkerung noch Forstfrevel, Haberfeldtreiben, Bierkravalle und
Wirthshausschlägereien an der Tagesordnung sind, die Achtung
vor dem Gesetz mit Exekutionen erzwungen werden muß, müßte

der Distriktsoffizier entweder mit ausgezeichneten persönlichen Eigenschaften und einem ungeheuren Apparat disziplinärer Befugnisse ausgerüstet sein, ja ein wahrer Erzengel mit Flammenschwert sein, um ganz allein eine von ihrer täglichen Beschäftigung zu widerwärtigem Dienst einberufene größere Körperschaft zu drillen und im Zaum zu halten, oder er müßte gegen die Fehler und militärischen Vergehen seiner Untergebenen eine für deren soldatische Erziehung verderbliche Nachsicht üben, von denjenigen Konflikten und Situationen gar nicht zu reden, die eintreten können, wenn gerade einmal die politischen Ansichten der Regierung und eines Theils der Bevölkerung von einander abweichen. Von den Landwehroffizieren läßt sich zur Unterstützung der Distrikts-Instruktoren wenig erwarten, und sollen sie in dem neuen System ein wirksamer, auch für das Feld tauglicher Faktor werden, so müssen sie ihre alljährlichen Uebungen nicht in einem einzelnen Landwehrbataillon, sondern offenbar auch wieder in den größeren Zusammenzügen der Linie selbst durchmachen. Das Volk in Waffen ist ein schönes Wort! Wenn es aber Wahrheit werden soll, so müssen in dem Maß, als das Heer größer und die Dienstzeit kürzer wird, die Zügel der Mannszucht nicht lockerer, sondern straffer angezogen, die wirklich lehrreichen und bildenden größeren militärischen Uebungen nicht vermindert, sondern vermehrt werden, sonst artet das Ganze sehr bald zu dem aus, was unsern süddeutschen Heeren schon öfters von verschiedenen Seiten vorgeworfen wurde, nämlich zu einer für das Land ebenso theuern und lästigen, als nutzlosen Soldatenspielerei. Das mögen sich auch alle diejenigen gesagt sein lassen, die aus Sparsamkeit oder aus dunkeln Parteimotiven nach einer Volksbewaffnung schweizerischen Musters als bestes Mittel zur Demokratisirung des Heeres hinarbeiten. Sie übersehen, daß nur die wahrhaftigen und edlen Grundsätze der Demokratie Dauer haben können, und daß gerade ihr hauptsächlichstes oder eigentlich ihr einziges stichhaltiges Axiom schon längst in allen Heeren weit mehr als in bürgerlichen Kreisen zur Geltung gekommen ist, und auch in der allgemeinen Wehrpflicht nur eine weitere Stufe der Vollendung erreicht, nämlich die Gleichheit, aber nicht die revolutionäre égalité, sondern die Gleichheit vor dem Gesetz! Von unserm Kriegsministerium aber

# IV.

## Einwendungen gegen die preußische Wehrverfassung.

Wer die inneren Kämpfe des preußischen Staates seit 1860 und den Conflikt, welchen die von dem jetzigen König Wilhelm I. aus eigener Initiative geschaffene und durchgeführte neue Heeres= organisation hervorgerufen hat, eingehender studirt hat, dem wird nicht entgehen, daß Vieles von dem, was man heute im Süden Deutschlands zu hören bekommt, mindestens der Originalität ent= behrt und zum größten Theile nur Wiederkäuerei der damals in Preußen erhobenen Vorwürfe und Einwürfe ist. Da jedoch nur eine sehr kleine Zahl von Politikern von dieser innern preußischen Frage eine tiefere Kenntniß hat, wird es nicht überflüssig sein, hier einige Punkte näher zu erörtern.

Nicht selten hört man den Einwurf, die preußische Wehrver= fassung sei in Preußen selbst höchst unpopulär, sie sei dem Volke gegen den Willen seiner Vertretung aufgezwungen worden, sei eine Frucht der nach der kurzen Aera wiedereingetretenen Reactions= epoche u. s. w.

Wer bei der Wahrheit bleiben will und nicht jede Lüge als erwünschtes Mittel zum Zwecke betrachtet, kann sich von der Un= richtigkeit aller dieser Behauptungen überzeugen.

Vor Allem ist die neue Heeresorganisation nicht eine Schöpf= ung der sogenannten „Reactionsepoche", sondern im Gegentheile von dem Regentschafts=Ministerium — den Männern der neuen Aera — dem Ministerium Schwerin=Auerswald, Bonin entworfen und vorbereitet worden. Also gerade jene Männer die man so oft im Gegensatze zu den heutigen Ministern verherrlichte, theilten mit dem König die Ansicht, daß die bisdaige Kriegsorganisation untauglich war, daß eine Verbesserung unaufschieblich sei.

Nicht politische, sondern militärische Gedanken, haben die Reorganisation diktirt.

Das Abgeordnetenhaus war niemals im Stande einen Ge= genbeweis zu führen, es hat solchen auch nicht einmal anzutreten gesucht.

Die Fortschrittsparthei oder Linke, bekämpfte keineswegs die Grundzüge der neuen Wehrverfassung, sondern einzig und allein die Art und Weise der Einführung.

Niemanden in Preußen kam in den Sinn die neue Organi= sation à tout prix beseitigen oder unmöglich machen zu wollen, man glaubte nur gegen die unbedingte Anerkennung der faktischen Durchführung konstitutionelle Bedenken erheben zu müssen.

Nicht die Wehrverfassung rief den mehrjährigen Konflikt in Preußen hervor — wie vielfach irrthümlich geglaubt wird — sondern die vom Ministerium aufgestellte Lücken=Theorie, die Interpretation des Art. 99 der Verfassung. In der Militär=Frage lag allerdings der Keim des Confliktes, aber erweitert hat denselben die Budgetfrage und die Ansprüche, welche das Abgeordneten=Haus erheben zu müssen und welche die Regierung abweisen zu müssen glaubte. So wurde zwar die Heeresorganisation **ohne** Zustimmung der Volksvertretung aber keineswegs **gegen** dieselbe durchgeführt.

Daß die Wehrverfassung und die energische, vor keinem Hinbernisse zurückschreckende Durchführung derselben, eine Nothwendigkeit und ein Segen für Preußen war, das läugnet heute wohl Niemand mehr. Das Abgeordneten=Haus hat ja — wie sattsam bekannt ist — seine nachträgliche Zustimmung ertheilt und dem Ministerium Indemnität bewilligt, was nichts anders heißt, als man hat zugestanden, daß man sich geirrt, daß man sich in unfruchtbaren Principien verrannt habe u. s. w. Die Regierung ist keinen Fuß breit von dem, was sie einmal als Recht und nothwendig erkannt hat abgewichen. Der Feldzug in Schleswig und der Krieg vom vorigen Jahre, haben die Vorzüge dieser neuen Organisation in das glänzendste Licht gestellt und unwiderleglich nachgewiesen. Heute gibt es wohl Niemand, der noch die Zweckmäßigkeit dieser neuen Wehrverfassung anzweifeln möchte, dagegen ist die Welt darüber einig, daß Preußen ohne diese Reorganisation seiner Armee, kaum die Lorbeeren von Düppel und ganz gewiß nicht die glänzenden Siege von 1866 hätte erringen können. Würde die preußische Regierung den Wünschen eines Theils der Tagespresse und Fortschrittsparthei=Führer gefolgt sein, dann hätte sie nicht nur ihr eigenes Werk zerstört, sie hätte aller Wahrscheinlichkeit nach Preußen selbst zerstört und ein zweites Jena heraufbeschworen. Dann hätte es nicht einen Tag von Sadowa, sondern sehr wahrscheinlich eine zweite Auflage der Schlacht bei Kollin erlebt und die Frage, ob der preußische Staat heute noch in seiner früheren Integrität existiren würde liegt sehr nahe.

Die preußische Regierung sah jedoch weiter als die getrübten Brillen einiger Gegner derselben. Sehr richtig sagte der Kriegsminister v. Roon in der Debatte u. a.: Wir haben Nachbarn, also auch mögliche Feinde ringsum die über Armeen von etwa einer halben Million gebieten.

Die Folge hat gezeigt, daß aus den „guten Nachbarn“ „böse Feinde“ geworden und „gewisse Alliirte“ gar zu gerne die Gelegenheit wahrgenommen hätten Preußen zu verderben!

Es ist also eine Unwahrheit zu behaupten, daß heute in Preußen irgend Jemand in der Heeresorganisation etwas Anderes erblickt, als die Bürgschaft für Preußens Ruhm und Größe. Die preußische Geschichte wird Wilhelm I. dem großen Preußenkönig des vorigen Jahrhunderts an die Seite stellen und ihm gleich diesem das Prädikat „der Große" beilegen, nicht weil er Preußen vergrößerte, und um herrliche Provinzen vermehrte, sondern weil er mit männlicher Festigkeit und unbeugsamer Charakterstärke das große Werk der Reorganisation das sein scharfer Geist als Grundbedingung für die Machtstellung und Größe Preußens erkannt hatte, durchgeführt hat. So wie der Name Friedrich der Große heute noch die Welt mit Bewunderung erfüllt, so wird, so lange ein Preußen existirt, der Name Wilhelm des Ersten, des großen Armee-Reorganisators, gesegnet und gepriesen werden von seinen Völkern — von allen ächten Deutschen!

Es ist daher unehrlich, Gründe ins Feld zu führen, welche auf absoluter Unwahrheit beruhen und nur den Zweck absichtlicher Täuschungen haben können.


## V.

### Die finanzielle Seite der preußischen Wehr-Institutionen.

Viel häufiger und in mancher Beziehung auch nicht ganz ohne Berechtigung ist die Besorgniß, daß durch die Einführung der preußischen Wehrverfassung in Bayern und überhaupt im Süden Deutschlands die finanziellen Kräfte des Staates in ungebührlicher Höhe in Anspruch genommen werden müßten, daß die Kosten der Armeen, die jetzt schon eine bedeutende Höhe erreicht haben, dann um ein Drittel, ja wohl gar um die Hälfte des bisherigen Aufwandes (?) erhöht werden müßten.

Würde man einfach bei diesen Behauptungen stehen bleiben, dann ließe sich allenfalls diskutiren, wenngleich die Erhöhung des Budgets zu hoch angegeben ist. Aber die Sucht recht schlagende Gründe gegen die verhaßte preußische Wehrverfassung anzuführen, das Bewußtsein die Bevölkerung bei ihrer schwächsten Seite bei der Geldfrage anzufassen verleitet die Gegner der Reform unserer Heeres-Organisationen zu weiteren übertriebenen und an's Lächerliche streifenden Folgerungen. Da wird dann weiter gefabelt, die Folge der Einführung der preußischen Wehr-Institutionen müsse eine allgemeine Aussaugung und Verarmung des Landes zur Folge haben, das Gespenst des Pauperismus wird in grellsten Farben ausgemalt. Wie bisher mit dem Umsichgreifen des Socialismus schreckt man jetzt den Besitz mit der Militär-Organisation.

Untersuchen wir einmal wie viel hier Wahrheit und wie viel Uebertreibung ist. Daß eine Erhöhung des Militärbudgets durch die neue Wehrverfassung nothwendig werden wird, ist eine traurige aber nothwendige Wahrheit. Aber würde uns dieser Mehraufwand des Militärbudgets erspart werden, wenn wir unsere Armeen nicht nach preußischem Muster organisiren würden, wenn wir statt bewährte Institutionen einzuführen, ziel= und planlos herumexperimentiren, Versuche machen, und wenn diese mißlingen, wieder zu andern Versuchen greifen müßten? So hat es Oesterreich seit 1849 gemacht und welche Folge hatte dieses Experimentiren für die Armee? Man organisirte die Armee 1849, dann reorganisirte sie man wieder in den 50er Jahren, dann organisirte sie man 1860 ganz neu, und man organisirte und reorganisirte so lange bis die Armee völlig desorganisirt und nicht eine Million mehr werth war, und trotzdem Milliarden verschlungen waren. Soll Bayern Oesterreich auf dem Experimentalweg nachfolgen, wie wir sonst stets hinter Oester= reich und mit demselben hergetrottelt sind?

Oder brauchen wir vielleicht gar keine neu organisirte Armee? Ist es möglich Alles beim Alten zu lassen oder könnte man viel= leicht nicht noch den bisherigen Armee=Status reduciren? Das wäre freilich für unsere Finanzen am allerbesten, doch leider höre ich beide Fragen selbst von solchen verneinen, die von der preußischen Wehrverfassung nichts wissen wollen.

Bleibt somit nur eine Alternative:

Entweder viel Geld anwenden und die bayerische Armee nach bewährten preußischen Institutionen reorganisiren, uns mit den übrigen süddeutschen Staaten über eine gleichmäßige Organi= sirung vereinigen und so als ein geschlossener Achtung gebietender Körper im Falle eines Krieges der bewährten preußischen Ober= leitung unterordnen; mit einem Worte Opfer bringen, Opfer an Geld und Selbstständigkeit, um gesichert und beruhigt jedem feind= lichen Angriff auf unsere Selbstständigkeit auf die Integrität Deutsch= lands entgegensehen zu können. — Oder —

Oder wieder viel Geld, sehr viel Geld und eine nagelneue Experimental=Wehrverfassung etwa nach utopischem Muster ein= führen, nicht nur selbstständig, sondern auch originell und ver= einzelt vorgehen, auf die eigene Macht und Größe pochen, sich um Nord und Süd nicht bekümmern, Baden seine Wege gehen lassen, Würtemberg seine Wege, und Hessen auch seine. Keinen An= schluß an Preußen, keine Unterordnung unter dessen Oberbefehl; dagegen jedoch gewärtigen müssen, von jedem beliebigen Stärkeren entweder aufgefressen oder als Compensationsobject behandelt und verhandelt zu werden, u. s. w.

Bayern steht am Scheidewege. Eins von beiden muß es wählen. Geld kostet beides. Also:

'Entweder Geld aber genügenden Schutz und Sicherheit, d. i. **preußische** Wehrverfassung:

Oder: Geld und doch keinen Schutz, keine Sicherheit; das wäre dann eine Xbeliebige Experimental-Wehrverfassung!

Ohne Geld kein Kiel! sagte vor zwei Jahren Bismarck in der Kammer der Abgeordneten.

Heute steht die Sache so: Ohne Geld keine Wehrverfassung, ohne Geld kein Bayern mehr!

Hat Oesterreich etwa einen besseren Finanzstand als Bayern? Ist nicht seine Staatsschuld so gestiegen, daß es kaum mehr die Zinsen derselben bezahlen kann? Hat nicht der letzte Krieg seine Noten und Staatspapiere völlig entwerthet? Und doch beeilt es sich die neue Heeresorganisation nach preußischem Muster einzuführen, welche viele Millionen mehr erfordert als das bisherige Militärbudget. Und wenn dort die Reichsvertretung im März wieder zusammentreten wird, dann wird man Vieles bemängeln und sehr Vieles mit Recht verdammen, aber mit der Einführung der neuen Wehrverfassung wird man sich vollkommen einverstanden erklären und — das kann man mit Sicherheit annehmen — die verlangten großen Summen zu diesem Zwecke bewilligen, so große Opfer man auch den Völkern dadurch aufbürdet. Wo es sich um die Existenz eines Staates handelt, da kann kein Opfer zu groß sein! „Nichtswürdig ist die Nation, die nicht Ihr Alles freudig setzt an ihre Ehre" ruft uns Schiller warnend zu.

Es zeigt jedenfalls von verdammt geringem Patriotismus, wenn man bei uns — Angesichts der politischen Lage Europa's — von Opfern zurückschreckt, die geradezu unentbehrlich geworden sind, ob wir nach diesem oder jenem Muster unser Heer neu einrichten. Es ist wenig Vaterlandsgefühl und sehr viel Egoismus und Krämergeist vorhanden, wenn man sich der Zahl Jener anschließt, welche an die Richtung der Manchesterschule streifend, gegen die „unproduktiven" Ausgaben des Staatshaushalts an und für sich eine Abneigung haben, weil sie den Staat als eine Anstalt betrachten, die den Zweck habe, den Einzelnen unter den billigsten Bedingungen erwerben und genießen zu lassen.

Sehr treffend äußerte sich die Denkschrift, die seiner Zeit von der preußischen Regierung den Kammern vorgelegt wurde über den Finanzpunkt. Der Passus aus derselben, den wir hier nachstehend anführen, möge auch von unseren Reformgegnern beherzigt werden:

„Die Rücksicht auf die augenblickliche Lage der Finanzen kann auf die gesetzliche Dauer der Dienstpflicht keinen Einfluß üben. Denn es wäre gewiß die größte Verschwendung für ein seiner Aufgabe nicht gewachsenes Heer viele Millionen zu verwenden, während der verlangte Mehraufwand für eine tüchtige Armee ebenso gerechtfertigt und möglich, wie geboten erscheint." —

Man hat auch in Preußen, als die Armee-Reorganisation von der Regierung durchgeführt wurde (1860 und 1861) stets den Ruin des Staates, die Unerschwinglichkeit für die Finanzen, die Verarmung des Staates vorhergesagt und mit diesen Schlagworten die Heeres-Organisation bei den Massen unpopulär zu machen gesucht. Nun ist aber die neue Wehrverfassung in Preußen bereits seit sechs vollen Jahren durchgeführt, ohne daß diese Besorgnisse sich erfüllt hätten. Trotz der Heeres-Organisation sind die Finanzen Preußens blühender und geregelter als in irgend einem deutschen Staate, der Staatshaushalt geregelt, die Staatswirthschaft musterhaft. Nur die geordneten Finanzen, die Staatsüberschüsse, die vollen Kassen machten es Preußen möglich, den schleswig-holsteinischen Feldzug, und den Krieg auf Leben und Tod im vorigen Jahre zu führen. Wer wäre heute der Thor, der behaupten möchte, die Armee-Organisation habe den finanziellen Ruin Preußens bewirkt? Wäre nicht vielmehr auch noch größere Anspannung der Steuerkräfte des Landes in Preußen möglich, wenn es die Nothwendigkeit erheischen würde?

Man kann nicht treffender die schäbige Geldknauserei charakterisiren, wo es sich um Opfer für das Vaterland handelt, als dies seinerzeit anläßlich des Militärbudget-Confliktes in Preußen von der „Sternzeitung" geschah.

„Wir sind die sparsamsten Haushalter — schrieb dieses Blatt — in ganz Europa, und das ist wahrlich ein Lob; aber wäre es nicht augenscheinlich, daß bei dem Gegensatz gegen die Militär-Reform die finanziellen Bedenken nur als die Hebel für die Action der Parteien dienen — so müßten wir hinzufügen: wir sind das einzige Volk in Europa, dessen haushälterischer Trieb sich in weiten Kreisen bis zu der gefährlichen Höhe zu entwickeln scheint, wo das Gefühl für die unerläßlichen Machtbedingungen eines Großstaates sich abschwächt, und wo man sich bereit zeigt, Millionen auf's Spiel zu setzen, um an seinem Vermögen einige Hundert zu ersparen.

## VI.

### Die dreijährige Präsenz und die Länge der Dienstzeit.

Ein noch häufiger gehörter Einwand gegen Einführung des preußischen Wehrsystems ist die dreijährige Präsenzzeit. Alles ließe man noch dahingehen, aber mit dieser Bestimmung wollen sich unsere Wortführer gar nicht befreunden. In Gottes Namen noch die allgemeine Wehrpflicht, wenn es schon sein muß, und allenfalls auch noch Bewaffnung und Exerzier-Reglement nach preußischem Muster, aber eine dreijährige Präsenzzeit nun und nimmer! Dieses halb-Wollen und halb-Nichtwollen erinnert uns an jene ehrsamen Spießbürger, die im Jahre 1848 überrascht durch die unerwartete Bewegung ihren politischen Wünschen folgenden Ausdruck gaben: Alles müsse mer hawe, Preßfreiheit und Censur! Nicht viel anders ist das Begehren der verkappten Gegner der preußischen Wehr-Institutionen. Doch lassen wir sie selbst sprechen. Da schrieb erst kürzlich Jemand in der „A. Allg. Zeitung"*) u. a. folgendes:

Auf eine dreijährige oder nur zweijährige Präsenz kann, das wird sich in der württembergischen Kammer ergeben, nicht eingegangen werden. Man kann unmöglich das ganze Volk zu stehenden Soldaten drillen, um in den Jahren, in welchen für die meisten ihre selbstständige Existenz sich entscheidet, jeden auf lange aus seiner Laufbahn herauszureißen; es wäre eine volkswirthschaftlich ruinirende und persönlich unerträgliche Last. Man kann sich eine Organisation gefallen lassen, welche eine wirkliche selbstfähige und technisch schlagfähige Miliz herstellt, aber aus tausend ökonomischen, sittlichen und politischen Gründen keine Militär-Organisation der geschilderten Art. Dazu wird man hoffentlich einige der süddeutschen Landtage, selbst im jetzigen Augenblick der Verblüffung, nicht bringen. Von den Grundsätzen wofür sie 50 Jahre gekämpft, durch welche sie Ordnung in die Finanzen gebracht, wodurch sie zu großartigen Culturausgaben befähigt worden sind, können sie nicht abstehen, davon könnten sie selbst durch Ueberrumpelung und Ueberraschung nicht verdrängt werden. Der auf der Ferse nachfolgende Ruin der Volkswirthschaft, der Freiheit und der Finanzen steht in zu bestimmter Sicht hinter solchen Maßregeln, als daß nicht etwaigen Ministerialvorlagen dieses Inhalts die mißtrauischste Vorsicht entgegentreten müßte.

Dem guten Manne ist also selbst eine zweijährige Präsenzzeit zu viel. Doch hören wir noch eine andere Stimme. Lassen wir dem Stuttgarter „Beobachter" seine Weisheit auskramen. In einer seiner letzten Nummer bringt derselbe folgenden blühenden Unsinn:

Die Durchführung der wahrhaft allgemeinen Wehrpflicht, wie sie einzig dem Geiste des 19. Jahrhunderts entspricht, erfordert mit unbedingter Nothwendigkeit die Herabsetzung der Dienstzeit auf das möglichst niedrige Zeitmaß. Die Schweiz ist in dieser Beziehung mit einem leuchtenden Beispiele vorausgegangen, was auch sonst an ihrem Milizsystem noch zu bessern sein mag. Zur

erften Ausbildung eines Infanteriften reichen unter allen Um=
ſtänden 2—3 Monate hin, namentlich wenn in ſämmtlichen Schulen das
Wehrturnen und für die höheren Altersklaſſen bis zum 20. Jahre die obligatoriſche
Waffenübung eingeführt wird, wenn daneben Jugendwehren, Wehr= und Schutz=
Vereine unter freigebiger Unterſtützung der Gemeinden und Regierungen ihre
Pflicht thun. Größere taktiſche Maſſen können füglich in ſpäteren
Jahrgängen im Laufe weniger Tage eingeübt werden. Für die
Specialwaffen mag man, unter Anwendung des Freiwilligenſyſtems eine längere
Einübungszeit feſtſetzen; aber auch dieſe läßt ſich bedeutend abkürzen, wenn der
Grundſatz zur Geltung kommt, die frühere Lebensſtellung und Beſchäftigung
der Rekruten gewiſſenhaft zu berückſichtigen.

In dieſem Artikel wird alſo noch weiter gegangen und 2—3
Monate werden zur Ausbildung eines Infanteriſten unter allen
Umſtänden ausreichend befunden. Das iſt ſchon kein Fortſchritt
mehr, das iſt eine Siebenmeilenſtiefel=Politik! Nächſtens wird ein
Dritter den „Beobachter" noch übertreffen wollen und vielleicht
2 Wochen als zur Ausbildung eines Infanteriſten genügend halten.
Geſchwindigkeit iſt keine Hererei und Ernſt zu bewahren iſt ſolchen
Politikern gegenüber keine Möglichkeit.

Aber geſtehen wir es nur ſelbſt — auch in ſolchen Kreiſen,
welche der Einführung der preußiſchen Wehrverfaſſung günſtig geſinnt
ſind, hat die dreijährige Präſenzzeit mannigfache Bedenken erregt.
Gewöhnlich weiſen die Gegner dieſer Beſtimmung auf den viel
citirten Ausſpruch des General v. Krauſeneck (Generalquartier=
meiſter der preußiſchen Armee im Jahre 1816) hin, welcher meinte,
es müſſe gelingen den Infanteriſten in 18 bis 20 Monaten voll=
kommen auszubilden. Die Erfahrung lehrt aber — man mag
ſagen was man will — das Gegentheil. Die preußiſchen Offiziere,
welche den Feldzug in Schleswig im Jahre 1864 mitmachten,
ſtimmen in ihren Anſichten überein, daß jene Soldaten, die ent=
weder ausgedient hatten oder im dritten Jahre dienten, den erſt
kürzere Zeit Präſenten gegenüber im entſchiedenen Vortheile waren
und eine viel größere Sicherheit in allen Richtungen des Feld=
dienſtes, beſonders in dem Vorpoſtendienſt und Tirailleurgefechten
bethätigten. Sie betonen wie ſehr die Gewandtheit der Aelter=
dienenden im zerſtreuten Gefechte den Verluſt ermäßigt habe. Es
mag richtig ſein, daß ein Infanteriſt in 18 Monaten ſo ziemlich
Alles erlernen könne, aber beſtimmt iſt es, daß er, wenn er nach
Jahren einberufen werden ſollte, im Erlernten nicht feſt genug
ſein wird, um in der Aufregung mit Sicherheit und Zuverläſſig=
keit ſeinen Beruf auszuüben. Auch wollen Jene, die gegen die
dreijährige Präſenz eifern, nicht wiſſen, was allgemein bekannt
iſt, daß dieſe ſelbſt in Preußen nur in den erſten Jahren ſtreng
eingehalten wurde, bis die vermehrte Aushebung durchgreifend auf
den Präſenzſtand der Abtheilungen gewirkt hatte. Neuerdings, ſo

wie bereits vor dem Kriege, reducirt sie sich in der Praxis auf durchschnittlich nicht über 2½ Jahre. Freilich tritt erst nach Ablauf der 3jährigen Dienstzeit der Reservist in ein neues Verhältniß zum Heere, und erlangt dann wieder umfassenden Gebrauch seiner Rechte, darf namentlich heirathen u. s. w.

Ein Hauptmotiv der Verlängerung der Dienstzeit von 2 auf 3 Jahre in der preußischen Armee war der fühlbare Mangel an diensterfahrenen Soldaten (Kapitulanten). Die kriegserfahrenen Offiziere gingen der Armee immer mehr ab, der Umschwung in den Geld- und Erwerbs-Verhältnissen verminderte die Zahl der Berufs-Soldaten in der Armee immer mehr. Die Geschichte der neuesten Kriege lehrt aber wieder und wieder welch' hoher Werth gerade auf eine besonders tüchtige und zuverlässige Infanterie zu legen sei, denn die Geschicke der entscheidenden Tage hängen vorzugsweise von der Fertigkeit, Gewandtheit und Zähigkeit dieser Waffe ab. Da nun lediglich aus ganz jungen Soldaten gebildete Bataillone, nach den ersten vielleicht erheblichen Kriegsverlusten, durch noch jüngere, bei den Ersatz-Bataillonen in wenigen Wochen noch oberflächlicher ausgebildete Mannschaft ergänzt werden müßten, so würden sie nach dem Eintreten dieser Neulinge in ihre gelichteten Reihen — das bedarf keiner Auseinandersetzung — bald jeden Halt und jede Zuverlässigkeit einbüßen und namentlich durch Unfälle und auf Rückzügen die eine aus älteren und daher besser disziplinirten Soldaten bestehende Truppe oft ruhmvoll übersteht, schnell zur Auflösung gelangen. — Treten dagegen flüchtig ausgebildete Ersatzmannschaften in fest disziplinirte und kriegerisch gewöhnte Truppenkörper, so werden sie das ihnen noch fehlende Dienstverständniß durch das tägliche Beispiel ihrer älteren und erfahrenen Kameraden bald sich aneignen und die Schlagfertigkeit und Kriegstüchtigkeit der Truppe erhält sich.

Eine Autorität im Militärfache, die auch von liberaler Seite anerkannt wird. General Bonin sagt in seiner Denkschrift über die Militärfrage über 2- und 3jährige Dienstzeit: „Durch die Herabsetzung der Dienstzeit von 3 auf 2 Jahre (1833) gingen allerdings in demselben Zeitraume eine viel größere Anzahl Soldaten durch die Armee und die zeitgerechte Ergänzung der Landwehr durch nothdürftig exerzirte Leute für alle Verhältnisse war gesichert, aber dies geschah auf Kosten der militärischen Intelligenz und Disciplin der Infanterie des Heeres, indem der Infanterist durchschnittlich erst im dritten Jahre eine solche Dienstsicherheit und Disciplin erlangt, daß er vollkommen feldbienstfähig ausgebildet erscheint" u. s. w.

Aus den Erfolgen der preußischen Armeen im Schleswig-Holsteinischen Feldzuge wollten einige Journale für ihre Ansichten

Capital machen und den Beweis herstellen, daß eine zweijährige Dienstzeit genüge, um eine tüchtige Armee herzustellen — aber sie bewiesen Nichts oder gerade das Gegentheil von dem was sie beweisen wollten. Denn die preußischen Regimenter bestanden zur größeren Hälfte aus Soldaten, die schon eine dreijährige oder eine noch längere Dienstzeit hinter sich hatten, die andere kleinere Hälfte diente großentheils auch schon im dritten Jahre, nur ein Viertheil waren solche, die unter 2 Jahren bei den Fahnen waren. Jene älteren, diensterfahrenen und waffenkundigeren Leute aber gaben dem Ganzen den rechten Halt und die rechte Festigkeit, und die jüngeren gestanden es ein, daß es Ihnen zur Hilfe und Ermunterung gereichte, neben älteren, erfahrenen Soldaten zu stehen, deren Beispiel sie aneiferte und mit frischem Muth erfüllte. Die Dänen erlitten gerade dadurch, daß bei ihnen neben wenigen Leuten von längerer Dienstzeit eine überwiegend große Zahl von unzureichend ausgebildeten Soldaten diente, ihre meisten Schlappen. An Tapferkeit, Zähigkeit und Kraft fehlte es ihnen nicht, aber es besteht bei ihnen zwar dem Namen nach eine achtjährige, in Wirklichkeit aber noch nicht zweijährige Dienstzeit mit langen Beurlaubungen und alljährlich kurzen Einberufungen. So hat gerade der schleswig-holsteinische Krieg Beweise für die Zweckmäßigkeit und Nothwendigkeit der dreijährigen Präsenzzeit geliefert.

Wir haben früher einen Artikel des „Beobachter" citirt. In demselben heißt es noch weiter:

„Baden, Würtemberg, Bayern und Hessen brachten es nach ihrem bisherigen Militärsystem auf 153,000 Mann, welche 6½ Millionen kosteten — und nichts leisteten. Bildete Süddeutschland sein Heer nach preußischem Muster, so würde es an Linie, Reserve, Landwehr, ersten und zweiten Aufgebots ꝛc. 300,000 Mann zusammenbringen, die ihm jährlich zweiundbreißig Millionen Gulden kosteten, zum bittern Schaden seiner Finanzen, aller socialen Gerechtigkeit und des gesammten Wohlstandes."

Auch diese Ziffern sind wieder höchst willkührlich und viel zu hoch gegriffen. Die Herren vom „Beobachter" widersprechen sich von einer Nummer zur andern. In einer der nächstfolgenden Nummern (30) stellt der „Beobachter" selbst die Behauptung auf, daß auch die Durchführung der allgemeinen Wehrpflicht gewisse Grenzen der Möglichkeit habe. Er bekrittelt die „Institution der einjährigen Freiwilligen" — die nebenbei bemerkt als eine ganz vorzügliche und zweckmäßige allenthalben anerkannt ist — und versteigt sich dann zu der Behauptung:

„Es ist nicht wahr, daß Preußen die allgemeine Wehrpflicht besitzt. Von den 180,000 Wehrpflichtigen und Wehrfähigen, die in dem nichtvergrößerten Preußen alljährlich das 21. Jahr erreichten, wurden nur 60,000, also nur ein Drittel, ausgeloost und ausgehoben; 120,000 gingen durch Zufall und Begünstigung vollkommen frei aus, frei für immer! Dieses System wird jetzt auch auf die annektirten Gebiete angewandt. Das ist keine allgemeine Wehrpflicht, das ist eitel Privilegium und schnöde Ungerechtigkeit!"

Auch hier sehen wir wieder Uebertreibung neben einem Körnchen Wahrheit. Allerdings ist die Durchführung des Prinzips der allgemeinen Wehrpflicht wie die aller Prinzipien an gewisse Schranken gebunden. Man mußte bei derselben theils auf die Finanzen des Staates, theils auf die Solidität der militärischen Ausbildung Rücksicht nehmen. Es würde nicht förderlich sein, einer möglichst ausgedehnten Maße die flüchtige militärische Bildung von Miliz-Truppen zu geben und über die Quantität die Qualität einzubüßen. Die allgemeine Wehrpflicht ist in Preußen durchgeführt, soweit es überhaupt angängig ist, und gerade die Heeres-Reorganisation von 1860 hat dieses Prinzip noch mehr zur Wahrheit gemacht, denn während bis zum Jahre 1860 nur 26 Prozent zum Waffendienst herangezogen wurden, werden jetzt 40 Prozent herangezogen, denn so hoch beläuft sich annähernd die Summe der waffentauglichen unter den waffenpflichtigen Männern. Die konsequentere Durchführung der allgemeinen Wehrpflicht beruht daher nur auf dem Grundgedanken einer möglichst gerechten Vertheilung einer allgemeinen Last und vor diesem Grundgedanken müssen denn auch die Klagen der durch die stärkere Rekrutirung betroffenen Einzelnen verstummen.

So wie in Preußen wird es auch in Bayern mit allgemeiner Wehrpflicht und dreijährigem Präsenzstande sein. Auch bei uns werden bezüglich des letzteren bedeutende Erleichterungen durch ausgedehnte Beurlaubungen nach zurückgelegtem zweiten Dienstjahre eintreten können, auch bei uns wird eine Ueberfluthung des Landes durch Soldaten eben so wenig zu befürchten sein, als sie Preußen bedrohte. Es ist schon dafür gesorgt, daß die Bäume nicht in den Himmel wachsen und die Dinge und Menschen im staatlichen wie im socialen Leben sich „ausgleichen." So wenig in Preußen eine Verarmung, eine Vernichtung der Landwirthschaft, eine Entziehung der jungen Leute von den Geschäften, eine Störung der socialen und gewerblichen Verhältnisse durch die neue Heeres-Organisation entstanden ist, ebenso wenig wird dies in Bayern zu befürchten sein. Gewisse Leute glauben endlich selbst an die Lügen, die sie immer und immer wieder aushecken und fürchten sich selbst vor den Schreckbildern, die sie an die Wand gemalt haben.

Ich kann auch hier bei diesem Punkte nichts Besseres thun als auf die Debatte im Berliner Abgeordnetenhause hinzuweisen, wo alle diese heute bei uns wieder aufgeworfenen Fragen sattsam durchgesprochen wurden, so daß Jeder, dem es Ernst ist sich zu informiren und eines Besseren zu belehren, nur die Kammer-Verhandlungen jener Jahre nachzulesen braucht. Ein treffendes

Wort äußerte damals (im Jahre 1863) der preußische Kriegsminister Hr. v. Roon, als über die numerische Höhe der Armee
biscutirt wurde. Er meinte: der Zweck jeder Armee ist doch —
in kurzen Worten — Vertheidigung des Vaterlandes nach Außen.
Dieser Aufgabe muß die Armee gewachsen sein. Wenn sie es ist,
dann erfüllt sie ihre Bestimmung, wenn sie aber dieser Aufgabe
nicht gewachsen ist, meine Herren, dann fort mit ihr, dann sind
Ihre 153,000 Mann auch noch zu viel! u. s. w.

Könnte man nicht mit einer leichten Variante diese
Worte in's „Bayerische" übertragen?

## VII.

### Die Schweizerische Wehrverfassung und das Freiwilligenwesen.

Eine andere Kathegorie höchst „sonderbarer Schwärmer" be-
geistert sich für das Milizwesen und möchte das schweizerische
Heersystem lieber eingeführt sehen als die preußische Wehrverfassung. Man wäre fast versucht, diesen Punkt im Gewande
des Humors abzufertigen, und in der That ist es hier sehr schwer
„keine Satyre zu schreiben." Doch bewahren wir so viel Ernst,
als der Gegenstand zuläßt und betrachten wir uns vorerst die
Persönlichkeiten, welche im Stande sind, für das Milizwesen sich
zu ereifern — ein System, das die Zeit gerichtet hat und das
heute höchstens noch eine Curiosität als eine Soldatenspielerei der
lächerlichsten Gattung betrachtet werden muß.

In Bayern finden sich keine Anhänger dieser pudelnärrischen
Idee. Der „einzige" Abgeordnete Kolb, der überhaupt die Rolle
des Sonderling spielt, wäre allenfalls im Stande, mit einem
solchen Project die Abgeordnetenkammer zu beglücken. Der Stammsitz
der Schweizermiliz-Freunde ist dagegen Stuttgart, ihr Organ der
schon mehrmals genannte „Beobachter". Die Gruppe edler „Flücht-
linge", welche dort ihr Asyl gefunden hat, betrachtet die Propaganda für die Schweizer-Wehrverfassung als eine ihrer Haupt-
Aufgaben.

Ein Echo findet diese prächtige Idee in dem benachbarten
Baden allerdings nur in einigen wenigen hirnverbrannten Köpfen.
Der als Gelehrter und Literarhistoriker ausgezeichnete, als Po-
litiker jedoch hyperidealistische und unpraktische Professor Eckart
— jedenfalls eine der ehrlichsten und biedersten Persönlichkeiten
unter unseren Gegnern, — hegte und pflegte jahrelang zum Nachtheile seiner Berufswissenschaft und keineswegs zum Vortheile seiner
socialen Stellung — er verlor bekanntlich seine, wenn auch nicht

glänzende, doch gesicherte Stellung als Hofbibliothekar in Carls=
ruhe — die unglückselige Idee von der „Volkswehr" und opferte
der politischen Propaganda seine Zeit und Stellung. In letzterer
Zeit hat Eckart der Politik Valet gesagt und erzielt als ausge=
zeichneter Vorleser und Literarhistoriker ungetheilte Erfolge, die
ihm auch seine politischen Gegner herzlich gönnen. Auf diesem
Felde leistet Eckart in der That Vortreffliches und können wir
nur wünschen, daß ihm bald wieder eine Lehrkanzel eröffnet werde
und er seinem eigentlichen Beruf zurückgegeben wird. Mit Eckart
hat die Parthei die bedeutendste Kraft verloren. Sein Geschäft
setzte der alte Venedey fort, der jede Woche 1—2 Flugschriften
losläßt, die neuerdings den praktischen Verstand dieses großen Volks=
mannes verrathen. Der dicke Buchdrucker Schneider in Mann=
heim, der Mann, der um's Geld Alles — druckt, ist der Verleger
dieser Schweizerfreunde und sein auf Löschpapier gedrucktes, sehr
geistreich redigirtes (!) Inseratenblatt, das nebenbei auch hohe Politik
treibt, wurde der kleine Moniteur für diesen neuen Rüttli-Bund.
Im hohen Norden zählt dieser Bund ebenfalls einen Anhänger,
den bekannten verrückten Zimmermeister Klaus Riepen bei Kiel,
der ohne Zweifel, falls er für das norddeutsche Parlament ge=
wählt worden wäre, die Sache dort in Anregung gebracht hätte.

Doch lassen wir diese drolligen Känze und sehen wir uns
einmal nach den Grundzügen des schweizerischen Miliz-Systems um:

„Die Grundsätze, daß das Heer aus sämmtlichen im wehrpflichtigen Alter
befindlichen und wirklich wehrfähigen Bürgern gebildet, somit das ganze Volk
wehrhaft gemacht wird und die Gesammthaftbarkeit für die Geschicke des
Vaterlandes übernimmt, dann daß Jeder, welcher diensttauglich ist, ohne irgend
eine Ausnahme auch wirklich Dienst thun muß, für seine Familie aber, wenn
es nöthig ist, die Gemeinde oder der Staat sorgt, werden in diesem Systeme
durchgeführt.

In den einzelnen Bezirken des Landes werden Rahmen (Cadre's) für die
betreffenden Truppentheile formirt, innerhalb welcher nur die im Bezirke woh=
nende Mannschaft in den Waffen geübt wird. Die Dienstpflicht der Mann=
schaft beginnt mit dem 20sten und endet mit dem 59sten Lebensjahre. Die
Mannschaft vom 20sten bis zum 40sten Jahre bildet den Auszug, die Reserve
und die Landwehr, die Mannschaft über 40 Jahre den Landsturm. Jeder=
mann wird nach Thunlichkeit in diejenige Waffengattung eingereiht, zu welcher
er nach seinem bisherigen Lebensberufe am meisten geeignet ist.

Die Präsenzzeit des Mannes unter den Waffen beträgt für die Infanterie
im ersten Jahre höchstens zwei Monate. Für die Spezialwaffen findet eine
entsprechende Zeiterhöhung statt, welche zur Ausbildung nöthig ist. Eine noch
kürzere Präsenz ist für alle Diejenigen bestimmt, welche bei einer Prüfung im
20sten Lebensjahre beweisen, daß sie durch vorherige Wehrübungen schon eine
gewisse Fertigkeit im Wehrdienste sich erworben haben. In den folgenden
Jahren finden für die Mannschaft nur kurze Wiederholungskurse von wenigen
Tagen statt, nach deren Schluß immer größere Zusammenziehungen von
Truppen zum Zwecke von Feldmanövern geschehen.

Eine besondere Militärsteuer wird nur von den im Lande angesessenen Fremden (welche unter dem Schutze der Landeseinrichtungen leben, ohne zur Vertheidigung des Landes sonst etwas beizutragen), so lange sie im kriegspflichtigen Alter stehen, erhoben.

Jeder, welcher Offizier werden will, muß zuerst die Recrutenschule als angehender Soldat, hierauf die Offiziersschule durchmachen; erst nach erlangter Befähigung und bestandener Prüfung kann er als Offizier ernannt werden. Jeder Wehrmann aber, welcher die allgemeine Vorbildung besitzt, ist berechtigt, in die Offiziersschule einzutreten.

Alles nicht durchaus Nöthige wird von der Uniformirung und Auszeichnung der Mannschaft und Offiziere fern gehalten.

Die Vorbereitung der Jugend in Wehrübungen und im Waffendienste wird von der Regierung durch Einführung des Wehrturnens in allen Schulen, also auch in der Volksschule, sowie durch obligatorische Waffenübungen der Altersklassen vor dem 20. Lebensjahre geleitet und es wird namentlich freiwilligen Jugendwehren und Wehrvereinen kein Hinderniß in den Weg gelegt. Die Schützenvereine des Landes werden dadurch unterstützt, daß die Mitglieder solcher Vereine veranlaßt werden sich im Schießen nach Feldscheiben auf weite Entfernungen zu üben, wozu die Regierung Scheiben, Schießbedarf und Prämien frei liefert. Die Militärgerichtsbarkeit erstreckt sich im Frieden nur auf die Bestrafung der im Dienst verübten Disciplinarvergehungen; alle im Kriege durch Soldaten verübten Gesetzesübertretungen urtheilt das Militärgericht summarisch ab. —

Und mit diesem System glaubt man wirklich einen großen Staat schützen, die Machtstellung eines Landes behaupten, es mit disciplinirten Armeen aufnehmen zu können. Man weiß wahrlich nicht ob man hier mehr die Naivität oder die Gedankenlosigkeit bewundern soll — leider daß auch die politische Heuchelei eine große Rolle spielt. Nur zu häufig ist die Phrase von der Zweckmäßigkeit der Milizverfassung und des Volksheeres die Maske hinter welcher sich ganz andere Hintergedanken verbergen. Man ist vorsichtig genug nicht seine wirklichen Meinungen und Wünsche laut werden zu lassen und greift daher zu den wohlklingenden Namen Volksheer, womit man die große Masse ködert. Als ob das preußische Heer nicht auch im wahren Sinne des Wortes ein Volksheer, das „Volk in Waffen" wäre.

Muß denn ein Volksheer darin bestehen, daß es schlecht disciplinirt, unfertig und ungeübt ist, mit einem Worte wehrunfähig ist?

Das schweizerische Milizsystem bei uns einführen hieße nichts anders als das Land wehrlos, als Bayern ehrlos zu machen!!

Die Gegner einer praktischen rationellen Wehrverfassung lieben es freilich, ihr Lieblingsproject so anziehend als möglich zu schildern. Klingt es nicht verlockend, wenn der „Beobachter" Vorschläge für eine künftige Wehrverfassung macht wie etwa folgende:

„Die Kabres für das erste Exercitium müssen schlechterdings lokalifirt und keinem Dienstpflichtigen darf mehr als die allernothwendigste Entfernung von seiner Heimath zugemuthet werden. Ferner müssen die Offiziersschulen Allen ohne Unterschied geöffnet sein, welche ihre Proben in der Rekrutenschule abgelegt haben. Daß mit diesem Systeme die einfachste, zweckdienlichste Kleidung Hand in Hand geht, liegt auf der Hand; der lächerliche und kostspielige Theaterprunk hat einfachen, charakteristischen Auszeichnungen Platz zu machen.

Nur bei diesem System ruft die allgemeinste Wehrpflicht nicht den Bankerott des Staats, der Gemeinden und der Familien hervor. Nach der befürworteten Einrichtung würden Baden, Würtemberg, Bayern und Hessen, 700,000 Mann, etwa 13½ Millionen Gulden erfordern!"

Das wäre freilich ein gewaltig hoher Armeestand und ein fabelhaft niedriges Budget! Nur schade, daß die Vorschläge nicht praktisch, die Ideen nicht zu realisiren sind. Die große Masse der Soldaten sichert den Erfolg keineswegs, sondern allein die Kriegstüchtigkeit. Mit 3 Bataillons regulären durchgebildeten Truppen wird ein tüchtiger Führer eine sechsmal so große Anzahl Freischaarenbataillone und Milizsoldaten in die Flucht sprengen oder aufreiben. Lehrt denn nicht die Erfahrung der letzten Decennien, daß Freischärler und bewaffnete Volkshaufen selbst wenn sie noch so numerisch stark und fanatisirt waren von regulären Truppen mit Leichtigkeit überwunden wurden? Wann und wo ist ein Sieg der Freischaaren über geregelte Truppen zu verzeichnen? In wenigen Stunden, höchstens Tagen entwaffneten in den Jahren 1848 und 1849 die regulären Truppen Cavaignacs, Wrangels, Windischgrätzs die bewaffneten aufständischen Volksmassen, obgleich sie durch Barrikaden und Terrainverhältnisse geschützt waren. In Baden hat es Gustav Struve, der heute in würtembergischen Dörfern seine Beredsamkeit für das Volkswehrsystem anwendet, erfahren, wie weit man mit Freischärlerhaufen und bewaffneten Volkshaufen gegen reguläre Truppen kommt. Man sollte glauben die „Spritzledergeschichte" wäre dem Gedächtnisse dieses alten Volkshelden noch nicht entschwunden. Wären in Baden nicht die großherzoglichen Truppen zu den Aufständischen übergegangen so hätte man dem ganzen badischen Putsch in wenigen Tagen den Garaus gemacht. — Die ungarische Revolution wies dieselben Erscheinungen auf. Die Honvedschaaren wo sie allein kämpften nahmen ein elendes klägliches Ende. Da jedoch die prächtigsten Regimenter des Kaisers zu den Insurgenten übergingen und sich somit zwei reguläre Armeen entgegen standen, war Oestreich bei seiner damaligen Zerklüftung nicht im Stande Ungarn allein zu unterwerfen und konnte dies nur mit Rußlands Hilfe zu Stande bringen. In Ungarn würde somit selbst wenn die Uebermacht Rußlands nicht die Insurgenten erdrückt hätte von keinem Sieg eines eigentlichen Volksheeres oder einer Miliz die Rede sein können; es hätte dann jedenfalls eine reguläre Armee über die andere den Sieg davon getragen.

Man machte es Oestreich im vorigen Sommer zum Vorwurf, daß es nicht allenthalben Freiwilligencorps errichten ließ und die Volksmassen bewaffnete. Von allen Vorwürfen die man der öst= reichischen Regierung machte, war dieser der ungerechtfertigste. Der Kaiser kalkulirte ganz richtig: Wenn meine regulären Truppen, meine Kernregimenter mit den Preußen nicht fertig werden können, dann nützen die Freischaaren noch weniger. Das Freischärler= wesen wäre das letzte verzweifelte Mittel in einem Staate, der eine reguläre Armee besitzt. Die Erfahrungen die Oestreich üb= rigens 1850 und 1859 in Italien mit Freiwilligencorps gemacht hat waren nicht geeignet Vertrauen für diese Schaaren zu erwecken.

Das Freiwilligen= und Freischärlerwesen unserer Zeit war — wenn man die wirklich großartig und allgemeine nationale Er= hebung des Volkes in den Napoleon'schen Kriegen ausnimmt — mehr oder minder stets ein Conglomerat von allerlei verdächtigem, existenz= und berufslosen, zweideutigen Gesindel, das nur Gelegen= heit suchte ein „freies Leben" zu führen auf anderer Leute Kosten zu schwelgen und zu prassen und der Sorgen enthoben zu sein. „Catilinarische Existenzen" die keinen Groschen in der Tasche haben und keine Lust haben einen reellen Beruf zu ergreifen und zu arbeiten sind in den meisten Fällen diejenigen, welche am freu= digsten die Gelegenheit ergreifen zu den Fahnen zu eilen, wenn die Werbetrommel geschlagen wird, besonders wenn das Handgeld hoch ist und Gelegenheit zu einigen lustigen Kneipabenden bietet.

In Schleswig=Holstein hatte man Ende 1864 keine geringe Angst als die Gerüchte von Bildung von Freischaaren an Wahr= scheinlichkeit gewannen. Trotz allem blau=weiß=rothen Partikular= patriotismus hatte man in den Jahren 1848—50 diese „wackeren Freiheitshelden" zur Genüge kennen gelernt und mancher Hof= besitzer und Gastwirth wartet heute noch auf die Bezahlung der Gelage, welche die begeisterten Freiheitsstreiter im Interesse des meerumschlungenen Vaterlandes abzuhalten für nothwendig fanden. Der Augustenburger wußte recht gut warum er seine Hamburger Freunde von jedem Versuch Freischaaren zu organisiren bringend abmahnte.

In Wien machten im vorigen Sommer Statthalter und Bürgermeister kein Hehl daraus, daß man nur deshalb die Bild= ung von Freiwilligencorps angeordnet habe um das verdächtige und gefährliche Gesindel aus der Stadt hinauszubringen, das ohne Zweifel im Falle einer feindlichen Invasion den Einzug der Preußen durch Plünderung der von bewaffneter Macht entblößten Hauptstadt eingeleitet haben würde. War doch selbst in den Märztagen des Jahres 1848 wo die Bewegung im Ganzen einen primitiven ruhigen und mehr theateralischen Anstrich hatte die erste Helden= that des Wiener Pöbels Plünderung der Vorstädte und Brand= stiftung und Demolirung der Zollämter und Linienmauthen. Durch Bildung der Freiwilligencorps rettete der Wiener Magistrat den Besitz von einer socialen Emeute, indem dies das einzige Mittel war die „gefährlichen Classen" zu decimiren und aus ihren Ver= stecken zu locken. Das belagerte Wien bot in den Tagen der freiwilligen Einberufung Scenen, wie sie die Feder eines Sue nicht greller zu schildern vermöchte. Man wußte wohl warum man sich beeilte das „Gesindel" so schnell als möglich nach der Anwerbung aus der Stadt zu schaffen und den Zustand der Be= rauschung der neugebackenen Vaterlandsvertheidiger zu benützen um selbe — nach gut bewachten Festungen zu schaffen. So steht es in unsern Tagen mit dem Freischärler= und Freiwilligenwesen!

Aber selbst die idealsten freiwilligen Corps verlieren bei nä= herer nüchternen Betrachtung von ihrem Nimbus, das Poetische streift sich ab, womit Roman und Gedicht dieselben umkleidet ha= ben und die Schattenseiten treten hervor. Schill und Körner, die Lützower und schwarzen Schaaren glänzen als begeisterte Patri= oten in den deutschen Befreiungskriegen, eben ihr Patriotismus und ihr Opfertod standen in keinem Verhältnisse mit den Thaten. Eine edle Schwärmerei war es, welche die Leute veranlaßte einen antiken, aber für das Vaterland fast zwecklosen Opfertod zu er= kiesen! Den Sieg über den gewaltigen Schlachtenkaiser konnten nur die regulären Truppen der alliirten Mächte erzwingen!

Man wird mir aber vielleicht die triumphähnlichen Erfolge der Garibaldischen Freischaaren im Jahre 1860 entgegenhalten. Bei aller Bewunderung vor der antiken Heroserscheinung des tapferen italienischen Patrioten wird man niemals vergessen dür= fen, daß auch hier der Fall eintrat, daß die reguläre Armee nicht stichhielt und mit der nationalen Parthei gemeinschaftliche Sache machte. Die besten und verläßigsten Truppen hatte Franz II. be= reits verabschiedet, die übrigen Regimenter benützten die erste Ge= legenheit ihre Fahnen zu verlassen und dem „unkriegerisch erzeug= ten" König den Rücken zu kehren. Garibaldis Nimbus und uneigen= nütziger edler Patriotismus wird dadurch nicht verkleinert, wenn man die militärischen Thaten und Leistungen seiner Rothhemden durch die Lupe betrachtet und sich überzeugt, daß es ein leichtes Spiel war, einen Triumphzug zu halten, wenn ganze Städte und Provinzen dem kleinen, muthigen Häuflein Insurgen= ten entgegenjubeln und entgegeneilen und die reguläre Armee be= reits so demoralisirt ist, daß sie Gewehr beim Fuße macht. In Tyrol hatte Garibaldi bereits schwereres Spiel und es ist fast zu bezweifeln, daß er im Falle der Fortsetzung des Krieges in den Engpässen dieses Berglandes seine Lorbeeren vermehrt haben würde, fand er ja doch schon früher den regulären Truppen des Oberst Pallavicino gegenüber sein Aspromonte. — Die tapferen Tyroler-Landesvertheidiger darf man nebenbei bemerkt — nicht etwa zu den „Freiwilligen" zählen. Die Tyroler-Schützen zählen gerade zu den geübtesten und besterexerzierten Soldaten und übrigens ist es auch eine ganz andere Sache, die Engpässe und Schluchten des eigenen, von der Natur zur Vertheidigung geschaffenen Berg-landes, zu vertheidigen, und im offenen Felde einer regulären Armee gegenüber zu kämpfen. Die unbestreitbaren Vortheile, welche Schweizer- und Tyroler-Schützen in ihrer eigenen Heimath einem Feinde gegenüber erringen werden, so lange sie in der Defensive sind, würden dem Gegentheile Platz machen, sobald sie die Offen-sive auf fremden Terrain ergreifen müßten.

Die jüngste Geschichte der nordamerikanischen Freistaaten spricht gleichfalls für unsere Behauptungen. Trotz dem Mangel an einem stehenden Heere wurde man allerdings des aufständischen Südens Herr; — aber mit welchen Opfern, in welchem Zeitraum! Mit regulären Truppen würde man den Süden in ebenso vielen Monaten unterworfen haben, als die zusammen gewürfelten Trup-pen der Union Jahre brauchten.*)

So steht es mit dem „Freiwilligen-System," das die Anhänger des Volkswehr- und Miliz-Systems so

---

*) Eine vor Kurzem hier erschienene lesenswerthe Broschüre: „Gedanken über Militär-Organisation" (Rieger's Buchhandlung) äußert sich über den nord-amerikanischen Krieg sehr richtig: „Ungeachtet der ungeheueren Dimensionen des dortigen Kriegsschauplatzes, dessen Schwerpunkt jedoch stets in der kurzen Linie zwischen Washington und Richmond lag, würde der Kampf gewiß in den von Seward verheißenen „neunzig Tagen" beendigt worden sein, wenn der Norden dem besser organisirten und vorbereiteten Süden Anfangs mehr hätte entgegenwerfen können, als bewaffnete Banden ohne alle militärische Zucht und Kunst, welche letztere nur in den einzelnen emigrirten Revolutions-Soldaten Europa's Vertreter finden mochten. — Sämmtliche Generale ersten Ranges und die meisten fähigen Untergenerale auf beiden Seiten hatten auf der Aka-demie von Westpoint, die ihres Gleichen sucht, eine gediegene, praktische und theoretische Militärbildung genossen. Grant war kein „schlichter Gerber von Profession", er hatte die Schule von Westpoint besucht, als Freiwilliger den Feldzug nach Mexiko mitgemacht und später von seinem Vater die Leitung einer Gerberei übernommen. Aehnlich verhält es sich mit Anderen, auf deren Natur-Genie sich viele Philister und Kannegießer Germaniens mit Wohlgefallen be-rufen wollten. Uebrigens ohne die gährende Wirkung der Flottenblokade, ohne die erdrückende Uebermacht der Zahl und des Reichthums wäre der Norden sicherlich nicht Herr geworden über einen Gegner, der durch überlegene Energie centralisirt und terrorisirt, durch geniale Feldherren und eine mannhafte des Befehlens und Handelns gewohnte Oligarchie vertheidigt wurde — vier Jahre, und welche Menschen- und Geldopfer hat dieser Sieg gekostet!

gerne als Appendix ihrer Ideal=Verfassung anhängen möchten.

Wir können nur wiederholen: nicht auf die Masse der Sol=daten kommt es an, sondern auf deren Tüchtigkeit. Nicht die Quantität ist es, die im Kriege den Ausschlag gibt, sondern die Qualität. Würde ein Feldherr die Wahl haben, zwischen 100,000 Freiwilligen und 20,000 regulären geübten Soldaten, er würde, falls er nicht selbst zu den Träumern zählt, sich keinen Augen=blick besinnen zu den letzteren zu greifen.

Es ist jedenfalls bezeichnend, daß, während in Deutschland Leute sich für die schweizerische Wehrverfassung begeistern, man in der Schweiz selbst die Unzulänglichkeit derselben allenthalben er=kennt und aus diesem Bewußtsein kein Hehl macht. Man hat mehrfache Mängel verbessert, man sucht hie und da Reformen durchzuführen, aber es ist vergebliche Mühe, denn die ganze schwei=zerische Wehrverfassung ist weiter nichts, als ein ganzer gro=ßer Mangel.

In der Schweiz selbst denkt wohl Niemand ernstlich daran, daß die Wehrverfassung dieses Landes, das durch die allgemein anerkannte Neutralität geschützt und gesichert ist, jemals im Stande sein würde eine Invasion abzuhalten, falls es einer oder der an=deren Macht einfallen sollte, diese Neutralität, die garantirte Selbstständigkeit anzutasten. Wie es Jemanden einfallen kann Bayerns politische Stellung mit jener der Schweiz auf eine Stufe zu stellen, ist schwer begreiflich. Einestheils soll und kann Bayern nicht herabsinken zu der Stellung eines Staates dritten Ranges, wie die Schweiz, Holland, Belgien, welche Länder man so häufig citirt — andererseits sind wir trotz unserer, mehr als doppelt so starken Seelenzahl und Gebietsumfanges, in anderer Beziehung viel ungünstiger daran als diese Länder deren neutrale Stellung — wie schon erwähnt — von allen Mächten garantirt ist und kaum angetastet werden dürfte, während Bayern und die übrigen Südstaaten Deutschlands voraussichtlich in jedem Kriege als Com=pensations=Objecte betrachtet werden würden und eine neutrale Stellung für uns im Kriegsfalle eine gänzliche Unmöglichkeit wäre. Ein treffendes Wort enthielt kürzlich ein würtembergisches Blatt*) über die Apologeten der schweizerischen Wehrverfassung:

Jene Partei, die, unter der Devise „keine Einheit ohne Frei=heit", so weit gegangen ist, selbst an einen Anschluß an die Schweiz zu denken, handelt vollkommen logisch, wenn sie uns die Annahme des schweizerischen Milizsystems empfiehlt. Wenn wir uns damit bescheiden wollen, wie die Schweiz, in der euro=

---

*) Schwäbische Chronik Nr. 28 (vom 1. Februar ds. Js.).

päischen Staatengesellschaft die Rolle des Gebuldeten zu spielen, so genügt jede Wehrverfassung, die uns gestattet, unter nicht zu ungünstigen Verhältnissen uns einigermaßen unserer Haut zu wehren. Es haben denn auch die Vertheidiger des sogenannten Volksheers, wenigstens die Sachverständigen unter denselben, nie darangedacht, mit unseren Milizen und Landwehren eine feindliche Invasion von unsern Grenzen abzuweisen; vielmehr war ihr Landesvertheidigungssystem darauf berechnet, bei einer Invasion, die uns voraussichtlich unvollständig vorbereitet überraschen werde, unser zusammengerafftes Volksheer unter dem Schutze einer Festung zu rangiren, und dann im günstigen Moment zur Wiedereroberung unseres eigenen Landes in Masse ausrücken zu können. So standen die Verhältnisse bis jetzt, so haben wir sie vom weiland deutschen Bund überkommen. Die Resignation, sich zuerst schlagen und demüthigen zu lassen, ehe man sich zu großartigen Leistungen aufrafft, ist ein Gefühl, das die Ohnmacht und Zerfahrenheit der deutschen Zustände im Volke geboren hat und das mit dem deutschen Bunde begraben werden sollte.

Die Stuttgarter Ministerkonferenzen werden uns, so Gott will, aus dieser prekären, wenig ehrenvollen Lage befreit haben. Der nationale Gedanke, der so Manchem in den Wirren des verflossenen Jahres verloren gegangen ist, wird, von unseren Staatsmännern als politisches Prinzip anerkannt, von Neuem die öffentliche Meinung durchdringen und alle Partheien werden sich in der Ueberzeugung vereinigen, daß die deutsche Nation, zur Vertheidigung ihrer Integrität und Ehre, Heere aufstellen muß, die im Stande sind, jederzeit den kriegsgeübtesten Armeen der Welt siegreich die Spitze zu bieten. — Daß Milizheere dies könnten, glauben selbst die Vertheidiger jenes Systems nicht ernstlich — die Geschichte beweist selbst in den Kriegen, welche man als Beleg dafür anzuführen pflegt, zu schlagend das Gegentheil — auch hat bis jetzt keine Nation den Versuch damit gewagt. Nur in kleinen Staaten hat das Mißverhältniß zwischen Wollen und Können den Gedanken erzeugt, statt eines zu theuern Heeres das Volk aufzustellen und sich dann der angenehmen Selbsttäuschung hinzugeben, man habe mit geringen Mitteln Großartiges geleistet. In Wahrheit aber wird man eintretenden Falles gegen kleinere, gut geschulte Heere entweder gar nichts leisten, oder, wenn es gelingt, die Milizen im Kriege zu Soldaten zu erziehen, so wird man doch mit dem planlos vergossenen Blut seiner Söhne das an ihrer Ausbildung ersparte Geld zehnfach haben ersetzen müssen.

Große Nationen — und wir müssen uns in der vorliegenden Frage zu diesen rechnen — denken besonnener und mäßiger; sie fühlen nicht das Bedürfniß durch Aufbietung aller waffenfähigen

4

Männer die Stärke ihres Wehraufgebots in's Abenteuerliche zu
steigern (nach dem schweizerischen System könnte Deutschland 3 bis
4 Millionen Milizen-aufstellen); sie kompromittiren nicht ihre politische Stellung und ihre Ehre durch Aufstellung von Menschen-
massen, die erst nach einer Reihe von Niederlagen zum Siegen
befähigt sind, sondern sie sorgen dafür, daß ihre Heere denen ihrer
möglichen Gegner nach Zahl und Tüchtigkeit gewachsen seien. —
Diejenigen, welche mit dem Schicksal der deutschen Bundestruppen
im vergangenen Feldzuge ihr Vorurtheil gegen die stehenden Heere
überhaupt begründen wollen, verschweigen absichtlich die Summe
der unglücklichen Verhältnisse, welche auf jenen Truppen lasteten;
sie wissen nicht, daß unsere Bataillone mit ihren neuen Gewehren,
ihrem neuen Reglement, ihrem kleinen Friedensstand und einer
Masse frisch einberufener Urlauber und neuernannter Offiziere und
Unteroffiziere, mehr Landwehr als Linienbataillone vorstellten, und
sie übersehen endlich, daß die Tüchtigkeit der Heere fast unvermeidlich ihrer Größe proportionirt ist.

Jahrzehnte hindurch ist man nicht müde geworden, die stehenden
Heere der kleineren deutschen Staaten als einen unfruchtbaren Luxus,
als der Einheit und Freiheit Deutschlands hindernd im Wege stehend,
geradezu als ein gemeinschädliches Institut anzufeinden. Heute ist
dieses, wie so manches andere Vorurtheil gefallen. Gerade die
nationale Idee führt uns jetzt zum stehenden Heer, sie ist der
Titel, unter welchem die Völker die dafür nöthigen Opfer bewilligen werden. Noch ehe wir in Deutschland Ein Maß und
Gewicht, Ein Bürgerrecht und Eine Verfassung haben, wird das
deutsche Heer Schild und Symbol unserer Einheit sein.

Von den 38 Millionen Deutschen, aus denen Deutschland
- für die nächste Zukunft bestehen wird, haben 30 Millionen eine
gemeinsame Wehrverfassung bereits durchgeführt — welchen Grad
von Ueberwindung es sie gekostet hat, kommt hier nicht in Betracht,
denn es ändert nichts an der Thatsache. Uns, den Zurückgeblie-
benen (oder Zurückgelassenen) erübrigt nichts, als entweder, durch
die Annahme der norddeutschen Wehrverfassung, diese zur deutschen
zu machen, oder doch wenigstens ein Wehrsystem einzuführen, das
uns zu ähnlichen kriegerischen Leistungen befähigt und unsere Contingente mit denen des norddeutschen Bundes zu einem organischen
Ganzen, zu einem Bundesheere, vereinigt.

## VIII.

### Die Volksvertretungen und die neue Wehrverfaſſung.

Eine fernere Frage, welche man vielfach zu hören bekommt, lautet dahin: „Werden die Volksvertretungen geneigt oder im Stande ſein, die Gelder für die neuen Wehr= inſtitutionen zu bewilligen?

Wir beſitzen die Gabe der Weiſſagung allerdings nicht, aber was die bayeriſche Volksvertretung betrifft, ſo kann mit Zuver= ſicht behauptet werden, daß der Patriotismus der Mitglieder größer ſein werde, als die Bedenken gegen das erhöhte Budget und die dadurch erforderlichen Opfer. Die bayeriſche Abgeordnetenkammer kann gar nicht ihre Bewilligung verſagen, denn die Einführung der Wehrverfaſſung nach preußiſchem Muſter entſpricht den Wün= ſchen ihrer Mitglieder, entſpricht den Programmen der verſchiede= nen Fraktionen, die aus Anlaß des Abreßantrages kürzlich be= kannt wurden. Insbeſonders iſt die Fortſchrittspartei obligirt, die Regierung kräftigſt zu unterſtützen und ihr willig und opfer= freudig die Mittel an die Hand zu geben, welche die Verfolgung der großen vaterländiſchen Zwecke erfordert. Ohne Wehrver= faſſung, ohne vermehrte und beſſer organiſirte Streit= macht würde es kaum möglich ſein, unter allen Um= ſtänden die Wünſche des Fortſchrittspartei=Programms durchzuführen. Wer aber den Zweck will, der darf die Mittel nicht verſagen. Wir ſind feſt überzeugt, die bayeriſche Abgeordnetenkammer wird nicht in den Fehler des preu= ßiſchen Abgeordnetenhauſes fallen und der Regierung in einer Frage opponiren, wo die Oppoſition fruchtlos, zweckwidrig und gemeinſchädlich ſein würde. Hier iſt kein Feilſchen und Mäkeln, kein Zaudern und Knauſern angebracht, hier gilt es, Patriotis= mus zu bethätigen; nicht ſchöne Worte, nicht zuſtimmende Phraſen, nur klingende Münze kann hier helfen.

Ohne Geld keine Wehrkraft, ohne Wehrkraft keine Selbſtſtändigkeit und geſicherte Exiſtenz Bayerns! Ohne Geld: finis Bavariae!

Von dem Patriotismus der Abgeordnetenkammer erwarten wir eine volle freudige Zuſtimmung. Auf die Gefahr hin, daß man= cher Wähler ein ſaures Geſicht ſchneidet, auf die Gefahr eines minder glänzenden Empfanges im Wahlbezirk, ja ſelbſt auf die Gefahr einer Nicht=Wiederwahl, im Falle die Wähler ſich nicht auf die Höhe des Patriotismus ihres Vertreters zu erheben ver= möchten, muß der Abgeordnete ſeine Zuſtimmung zur Regierungs= vorlage geben, vorausgeſetzt natürlich, daß dieſelbe den bis jetzt bekannt gewordenen Grundzügen des Entwurfes entspricht, daß nicht etwa höhere Hände, die nicht immer ganz glücklich sind, hineingearbeitet und Verbesserungen rectius Verschlechterungen angebracht hätten, was freilich nach den in Stuttgart getroffenen Vereinbarungen nicht mehr zu befürchten ist.

Zum Troste besorgter Seelen sprechen wir daher die Zuversicht aus: in Bayern wird die neue Heeresorganisation ohne Widerstreben, ohne unnöthige und unersprießliche oppositionelle Nergeleien angenommen werden. Wird es auch ohne Thränen des Dr. Ruland, ohne Zähneknirschen und fulminante Artikel des „einzigen" Dr. Kolb und ohne einige larmoyante Klagelaute in unserer Reichsrathskammer nicht abgehen, so werden doch weder Thränen noch Beobachter-Artikel, weder feudale noch zu Rhein'sche Lamentationen die Durchführung dessen, was vor Allem noth thut aufhalten. Ja, wir haben selbst von den patriotischen Gesinnungen der Mehrzahl unserer Herren Reichsräthe eine zu vortheilhafte Meinung, als daß wir nicht glauben möchten, man werde auch in diesem hohen Hause schlüßlich die subjektiven Bedenken und individuellen Abneigungen dem Wohle des Staates zum Opfer bringen. Wenn auch bei der Berathung der Armeeorganisation gewisse hohe Herren nicht gleich Spiralfedern „aufschnellen" werden, wie in der Sitzung vom 1. Februar, als es galt, ihrem Standeskollegen, dem ersten Minister des Landes eine — Interpellation vorzulesen, so wird man doch sich erheben — langsam und bedächtig, würdevoll und resignirt, wie es ja sonst Sitte und Brauch in diesem hohen Hause ist. Uebrigens sind wir so kühn und plebejisch, die Meinung auszusprechen, daß selbst im Falle die Zustimmung der hohen Reichskammer nicht erfolgen sollte, die Wehrverfassung doch von der Regierung durchgeführt werden müßte, wenngleich mit Bedauern, es ohne die Zustimmung beider gesetzgebender Faktoren thun zu müssen. Es gibt Momente im Staatenleben, wo die Pflicht für die Selbsterhaltung höher ist als selbst eine hohe Reichsrathskammer und ihr Botum!

Ebenso glauben wir und wollen wir hoffen, daß die übrigen süddeutschen Volksvertretungen auf derselben Höhe des Patriotismus stehen werden, wie unsere Kammern. Was Baden betrifft, ist jeder Zweifel ausgeschlossen, aber auch Hessen und Würtemberg werden kaum nachstehen und hinter dem Patriotismus ihrer Regierungen zurückbleiben wollen, welch' letztere endlich zur Einsicht gekommen sind und zum ersten Mal eine nationale, gesunde Politik eingeschlagen haben. In der hessischen Kammer dürften die plumpen Intriguen einer überwundenen Größe wie Gagern,

von welchem man nicht genau weiß ob ihn seine Wähler oder
Herr v. Beust in die Kammer abgeschickt haben, durchschaut und mit
gebührender Verachtung zurückgewiesen werden.*) Und auch in
der würtembergischen Volksvertretung, deren Adreßdebatte, eben
so viel gediegene, von politischer Reife zeigende Reden wie das
Gegentheil brachte, dürfte der schwäbische Partikularismus dem deut=
schen Gesammtinteresse weichen. Hat sich doch im würtembergi=

---

*) Wir erleben in unseren deutschen Staaten doch noch immer allerlei
Kuriosa, die man eben nur in Deutschland erleben kann. Daß ein Mann
wie Gagern Gesandter werden kann, das ist noch nicht so kurios, aber daß ein
Gesandter eines Kleinstaates im Interesse des Großstaates, bei dem er akkre=
bitirt ist, in der Kammer seines Landes wirken und seinen eigenen Minister
und dessen Politik indirecte bekämpfen kann, daß ein Gesandter sich In=
vectiven gegen eine mit seinem Staate befreundete Großmacht — alles im
Interesse der fremden Großmacht, bei welcher er akkrebitirt ist — erlauben
darf, die sogar zu Journal-Consiskationen und Preßprozessen führen, und daß
dieser schimpflustige, für eine fremde Macht sich ereifernde Herr noch Gesandter
bleiben kann und mit hessischem Gelde — um es deutlich herauszusagen — sich
füttern läßt, — das übersteigt doch Vieles, was uns im deutschen Konstitutio=
nalismus vorgekommen ist. — Ein Seitenstück zu jenem Gesandten bildet in
einem andern — uns näher liegenden — Staate ein gewisser, in letzterer Zeit
vielgenannter Regierungspräsident, welcher sich gedrungen fühlte, den ersten Mi=
nister der Krone mit Rechenschaft zu ziehen, weil dessen Politik gerade nicht
seinen Neigungen und Wünschen entspricht. In Oesterreich und Preußen würde
dieser Beamte nicht 24 Stunden mehr auf seinem Posten belassen werden. Man
sieht, in manchem konstitutionellen Staate gibt es nicht nur unabsetzbare Richter,
sondern auch unabsetzbare Regierungs-Präsidenten! Das Beispiel der
Großen ermuthigte aber auch manche von den kleinen Herren. Ein Haupt=
mann a. D. dessen Schwert stumpf ist, greift zur Feder und schreibt zwei Bro=
schüren voll derartiger maßloser Heftigkeiten gegen den Fürsten Hohenlohe
und die k. Staatsregierung, daß die Behörden, welchen man gewiß nicht vor=
werfen kann, daß sie der Preßfreiheit zu enge Grenzen ziehen, sich genöthigt
sehen einzuschreiten und die — ohne Zweifel von einer gewissen Parthei an=
gestifteten und bezahlten — Brandschriften zu konfisciren. Bei der ämtlichen
Hausdurchsuchung wagt es der Herr Hauptmann a. D. den Weisungen der
Obrigkeit Widerstand zu leisten und zwingt den dienstthuenden Herrn Commissär
Gendarmen zu kommandiren und die Schränke und Kästen gewaltsam erbrechen
zu lassen. Soweit geht der Muth einer gewissen Parthei! — Auch ein
hiesiger Gymnasiallehrer findet Zeit und Beruf in einem Pamphlet,
welches gewisse Blätter mit Ostentation ankündigten den ersten Minister „herab=
zukanzeln“, demselben von seinem Schuljungen-Katheder politische Weisheit zu
dociren und das von Sr. Majestät seinem vollen Inhalt nach gebilligte und
der Regierung vorgezeichnete Programm des Fürsten Hohenlohe von Anfang
bis zu Ende zu „verdonnern!“ Alles das wird von einer Parthei begünstigt
und veranlaßt, die stets in widerlich servil-heuchlerischer Weise ihre Ehrfurcht
vor dem Throne und ihre unwandelbare Treue für den König im Munde
führt. Der unter die Publicisten gegangene hiesige Gymnasiallehrer weint
Thränen um das aus Deutschland hinausgeworfene Oestreich! Was glaubt der
Herr Lehrer, welches Schicksal wohl einem Gymnasiallehrer in seinem vielge=
liebten Oestreich zu Theil werden würde, der sich zum Mentor des ersten
Ministers der Krone aufwerfen würde???

schen Volke seit zwei Monaten ein unverkennbarer Umschwung in
der Stimmung vollzogen und eine richtigere Erkenntniß immer
weiter um sich gegriffen. Es ist nicht glaublich, daß Abgeordnete
sich von den leicht zu wiederlegenden Vorurtheilen eines Theiles
ihrer Wähler oder von der kleinen, wenngleich tobsüchtig = lauten
„Beobachter"=Parthei leiten, terrorisiren und in ihren freien Voten
beirren lassen sollten.

Wir hoffen das Beste. Wir fürchten keinen Conflikt, wie er
in Preußen durch die Hartnäckigkeit einer Kammermajorität, die
nicht die Volksmajorität hinter sich hatte, fast 6 Jahre zwischen Regierung und Volksvertretung fortdauerte. Die „Beobachter"=Parthei
wünscht ihn und malt ihn täglich an die schmutzigen Wände ihres
Blattes. Wir fürchten ihn nicht, aber selbst wenn das, was in
Preußen kürzlich beendet, im Süden sich erneuern sollte, so würden
wir nicht Anstand nehmen, den süddeutschen Regierungen zuzu-
rufen: Laßt Euch nicht beirren, und führt das begonnene
Werk auf eigene Gefahr und auf eigene Verantwortung durch. Seid überzeugt, das Volk wird Euch danken
und seine Vertreter werden Euch die Indemnität
nicht vorenthalten, wenn der Lauf der Ereignisse gezeigt haben wird, daß Ihr (Regierungen) einmal weniger
kurzsichtig ward als sonst! Habt Ihr so oft Euch nicht
an Beschlüsse der Kammern gekehrt, und Euch über deren
Beschlüsse hinausgesetzt, so wagt es jetzt, wo die Volksvertretung sich im faktischen Irrthum befindet und
Ihr wirklich eine für das Wohl des Volkes förder-
liche nationale Politik eingeschlagen habt, auf die Zustimmung der Kammern zu verzichten, so bedauerlich
es auch ist, daß diese Nothwendigkeit eintritt. Nicht
Ihr seid es diesmal, welche den Conflikt hervorgerufen habt!

So würden wir, ohne unser konstitutionelles Gewissen zu be-
lasten, den Regierungen zurufen, denn wo Gefahr im Verzuge ist,
da heißt es handeln. Ein Conflikt verschiedener Faktoren eines
Staates ist stets eine bedauerliche Erscheinung und beweist, daß
Etwas in dem Organismus nicht ganz gesund ist, aber besser
noch der Conflikt, die Krankheit, als der Tod, als das
Ende des Staates!

Selbst der konstitutionellen Theorie sind in der Praxis Schranken
gesetzt, denn nichts ist auf Erden vollkommen. Wir könnten hunderte von Beispielen anführen, doch wir schreiben keine Abhand-
lung über Constitutionalismus. Wir wollen uns daher auf einige
Beispiele beschränken.

Gesetzt: alle norddeutschen Staaten hätten sich über die Grund=
züge des norddeutschen Bundes geeinigt nur einer — etwa der
kleinste, etwa Lübeck — wäre nicht zur Zustimmung zu bewegen
gewesen. Würde ein Vernünftiger Preußen und den übrigen
Staaten zumuthen, deshalb den ganzen Bund aufzugeben und die
Zersplitterung fortdauern zu lassen, weil einer nicht „mitthun"
wollte?

Oder noch ein zweites Beispiel: Unser Nachbarstaat Oestreich
hat sich endlich mit Ungarn verständigt. Der Lebensnerv ist ihm
also vorläufig nicht abgeschnitten, die Möglichkeit einer Re=
generirung des alten morschen Staates ist wieder vorhanden. Ge=
setzt nun: v. Beust oder irgend einer seiner „großen Staatsmänner"
bekommt plötzlich rein konstitutionelle Anwandlungen. Er legt
das Friedensinstrument, das Versöhnungs= und Ausgleichungs=
Elaborat einer sogenannten cisleythanischen Landesvertretung
(allenfalls: Reichsrath genannt) vor. Das ganze ist natürlich
nur eine formelle Sache, denn beschlossen ist beschlossen und die
Geschichte mit den Ungarn ist längst abgekartet. Der Reichsrath
wird also pflichtschuldigst einköpfig nicken und dem „genialen" Staats=
mann zustimmen der „das große Werk vollbracht", das andere Staats=
männer freilich auch im Stande gewesen wären, wenn man ihnen
freie Hand gelassen hätte. Nehmen wir aber doch den nicht wahr=
scheinlichen jedoch immerhin möglichen Fall an, daß eine Gruppe
eine Fraktion nicht zustimmen würde. Z. B. die dickköpfigen
Czechen die „struppigen Caryatidenhäupter" wie Friedrich Hebbel
sie nannte erklärten ihre Nichtzustimmung und würden — wie
sie es schon einmal gethan haben — das Bretterhaus vor dem
Schottenthor vulgo Parlament verlassen. Was würde geschehen?
Würde Beust ihnen nachlaufen, sie bei den Camaras zurückführen
und ihnen erklären, daß er den Friedenspakt mit Ungarn wieder=
rufen wolle, weil er ihnen nicht genehm sei, oder würde er sie
in das Vaterland der Libussa und Wlasta ziehen lassen und sich
weiter nicht viel um sie bekümmern? Wir glauben das Letztere
und Niemand zweifelt wohl daran, denn es gibt eine Grenze,
wo die konstitutionelle Möglichkeit aufhört und der
kathegorische Imperativ des unkonstitutionellen Han=
delns an die Regierungen herantritt.

Oder noch ein drittes und letztes Beispiel:

In Stuttgart haben sich die Minister der süddeutschen Staaten
über die Einführung gleichartiger militärischer Institutionen und
die gemeinsame diplomatische Aktion allen Eventuali=
täten gegenüber geeinigt. Man wird zweifelsohne den
wesentlichen Theil der Vereinbarungen, insoferne die Bewilligung
von Geldmitteln erforderlich ist, namentlich die Heeresorganisations=

Entwürfe den Kammern vorlegen. Setzen wir den Fall, in einem Staate — etwa in Hessen — würde die Kammer Schwierig= keiten machen, während die Volksvertretungen der übrigen drei Staaten die vorgelegten Gesetzentwürfe annehmen und die Politik der betreffenden Regierungen gutheißen würden. Würde das ne= gative Votum der hessischen Kammern so schwer ins Gewicht fallen, daß die bereits vollzogene Durchführung der Stuttgarter Vereinbarungen rückgängig gemacht werden würde? Wir glauben kaum. Oder angenommen: die drei anderen Regierungen würden von Hessen abstrahiren und dieses Land „seinem Schicksal über= lassen;" würde die hessische Regierung, die mit einem Fuße bereits im norddeutschen Bunde steht auch nur im Stande sein das Votum ihrer Abgeordnetenkammer als bindende Norm für ihre Politik anzuerkennen? Wir glauben auch dies bezweifeln zu müssen.

Gerade weil wir Freunde des konstitutionellen Princips sind und die Befestigung desselben in Deutschland als nothwendig erkennen, gerade deshalb müssen wir wünschen, daß dieses Princip nicht ad absurdum geführt werde, daß man nicht die Opposition als lex suprema der Volksvertretung anerkenne und der Geist der Negation auch dann den Regierungen entgegentrete, wo es gilt Positives zu schaffen und die Regierungen vielmehr kräftigst zu unterstützen.

Preußen ist in vieler Beziehung für uns ein Musterstaat dennoch ist es nicht nothwendig, daß wir alle Phasen und Wand= lungen desselben durchmachen. Weil Preußen einen sechsjährigen Konflikt zwischen Volksvertretung und Regierung gehabt hat, müssen wir deßhalb auch einen solchen Konflikt heraufbeschwören? Weil das preußische Abgeordnetenhaus die Militärvorlagen ver= werfen zu müssen glaubte — in einer Zeit, wo das Land sich im tiefsten Frieden befand — müssen unsere Volksvertretungen deß= halb heute dasselbe thun, wo der Erbfeind bereits an unsere Thore pocht und die Wolken am politischen Horizont, die auf Sturm deuten, sich immer mehr zusammenziehen? Das wäre keine selbstständige Politik, das wäre eine matte Copie überwundener preußischer Verhältnisse! War etwa der Ausgang des Conflictes in Preußen so verlockend, daß wir um jeden Preis Nachäffer sein wollen? Ging die Volksvertretung als Sieger aus demselben her= vor, oder mußte sie nicht vielmehr die Segel streichen? Bekannt= lich ist das Letztere der Fall gewesen und unseren Volksvertretungen würde im besten Falle kaum ein anderes Loos beschieden sein. Das konstitutionelle Prinzip würde aber eine große Schlappe er= leiden, wenn die Vertreter desselben den realen Boden der fakti= schen Verhältnisse verlassend, die Regierungen zwingen würden, im Interesse des Volkswohls das konstitutionelle Prinzip momentan bei Seite zu lassen!

Zur Zeit, als der unselige Conflikt in Preußen, der das konstitutionelle Prinzip so tief schädigte, den Höhepunkt erreicht hatte, sprach der Kriegsminister zu den Abgeordneten beherzigenswerthe Worte, die leider damals taube Ohren fanden: „Wenn die Reorganisation der Armee die Schlagfertigkeit des preußischen Volkes nach der Ueberzeugung der Regierung für alle Zeiten sichert, so ist damit etwas beabsichtigt, was unser Aller wesentlichste und wichtigste Interessen auf das Allertiefste und Innigste berührt und ich kann mich nicht enthalten zu bemerken, daß wenn die Regierung durch die Beschlüsse der anderen Faktoren der Gesetzgebung an der Ausführung dieses wichtigsten Werkes gehindert wird, auf Sie die Verantwortung fällt, auf Sie meine Herren die Verantwortung, und nicht allein die Verantwortung von den Zeitgenossen, sondern auch von den Nachkommen! Wenn die Ketten der Fremdherrschaft im Lande rasseln, dann wird man gewahr werden, was man verschmäht und zurückgewiesen hat.

Mögen Alle, in deren Brust noch ein deutsches Herz schlägt, diese Worte beherzigen, die, obgleich vor vielen Jahren gesprochen, heute, heute ganz besonders auf unsere Verhältnisse passen. Lassen wir doch unseren unglückseligen Partheihaber, unsern inneren Principienstreit so lange bei Seite, bis wir wieder gekräftigt, gewappnet sind, jeden Anfall eines auswärtigen Feindes entgegentreten zu können. Allerdings, davon sind wir fest überzeugt, daß, wenn die Integrität Deutschlands angetastet werden sollte, ganz Deutschland wieder wie ein Mann dastehen würde, daß in demselben Moment, als die Gefahr eintreten würde, die jetzt habernden Partheien über den einen großen Zweck, Alles Andere vergessen würden. — Die landesverrätherischen Schurken, die den Franzosen herbeiwünschen um den Preußen zu demüthigen, zählen in Deutschland Gottlob nicht einmal nach Hunderten und der erste Kanonenschuß würde für das Volk das Signal sein, Galgen für diesen Ausbund von Verworfenheit und Schlechtigkeit zu errichten.

Aber lassen wir nicht erst die Stunde der Gefahr über uns kommen, geben wir nicht unsere schönen deutschen Auen, unsere gottgesegneten Länder, unser herrliches Vaterland den Leiden des Krieges, den Schrecken einer wenn auch nur kurzen und vorübergehenden Fremdherrschaft und feindlichen Invasion Preis. Laßt Euch von Eueren Vätern und Großvätern erzählen, wie drückend die Ketten der Fremdherrschaft sind. Ihr selbst habet viel Druck und Gewaltthaten erlebt, aber was ist aller Druck, alle Despotie, alle Gewaltthaten der letzten Decennien gegen die ärgste aller Despotien, gegen die Schmach der Fremdherrschaft?

Ist die Begeisterung schon vergessen, mit der wir vor drei Jahren das Jubelfest der Leipziger Völkerbefreiungsschlacht gefeiert und geschworen haben, eher den Tod zu erleiden als einen Fuß breit deutscher Erde aufgeben zu wollen!

Als vor einigen Monaten das Gerücht von Compensationen, von Abtretungen gewisser Landestheile an Frankreich auftauchte, da habt Ihr geknirscht und geflucht und die Leipziger Jubelfesttöne haben in Euren Herzen wieder nachgeklungen. Die Gerüchte waren falsch, sie hatten in dem perfiden Oestreich ihren Ursprung, der Zweck war, Preußen zu verdächtigen und die Annäherung des Südens an den Norden zu verhindern. Man wußte in Wien gar wohl, daß das Wort Abtretung auf uns Deutsche Wirkung haben muß.

Preußen denkt nicht an Abtretungen und kann nie daran denken. Der König von Preußen würde eher seine Krone niederlegen, eher Alles Gewonnene aufs Spiel setzen, als einen Fußbreit deutschen Bodens freiwillig an das Ausland abtreten.

Auch den Grafen Bismarck haben wir nicht als den Mann kennen gelernt, der solchen Anforderungen nachkommen würde. Daß Bismarck lieber einen neuen Krieg riskiren würde, als in die Abtretung einer Scholle Erde willigen möchte, daran zweifeln doch wohl auch seine unversöhnlichsten Gegner nicht.

Von dieser Seite also ist keine Gefahr! Nur wenn wir selbst Deutschland und uns aufgeben würden, wenn wir in träger Ruhe die Dinge kommen lassen wollten, wie sie eben kommen, uns gänzlich auf das Glück und die Wehrkraft des Nordens verlassen und nichts zur Erhöhung und Verwerthung unserer eigenen Wehrkraft thun würden, wenn wir, wo Alles rüstet und sich in Waffen steckt, uns idyllisch-friedlichen Elihu-Burrit-Gefühlen überlassen möchten, dann könnte es geschehen, daß wir durch eigene Schuld unvorbereitet dem ersten Anprall, dem ersten Zusammenstoß nicht gewachsen wären und die Fremdherrschaft kosten müßten, daß unsere Länder von dem Feinde ausgesaugt, ausgeplündert werden würden.

Dies zu verhindern liegt in unserer Macht. Wir können einem auswärtigen Kriege vorbeugen, wenn wir unsere Macht aufbieten und unsere Kräfte verwerthen. Frankreich spekulirt nur auf die Uneinigkeit, auf die unselige Zerklüftung im Innern Deutschlands, auf die Stammesüberhebungen, den Partikularismus und die Vorurtheile des Südens gegen den Norden. Um diese Zerklüftung aufrecht zu erhalten, hat es Preußen in dem Prager Friedensschlusse die Mainlinie aufgedrungen. Es wußte wohl, was es that. Aber wir Süddeutsche müssen dahin trachten, daß diese uns vom Auslande aufgedrungene Scheidungslinie nicht dauernd fortbestehe. **Wir müssen die Brücken über den Main schlagen, wir können es, Preußen kann es jetzt nicht!**

Wenn wir einig und gerüstet dastehen, dann können wir den Krieg verhüten, denn wenn Frankreich gewahr wird, daß ganz Deutschland wehrhaft gemacht wird und bereit ist, jede freche Prätension mit dem Schwerte zurückzuweisen, dann wird es sich zweimal besinnen, mit uns den Kampf aufzunehmen. Dann wird Deutschland Friede haben, denn uns Deutschen kommt es nicht in den Sinn, einen Eroberungskrieg zu beginnen und unsere Nachbarn zu bedrohen.

Das möge Jeder bedenken, und seinen Theil zur Einheit, zur Wehrhaftmachung Deutschlands beitragen.

Es gibt nur eine Alternative für uns:

Aut Caesar aut nihil!

Entweder Armee = Reorganisation oder Armee-Desorganisation!

Entweder: Wehrhaft b. i. ehrenhaft, oder Wehrlos b. i. ehrlos.

Noch ist es Zeit! Möge das Warnungswort eines alten ehrlichen deutschen Soldaten beherzigt werden:

„Wenn die Ketten der Fremdherrschaft im Lande rasseln, dann wird man gewahr werden, was man verschmäht und zurückgewiesen hat!